Pseudo-Makarios
**Sermones et Homiliae**

# Corpus Scriptorum Ecclesiasticorum Latinorum (CSEL)

―

Herausgegeben von der Arbeitsgruppe CSEL
an der Paris Lodron Universität Salzburg

## Band 108

Pseudo-Makarios

# Sermones et Homiliae

Ediert von Clemens Weidmann

unter Mitarbeit von Stefano Serventi

DE GRUYTER

**International Advisory Board:**
François Dolbeau, Roger Green, Rainer Jakobi, Robert Kaster, Ernst A. Schmidt, Danuta Shanzer, Kurt Smolak, Francesco Stella

ISBN 978-3-11-134561-1
e-ISBN (PDF) 978-3-11-134575-8
ISSN 1816-3882

**Library of Congress Control Number:** 2024949447

**Bibliografische Information der Deutschen Nationalbibliothek**
Die Deutsche Nationalbibliothek verzeichnet diese Publikation in der Deutschen Nationalbibliografie; detaillierte bibliografische Daten sind im Internet über http://dnb.dnb.de abrufbar.

© 2025 Walter de Gruyter GmbH, Berlin/Boston
Druck und Bindung: CPI books GmbH, Leck

www.degruyter.com

Fragen zur allgemeinen Produktsicherheit:
productsafety@degruyterbrill.com

# Danksagung

An der Entstehung dieser Edition waren viele Personen beteiligt, ohne deren Mithilfe sie die vorliegende Form nicht erreicht hätte. Zuerst danke ich dem Leiter der Biblioteca Ambrosiana in Mailand, Monsignore Federico Gallo, für die freundliche Unterstützung bei der Benutzung der Bibliothek und ihrer Einrichtungen, insbesondere die Genehmigung zur Autopsie und Digitalisierung der um 500 geschriebenen Handschrift, die den hier edierten Text enthält. Vor allem dem Bibliothekar der Biblioteca Ambrosiana, Stefano Serventi, bin ich zu Dank verpflichtet: Er hat sich von Anfang an als unermüdlicher Diskussionspartner in allen Fragen, die die Handschrift betreffen, erwiesen, sei es mit kritischem Blick auf die Handschrift oder mit scharfsinnigen Beobachtungen bei der Konstitution des Texts. Die Edition hat viel von seiner unermüdlichen Mithilfe profitiert, insbesondere die kodikologische Beschreibung der Handschrift beruht zu einem großen Teil auf seiner Expertise. Seine Kooperation ist daher im Titel dieser Edition genannt. Ebenso gebührt aufrichtiger Dank dem Team von EMEL (Early Manuscripts Electronic Library) unter der Leitung von Michael Phelps. Die digitale Aufnahme des Palimpsests (Entwicklung der Kamera und Leitung der Aufnahmen: Ken Boydston und Damianos Kasotakis) und das Image-Processing (Roger Easton und Keith Knox) bilden die Grundlage der hier vorgestellten Forschungsergebnisse. Für diese Arbeiten gewährte dankenswerterweise die Österreichische Akademie der Wissenschaften im Rahmen des Holzhausen-Legats finanzielle Unterstützung. Dank schulde ich auch den Wiener Kolleginnen und Kollegen Jana Grusková, Elke Krotz, Stephan Müller und Giulia Rossetto, die mir im Vorfeld von ihren Erfahrungen bei der Visualisierung von Palimpsesten und schlecht lesbaren Handschriften berichteten. Für Auskünfte zur Paläographie danke ich Tino Licht. Stichproben zur arabischen Pseudo-Makarios-Tradition hat Professor Alexander Treiger von der Dalhousie University, Halifax (Kanada) beigesteuert. Dank gebührt auch dem Team des Thesaurus Linguae Latinae, das auf meine Anfragen zu noch nicht publizierten Lemmata bereitwillig und zuverlässig Auskunft gab. In besonderer Weise gilt der Dank meinen Kollegen Lukas Dorfbauer und vor allem Victoria Zimmerl-Panagl, die das gesamte Manuskript einer kritischen Lektüre unterzogen und zahlreiche Verbesserungen beigetragen haben. Zuletzt danke ich der Leiterin des CSEL, Dorothea Weber, die mit regem Interesse und konstruktiver Kritik das Editionsvorhaben von den ersten Identifizierungen bis zur Fertigstellung des Manuskripts begleitet hat.

Wien/Salzburg, Oktober 2024                                           Clemens Weidmann

# Inhaltsverzeichnis

**Danksagung —— V**

| | | |
|---|---|---|
| **1** | **Einleitung —— 1** | |
| 1.1 | Entdeckungsgeschichte —— 1 | |
| 1.2 | Die Texte des Pseudo-Makarios —— 3 | |
| 1.2.1 | Griechischer Text —— 3 | |
| 1.2.2 | Alte Übersetzungen —— 5 | |
| 1.2.3 | Zum Autor —— 6 | |
| 1.3 | Handschrift —— 7 | |
| 1.3.1 | Untere Schrift —— 8 | |
| 1.3.2 | Provenienz —— 10 | |
| 1.3.3 | Visualisierung —— 12 | |
| 1.3.4 | Inhalt —— 15 | |
| 1.4 | Lateinischer Text —— 22 | |
| 1.4.1 | Fehler im griechischen Text —— 22 | |
| 1.4.2 | Textabweichungen im Umfeld des Übersetzers —— 27 | |
| 1.4.3 | Überlieferungsfehler in der lateinischen Tradition —— 32 | |
| 1.4.4 | Orthographie —— 38 | |
| 1.4.5 | Sprache —— 40 | |
| 1.4.6 | Bibelzitate —— 52 | |

**2 Zur vorliegenden Edition —— 62**

**Conspectus siglorum —— 64**

**Textus —— 66**

**Abbildungen —— 130**

**Abkürzungsverzeichnis —— 163**

**Literaturverzeichnis —— 165**

**Indices —— 170**

| | |
|---|---|
| 1 | Bibelstellen und Autoren —— 170 |
| 2 | Lateinisch-griechischer Wortindex —— 171 |
| 3 | Griechisch-lateinischer Wortindex —— 186 |

Abbildungsverzeichnis —— 194

Tabellenverzeichnis —— 194

# 1 Einleitung

Im vorliegenden Band wird eine bisher unerkannte lateinische Übersetzung der ursprünglich griechisch verfassten Predigten des Pseudo-Makarios kritisch ediert.

## 1.1 Entdeckungsgeschichte

Die Edition verdankt sich einem glücklichen Fund. Im Zuge der Vorbereitung für eine Lehrveranstaltung an der Universität Salzburg (Lateinische Predigtliteratur) wurde ich auf folgenden Eintrag in Grysons Répertoire aufmerksam:[1] „AN Mai: 13 Bruchstücke, die A. Mai edierte; Norditalien; im Text dieser Fragmente deutet nichts auf arianischen Ursprung hin." Angelo Mai (1782–1854)[2] – er ist als Entdecker von Palimpsesten, v.a. Ciceros De re publica, bekannt – entdeckte auf den ersten 32 Seiten der Handschrift Milano, Bibl. Ambr. O 136 sup. (S.P.II.29) Fragmente aus Predigten, die in Halbunziale geschrieben und im 9./10. Jh. mit den Werken des römischen Dichters Horaz überschrieben worden waren. Analog zu anderen palimpsestierten Texten aus der Biblioteca Ambrosiana schrieb Mai die Predigtfragmente ohne weitere Argumentation einem Arianer zu.[3] Er transkribierte etwa zwei Drittel des Texts und publizierte dies erstmals im 3. Band seiner 1828 erschienenen Scriptorum veterum nova collectio e Vaticanis codicibus edita.[4] Den Rest überging er, teils wegen schlechter Lesbarkeit des Palimpsests (die Auslassungen sind in seiner Edition meistens durch drei Punkte markiert), teils durch Versehen (z.B. zwei Zeilen auf f. 14r durch einen saut du même au même *luminis ... luminis*), teils wegen Zeitmangels, der ihn daran hinderte, die letzten drei Seiten abzuschreiben: „paginam 30, paginasque duas reliquas palimpsesti, nempe 31 et 32, praetermisi, quia discedenti mihi Mediolano tempus exscribendo defuit."[5] Obwohl oder vielleicht sogar weil der Text nur teilweise publiziert war, fand er in der Forschung geringes Interesse. Abgesehen vom unveränderten Nachdruck in der Patrologia Latina (PL 13, 631–640) gibt es nur zwei kurze Untersuchungen von Rönsch und Hauler, die sich mit der spätla-

---

1 GRYSON, Répertoire, I 154.
2 Zu seiner Biographie siehe CARRANNANTE, Mai.
3 Es handelt sich dabei um die so genannten Fragmenta theologica Arriana e codice Bobiensi rescripto (Serm. Arian. frg.), die heute zum Teil im Besitz der Biblioteca Vaticana und der Biblioteca Ambrosiana sind; CPL 705; PL 13, 593–628; CCSL 87, 229–265; CLA I 31 + III **31; LOWE, Codices rescripti, 77, nr. XLIII.
4 MAI, Scriptorum, 240–247. – Mai nennt die Signatur der Handschrift nicht, sondern weist im Titel des Abschnitts „Sermonum antiquorum reliquiae" nur darauf hin, dass sich die Handschrift, anders als es der Haupttitel seiner Publikation besagt, in Mailand befindet: „Ex alio palimpsesto Bibliothecae Ambrosianae."
5 MAI, Scriptorum, 241 Anm. 1.

teinischen Sprache des Predigers auseinandersetzen und einige Fehler der Editio Princeps korrigieren.⁶ Seit dem Ende des 19. Jh. hat sich, soweit ich sehe, niemand mehr mit dem Text eingehend beschäftigt. Dazu hat wohl auch der Umstand beigetragen, dass die Fragmente ohne Nennung eines Verfassers überliefert sind und keine einzige Predigt vollständig vorhanden ist. Widersprüchlich sind auch die unterschiedlichen Siglen, unter denen die Predigtfragmente in modernen Referenzwerken erfasst sind: Der Thesaurus Linguae Latinae verwies auf die Predigten anfangs unter der Sigle SERM. Ant. Rel. bzw. SERM. antiq. relig., danach unter SERM. Arrian. frg. II (oder SERM. Arr. frg. II), derzeit unter SERM. Mediol. frg., die Clavis Patrum Latinorum im Abschnitt „Fragmenta Ariana" unter der Bezeichnung „Fragmenta XIII" (CPL 706) mit dem Hinweis, dass der arianische Charakter der Predigten nicht feststehe, das Siglenverzeichnis der Vetus Latina unter AN Mai.⁷ In neuerer Zeit finden sich nur vereinzelt Bemerkungen zum Sprachgebrauch sowie Zitate einzelner Begriffe in Wörterbüchern, darunter auch zwei angebliche Hapax Legomena, die auf Fehllesungen bei Mai beruhen.⁸ Insofern ist die Bezeichnung „Wartetext", die Peter Lebrecht Schmidt im jüngst erschienenen Band des Handbuchs der lateinischen Literatur diesen Predigten zugeschrieben hat, vollinhaltlich gerechtfertigt.⁹

Die Verwandtschaft zwischen den lateinischen Predigten und Pseudo-Makarios hatte schon der schwedische Semitist Gustav Frithiof Rundgren (1921–2006) beobachtet, ohne das Problem weiter zu verfolgen.¹⁰ Auf die Spur des Pseudo-Makarios führte mich eine flüchtige Suche nach wörtlichen Übereinstimmungen mit bekann-

---

6 RÖNSCH, Beiträge; HAULER, Lexikalisches. Obwohl Hauler den Palimpsest eingesehen hat, fügt er aus den von Mai übergangenen Passagen kaum etwas hinzu. Er zitiert zwei von Mai übergangene Sätze als Beleg für sprachliche Erscheinungen (7v,2–4; 1r,19f.).
7 Die CPL nennt in der jüngsten Auflage erstmals die Handschrift: „Cod. Ambr. S. P. II. 29 [olim O 136 sup.]" und fügt hinzu: „de origine ariana horum sermonum nihil certe constat". – GRYSON, Répertoire, I 154.
8 Mai las 7v,15 (fecit) confilium anstelle von richtigem consilium (συμβούλιον ἐποιήσατο); obwohl HAULER, Lexikalisches, 440, und CHATELAIN, Paléographie, 24, pl. LXXXI, die korrekte Lesart durch Autopsie bestätigten, fand das Phantom Eingang in den Thesaurus Linguae Latinae (ThLL 4,213,12f.) und in das Wörterbuch von Blaise (BLAISE, Dictionnaire, 195). Auf f. 4r,9 las Mai fälschlich segretari anstelle von richtigem segregari (kein griechisches Pendant, aber neben separari; vgl. MAI, Glossarium, 63); während Migne (PL 13, 634) und Hauler (s. o.) diese Lesart in segregari berichtigten, bevorzugte das Wörterbuch von Forcellini in der von Vincentius De Vit erweiterten Fassung (FORCELLINI – FURLANETTO – DE VIT, Lexicon, V 404) die Konjektur eines Hapax legomenon secretari, das durch „vulgari litterarum c et g permutatione" in der Handschrift entstellt worden sei.
9 BERGER – FONTAINE – SCHMIDT, Handbuch, § 665,10 (610).
10 RUNDGREN, Lehnwörter, 47: „Zu dem κλίβανα ... gehört nun ein Sing. κλίβανον. Ein solches Neutrum im Sinne von « Panzerhemd » findet sich offenbar bei Makarios (gest. 390 n. Chr.) Homilia XVII Z Migne 34, 628 ... Ein clibanum « Panzerhemd » dürfte auch in den sog. Sermones Arianorum (etwa 4. Jahrhundert) zu belegen sein, und zwar XII bei Migne 13, 637, eine Stelle, die übrigens an die Makarios-Stelle erinnert: *aut veluti sagitta in hominem tectum clibano mittatur, quid aut corpus aut ferrum nocuit impingens et cadens.*" Rundgren bezieht sich auf 9v,5–8.

ten Texten. Die Worte *Petrus enim Petrus est et Paulus Paulus et Filippus Filippus* (1v,23–25) entsprechen (zufällig) der modernen lateinischen Übersetzung, die in der Patrologia Graeca 34, 582 dem griechischen Text (Πέτρος γὰρ Πέτρος ἐστὶ καὶ Παῦλος Παῦλος καὶ Φίλιππος Φίλιππος) zur Seite gestellt wird. Es zeigte sich sehr rasch, dass im Prinzip derselbe griechische Text zugrundeliegt, aber abgesehen von dieser kleinräumigen wörtlichen Entsprechung beide Übersetzungen im Wortlaut unterschiedlich sind. Die angeblich arianischen Fragmente des Mailänder Palimpsests entpuppten sich somit als eine bisher unbekannte Übersetzung von Predigten eines griechisch schreibenden Autors. Damit war ein Ansatzpunkt gefunden, wodurch sich alle weiteren Texte des Palimpsests leicht unter den Homilien des Pseudo-Makarios identifizieren ließen. Nur das Fragment auf f. 13rv, das am Ende mit dem Titel *De verbo substantiali* versehen wird, entzog sich einer Identifikation: Es handelt sich um einen Text, der im griechischen Original verloren, aber in arabischer Übersetzung greifbar ist.[11]

## 1.2 Die Texte des Pseudo-Makarios

Zum Corpus des makarianischen Schrifttums gehören Predigten (λόγοι) und Briefe,[12] teils im griechischen Original, teils in Übersetzungen. Für die vorliegende Edition sind nur die Predigten relevant.

### 1.2.1 Griechischer Text

In griechischer Sprache liegen die Predigten (λόγοι) des Pseudo-Makarios in drei Sammlungen vor, die mit B, H und C bezeichnet werden und untereinander zahlreiche Überschneidungen und Überlappungen aufweisen. Wegen der Vielfalt an ähnlichen Texten lehnte Klostermann die von Dörries postulierte Rekonstruktion des einen Urtexts ab und betonte die gleichberechtigte Stellung der überlieferten Traditionen.[13] Dieser Ansicht wurde mit der separaten Edition der drei Textcorpora B H C Rechnung getragen:

---

[11] Noch nicht identifiziert in WEIDMANN, Vorankündigung.
[12] PG 34, 405–410: *incipit epistola sancti Macharii ad filios dei*; PG 34, 441–444: *incipit epistola beati Macharii data ad monachos*; PG 34, 443–446: *incipit epistola beati Macharii ad monachos* (spuria).
[13] KLOSTERMANN, Symeon und Macarius.

**B** (I): 64 Texte (CPG 2410): BERTHOLD, Makarios/Symeon (GCS)[14]
**H** (II): 50 Texte (CPG 2411): DÖRRIES –KLOSTERMANN – KROEGER, Makarios (PTS 4)[15]
**C** (III): 43 Texte (CPG 2412): KLOSTERMANN – BERTHOLD, Makarius/Symeon (TU 72)[16]

Gemeinsames Charakteristikum aller griechischen Sammlungen ist, dass die handschriftliche Überlieferung relativ spät (nicht vor 1000) einsetzt.[17] Die Haupthandschrift der mit 64 Texten umfangreichsten Sammlung B wurde im 13. Jh. geschrieben (Città del Vaticano, BAV gr. 694), die ältesten und wichtigsten Überlieferungsträger von H und C stammen aus dem 11. Jh. (Istanbul, Πατριαρχικὴ Βιβλιοθήκη Panhagias 75 bzw. Athen, Εθνική Βιβλιοθήκη της Ελλάδος graec. 272). Eine vierte Sammlung (W, Paris, BNF graec. 973, an. 1045) deckt sich zur Gänze mit der Sammlung B, wurde aber noch nicht als eigene Sammlung ediert.[18] Während die Überlieferung der Sammlungen B und C auf wenige Handschriften beschränkt ist, erfreute sich die Sammlung der 50 Homilien (H) weiter Verbreitung in Handschriften, Überarbeitungen, Frühdrucken und modernen Übersetzungen. Zwei von Marriott entdeckte Handschriften erweitern den Textbestand um sieben Homilien (HA); diese wurden als Appendix zu H ediert.[19] Darüber hinaus gibt es eine sehr junge Sammlung von sieben Predigten, die aus der Sammlung H kompiliert und unter den Titeln *De perfectione in spiritu, De oratione, De patientia et discretione, De elevatione mentis, De charitate, De libertate mentis, Epistula ad coenobitas* gedruckt sind (PG 34, 821–968). Diese Traktate sind rezeptionsgeschichtlich von besonderer Bedeutung: Sie wurden am Anfang des 14. Jh. vom italienischen Franziskaner Angelo Clareno (1247/1248–1337) ins Lateinische übersetzt und stellen somit die älteste bisher bekannte lateinische Übersetzung von Predigten des Pseudo-Makarios dar.[20] Pseudo-Makarios wurde im Westen vor allem im Protestantismus der frühen Neuzeit als Vertreter eines spirituellen, von der Amtskirche abgekoppelten Christentums rezi-

---

**14** Eine deutsche Übersetzung bietet FITSCHEN, Pseudo-Makarios. Den ersten Text der Sammlung bildet die so genannte Epistula Magna (CPG 2415), die zahlreiche Überschneidungen mit Gregor von Nyssas De instituto Christiano aufweist, ediert von JAEGER, Two Rediscovered Works, 233–301. Die Prioritätsfrage gilt heute als zugunsten des Pseudo-Makarios entschieden: STAATS, Gregor von Nyssa.
**15** Deutsche Übersetzungen von CASSEDER, Schriften des heiligen Macarius, und STIEFENHOFER, Fünfzig geistliche Homilien; eine englische Übersetzung findet sich bei MALONEY, The Fifty Spiritual Homilies.
**16** Die Edition berücksichtigt nur das Sondergut (28 Texte); eine französische Übersetzung bietet DESPREZ, Pseudo-Macaire (SChr 275).
**17** Über Einzelheiten informieren die Praefationes der Editionen sowie DÖRRIES, Symeon von Mesopotamien.
**18** BERTHOLD, Makarios/Symeon, LXXI–LXXIV.
**19** MARRIOTT, Macarii anecdota.
**20** Erhalten sind die lateinischen Übersetzungen z.B. in der Handschrift Città del Vaticano, BAV Vat. Urb. lat. 521, ff. 76r–108v (https://digi.vatlib.it/search?k_f=0&k_v=urb.lat.521) (23. 9. 2024).

piert.[21] Seine große Popularität findet in zahlreichen lateinischen Übersetzungen Niederschlag. Neben der 1559 gemeinsam mit der Editio Princeps erschienenen Übersetzung von H, die auch in die Patrologia Graeca aufgenommen wurde,[22] sind die voneinander unabhängigen lateinischen Übersetzungen des Zacharias Palthenius (1570–1615; gedruckt in Frankfurt 1594)[23] und des spanischen Humanisten Pedro de Valencia (1555–1620) zu nennen.[24]

## 1.2.2 Alte Übersetzungen

Unter den vorneuzeitlichen Übersetzungen[25] des makarianischen Corpus verdienen die syrische und die arabische besondere Beachtung. Die syrische Überlieferung zeichnet sich durch ihr hohes Alter aus; sie umfasst ca. 20 Briefe – der älteste Codex (London BL Add. 12175) ist auf 534 datiert; dazu kommen sieben weitere Handschriften, die vor 900 geschrieben sind, und zahlreiche Codices aus dem 10. Jh.[26] Die arabische Makariosüberlieferung setzt zwar sehr spät ein, bewahrt aber ein singuläres Textcorpus, das auch für die vorliegende Edition von Bedeutung ist:

---

21 ILLERT, Makarios.
22 Die Editio Princeps ist [PICOT, I. S.,] Macarii Aegyptii homiliae L, Paris 1559. Sie wurde oft – mit manchen Änderungen – nachgedruckt, u.a. PG 34, 449–822; die Übersetzung folgte im selben Jahr: PICOT, Homiliae quinquaginta.
23 PALTHENIUS, Macarii homiliae.
24 Ediert von NIETO IBAÑEZ, Pedro de Valencia, 153–280, nach dem Codex Uppsala, Univ. bibl. Gr. n°3, ff. 71r–122r; der Text bricht fragmentarisch in H34 ab. NIETO IBAÑEZ, Pedro de Valencia, 21–28, bietet eine sehr nützliche Zusammenstellung der zahlreichen Editionen und Übersetzungen der frühen Neuzeit. Zum Vergleich sei hier die Übersetzung von H15,10 (~ B32,1,1; NIETO IBAÑEZ, Pedro de Valencia, 208) zitiert – wörtliche Übereinstimmungen mir der hier vorgestellten Übersetzung (f. 1r,25–1v,27) sind durch Unterstreichung markiert: *Interrogatio: An <u>in resurrectione omnia membra resurgant</u>. <u>Responsio: Deo omnia</u> facilia <u>sunt, et</u> sic <u>promisit</u>. Humanae <u>autem</u> imbecillitati et rationi, velut <u>impossibile</u> hoc videtur. Sicut enim <u>de</u> pulvere et terra sumens deus, ut <u>naturam quandam aliam</u> construit corporis, non terrae similem, et <u>genera</u> multa fecit, ut <u>capillos et</u> cutem <u>et ossa et nervos et quemadmodum acus</u> in ignem iniecta <u>mutat colorem</u> et in ignem convertitur, sic etiam <u>in resurrectione omnia</u> resurgent, <u>et capillus <u>non</u> perit, sicut <u>scriptum est; et omnia</u> fiunt <u>lucida, omnia in</u> lumen et ignem <u>tinguntur et</u> mutantur, <u>sed non</u>, ut <u>quidam dicunt</u>, dissolvuntur <u>et</u> fiunt <u>ignis</u>, et ultra non subsistit <u>natura. Petrus enim Petrus est, et Paulus Paulus et Philippus Philippus. Unusquisque in propria natura et</u> hypostasi manet repletus spiritu. Quod <u>si</u> dicas ... .*
25 Eine Übersicht über die verschiedenen Übersetzungen bietet DESPREZ, Pseudo-Macaire (SChr 275), 21–26.
26 Siehe die Beschreibung bei DÖRRIES, Symeon von Mesopotamien, 415–419, und die ebendort (476–478) von W. Strothmann zusammengestellten Tabellen sowie STROTHMANN, Makarios.

**TV** – Dörries nennt zwei sehr junge Handschriften, Città del Vaticano, BAV arab. 70 (*T*), s. XVI (an. 1521), und arab. 80 (*V*), s. XV/XVI, die jeweils unter dem Namen des Symeon[27] 36 Homilien (h), 24 bzw. 41 Fragen (int) und 37 bzw. 20 kurze Reden (br) enthalten; sie gelten als messalianisches Schriftencorpus.[28]

Dazu kommen – mit demselben Inhalt wie *V* – die erstmals von Strothmann genannte Handschrift Paris, BNF arab. 149, s. XIII (*P*), die auf ff. 1v–211v dieselben Texte wie *V* enthält,[29] sowie zwei in Garschuni geschriebene sehr junge Codices.[30] Der in den griechischen Fassungen nicht auffindbare Text von 13rv des Mailänder Palimpsests entspricht teilweise Homilie 12 in *T* und *V* (TVh12); nach Meinung von Dörries wurde er wegen der Polemik gegen die Schriftgelehrten nicht in die größeren Sammlungen aufgenommen.[31]

### 1.2.3 Zum Autor

Als Verfasser der Predigten wird in der griechischen Überlieferung der Name Makarios genannt, der fälschlich mit dem ägyptischen Anachoreten Makarios identifiziert wurde.[32] Tatsächlich aber ist von einer literarischen Tätigkeit desselben nichts bekannt, und verschiedene kulturgeschichtliche Details (Nennung des Euphrat, Kenntnis der römischen Verwaltung und des Hofzeremoniells, Kriege zwischen Römern und Persern, Naturbilder …) legen als Entstehungsort der Predigten Mesopotamien nahe, weshalb ihr Verfasser „Makarios von Mesopotamien" genannt wird. Zu seiner Person und seinem literarischen Schaffen gibt es keine äußeren Zeugnisse.[33] Da seine Epistula Magna Gregor von Nyssa (gest. nach 394) als Vorlage dient, ist Makarios spätestens in der zweiten Hälfte des 4. Jh. anzusetzen.[34] Eine entscheidende Wendung nahm die Makariosforschung mit der Entdeckung Villecourts, dass einige Sätze aus dem Corpus des Pseudo-Makarios im so genannten Asketikon ent-

---

**27** DÖRRIES, Symeon von Mesopotamien, 410–415. Digitalisate der Handschriften unter https://digi.vatlib.it/view/MSS_Vat.ar.70 (23. 9. 2024) und https://digi.vatlib.it/view/MSS_Vat.ar.80 (23. 9. 2024). Weiterführende Literatur im Abschnitt „2.39 Macarian Homilies" bei ROGGERMA – TREIGER, Patristic Literature, 398.
**28** DÖRRIES, Symeon von Mesopotamien, 414.
**29** STROTHMANN, Sondergut, 5f.; TROUPEAU, Catalogue, 115. Die Handschrift ist online zugänglich unter https://archivesetmanuscrits.bnf.fr/ark:/12148/cc89422s/cd0e81 (23. 9. 2024).
**30** London BL Or. 2322, s. XVIII und Or. 4092, s. XIX (an. 1803); STROTHMANN, Sondergut, 6.
**31** DÖRRIES, Symeon von Mesopotamien, 411.
**32** Einen Überblick über Person und Werk bietet HESSE, Makarius. Zur Pseudepigraphie s. SPEYER, Fälschung, 43f.
**33** BERTHOLD, Ursprünglichkeit, 63: „Das literarische Werk des ‚Makarios' ist durch keine Nachricht eines Historikers der alten Kirche gedeckt."
**34** STAATS, Gregor von Nyssa.

halten sind, das 431 auf dem Konzil von Ephesos als messalianische Irrlehre verurteilt wurde.[35] Da die arabische Tradition die Schriften dem Asketen Symeon Stylites zuweist und der Name Symeon für einen messalianischen Theologen bezeugt ist, sah Dörries in diesem den eigentlichen Verfasser des Pseudo-Makarios.[36] Für die moderne Forschung, in der theologische Fragen dominieren,[37] ist Pseudo-Makarios „kein messalianischer Häresiarch ... sondern der unfreiwillige Stichwortgeber der Bewegung".[38]

## 1.3 Handschrift

In ihrer heutigen Gestalt misst die Handschrift Milano, Biblioteca Ambrosiana O 136 sup. (S.P.II.29; = *A*) 235 × 140–160 mm. Sie besteht aus 44 Pergamentfolien, denen jeweils ein modernes Papierblatt vorausgeht bzw. folgt.[39] Der Codex setzt sich aus vier Quaternionen (ff. 1–32) zusammen, einem Ternio (ff. 33–38), einem Binio (ff. 39–42) und einem Bifolium (ff. 43f.). Die Blätter sind am rechten oberen Rand von einer sehr jungen Hand mit Bleistift foliiert; die ersten 16 Blätter haben darüber hinaus eine ältere Paginierung in brauner Tinte (pp. 1–32). Die 44 Folien wurden im späten 9. oder frühen 10. Jh., wohl in Oberitalien oder Südfrankreich, mit dem Text der Gedichte des Horaz zweispaltig in karolingischer Minuskel beschrieben (Sigle *a* in den kritischen Ausgaben).[40] Der Schriftspiegel beträgt 200–215 × 135 mm, jede Seite enthält ca. 42–45 Linien. Den Horaztext begleiten als Interlinear- bzw. Margi-

---

**35** VILLECOURT, La date.
**36** Zu den Forschungen von Hermann Dörries (1895–1977) besonders instruktiv sind die Forschungsberichte bei JASPERT, Mönchtum und Protestantismus, 303–431 (bes. 358–399 „Makarius/Symeon von Mesopotamien und die Messalianer") und ILLERT, Dörries.
**37** Besondere Beachtung verdient das seit 1980 in unregelmäßigen Abständen stattfindende Makarios-Symposion.
**38** FITSCHEN, Messalianismus, 218. – Zum Einfluss des Pseudo-Makarios auf den Messalianismus s. DÖRRIES, Theologie; FITSCHEN, Messalianismus; PLESTED, Macarian Legacy. Im lateinischen Westen war der Messalianismus vor allem durch den Häretikerkatalog bei Augustinus (haer. 57) bekannt; FOLLIET, Des moins euchites.
**39** Die hier gebotene kodikologische Beschreibung der Handschrift und die Transkription stützen sich auf die Expertise von Stefano Serventi. Siehe auch die Online-Beschreibung: https://ambrosiana.comperio.it/opac/detail/view/ambro:catalog:82500 (23. 9. 2024). – Das vordere Vorsatzblatt enthält folgenden Restaurierungsvermerk: „Restaurato a Modena (11 gennaio 1956)."
**40** Hor. carm. (ff. 1r–16v); ars (ff. 16v–19r); epod. (ff. 19r–22v); carm. saec. (ff. 22v–23r); epist. (ff. 23r–31v); sat. (ff. 31v–44r; am Ende: *finit decimus liber Horatii feliciter*); BISCHOFF, Katalog, 164 (nr. 2651f.); der Horaztext stimmt fast vollständig mit Paris, BNF lat. 7900A überein. Auf ff. 42v und 44rv finden sich Federproben aus dem 10. bis 13. Jh. Diese bieten keinen Hinweis auf einen früheren Besitzer.

nalglossen die pseudoakronischen Scholien. Aus Platzmangel werden sie jedoch oft gekürzt oder gänzlich ausgelassen.[41]

### 1.3.1 Untere Schrift

Für die vorliegende Edition relevant sind die palimpsestierten Blätter ff. 1–16 (CLA III 357),[42] die als untere Schrift die neu identifizierten Fragmente der Homilien des Pseudo-Makarios enthalten.[43] Es handelt sich um acht Doppelblätter, die aus verschiedenen Lagen – wahrscheinlich Quaternionen – stammen. Entsprechend der Gregory-Regel hatten sie die Fleischseite außen, die Haarseite innen. Die Linierung wurde auf der Haarseite der offenen Doppelblätter in Blindlinierung mit einem Schriftspiegel von 183 × 100 mm durchgeführt.[44] Die Spaltenbreite wird mit einfachen Linien begrenzt. Jede Seite enthält 28 Zeilen, die jeweils 6–7 mm voneinander entfernt sind; nur f. 1 hat 27 Zeilen.[45] Die Schrift ist eine Halbunziale mit kursiven Zügen; sie lässt sich kaum mit anderen Handschriften parallelisieren.[46]

Sinnabschnitte sind durch größere Spatien voneinander getrennt. Initialen sind nicht ausgezeichnet. Einige Bibelzitate werden durch links offene ovale Halbkreise (Diple) am linken Zeilenanfang hervorgehoben (5v,7–12; 7v,21–28; 10v,2f.; 12r,16–19; 12v,4.28; 14r,2–5; 16r,16f.), andere nicht (1r,12f.; 2r,25f.; 4v,25–28; 7v,5–7; 8r,28f.; 9v,20; 10r,24; 15r,20).[47]

Abgesehen von den Nomina sacra ($\overline{ds}$ für *deus*, $\overline{ihs}$ für *Iesus*, $\overline{sps}$ für *spiritus*, $\overline{scs}$ für *sanctus*)[48] finden sich nur die geläufigen Kürzungen (¯ für) *-m* (*-b·* für) *-bus* sowie (*-q·* für) *-que*, und zwar fast ausschließlich am Zeilen- oder Seitenende, wo sich der Schreiber bemüht, den Schriftspiegel einzuhalten. Das Gleiche gilt für Ligaturen und Hochstellung einzelner Buchstaben; diese Phänomene sind mit wenigen Ausnahmen (\*) auf das Zeilenende beschränkt. Ligaturen: *-nt* in 3r,24 *afferent*; 8r,5 *in-*

---

41 Noske, Quaestiones Pseudacroneae, XXVIf.
42 Reifferscheid, Bibliotheca, II 45; Chatelain, Paléographie, 24, pl. LXXXI; Lowe, Hand-List, 46, nr. 53; Lowe, Codices rescripti, nr. XLVII; CLA III 357 (https://elmss.nuigalway.ie/catalogue/695) (23. 9. 2024); Munk Olsen, L'étude, I 465f. und III/2, 70 sowie 157; Licht, Halbunziale, 409, Anm. 36.
43 Weidmann, Vorankündigung. Palimpsestiert sind möglicherweise auch ff. 17–44, auf denen Bischoff Spuren einer karolingischen Minuskel erkannte (30–35 Zeilen, kurze Verse?); die Blätter sind quer eingebunden und stammen offensichtlich aus einem anderen Codex; s. Bischoff, Katalog, n. 2652. Bischoffs Angabe „14 Blätter" ist wohl als 14 Bifolien (= 28 Blätter) des neu entstandenen Horazcodex zu verstehen.
44 Der tatsächliche Schriftraum ist mit 187–195 × 101–110 mm etwas größer.
45 Der Schriftraum ist hier mit 185 × 104 mm (recto) und 182 × 109 mm (verso) geringer.
46 CLA III 357: „an expert, graceful, but rather unusual type of half-uncial."
47 Die Handschrift ist nicht genannt bei Steinová, Quotation Sign.
48 Selten werden Nomina sacra ausgeschrieben, z.B. 6v,18 *dei*; das Adjektiv *spiritalis* ist hingegen nie gekürzt. Siehe Traube, Nomina Sacra.

*cidant*; 8r,8 *transigunt*; 8r,22 *neglexerint*; 8v,21 *fuerint*; 9r,2 *sint*; -unt in 1r,18 *sunt*; 11v,22 *crediderunt*; 12v,6 *possunt*; 12r,17 *norunt*; 16r,24 *fulgebunt*; -ns in 1v,11 *transfiguratur*; 3v,14 *deflens*; 3v,28 *narrans*; 6r,22 *praevaricans*; 6r,23 *obaudiens*; 6v,21 *volens*; 8r,29 und 16r,18 *dominus*; 5r,11 *festinans*; -or in 15r,25 *mortis*; -ur in 1v,14 *resurrectione*; 8v,6 *docentur*; 14v,3 *igitur*; 14v,26 *laetatur*; 15r,24* *consequentur*; 15v,3 *occupatur*; -us in 6r,13 *corpus*; 7r,23 *factus*; 7v,26 *Elisseus*; 9v,24 *superius*; 12r,12 *plenus*; 14v,25 *manibus*; 15v,26 *mollitus*; 16v,24 *duobus*; Hochstellung: *a* (meist in Ligatur mit den benachbarten Buchstaben, z.B. 4r,10 *veritate*; 4r,14 *renovat*; 5r,10 *videat*; 5r,18 *custodiat*; 6r,22 *praevaricans*), *e* (13v,12 *d$^e$scendit*), *n* (z.B. 7v,27 *venissent*; 13v,26* *fundamento*) und *u* (z.B. 8r,7 *paenitus*; 8r,8 *transigunt*; 9r,10 *emundati*; besonders nach *q*: 12r,18 *quod*; 14v,16 *requiem*)[49] sowie Endbuchstaben von Nomina sacra (8v,2 *sancti*; 9r,14 *dominum*; 11r,10 *Christus*; 16r,13* *dominus*).

Allgemein wird gegen Seitenende die Schrift oft kleiner und gedrängter (z.B. f. 1r; 10r). Worttrennung über die Seitengrenze hinweg bzw. Trennung zusammengehöriger Begriffe wird dadurch vermieden, dass die überschießenden Buchstaben – meist in gedrängterer Form – außerhalb des Schriftspiegels, sozusagen in einer 29. Zeile rechtsbündig nachgetragen werden (2r, 3v, 4r, 7v, 8v, 14v, 15v).

Als auffällig notiert Lowe (CLA III 357) folgende Buchstabenformen: Das *a* wirkt wie ein ovaler, rechts oben zugebundener Sack und schwebt oft über der Grundlinie. Lange Schäfte (wie z.B. bei *b* und *l*) sind oft keulenförmig verdickt. Die Haste des *f* erstreckt sich über den gesamten zur Verfügung stehenden Schriftraum. Der Querstrich des *n* ist gekrümmt und mündet hoch in die zweite vertikale Haste ein. Der Bogen des *q* ist oval, das *u* sehr rund und oft mit *o* verwechselbar. Als Charakteristikum für hohes Alter vermerkt Lowe, dass auf *t* eine *i*-longa folgt. Er datiert die Handschrift in das 6. Jh. und lokalisiert sie in Südfrankreich.[50]

Noch weiter zurück führt der Datierungsvorschlag von Tino Licht (Heidelberg, brieflich): „Die Handschrift gehört zu den ältesten halbunzialen Handschriften mit annähernd kalligraphierter Schrift. Insbesondere die Ligaturen mit *a* sind teilweise nicht aufgelöst, zugleich führen die Schäfte des *n* kaum unter die Zeile, was für eine Fortentwicklung spricht." Er plädiert für eine Datierung auf „ca. 500". Licht vermutet Herkunft aus dem Westalpenraum, in dem sich italienische („Miniatur *a*") und burgundische („knotige Verdickung der Schäfte") Stilmerkmale kreuzen.

---

**49** In 16r,5 *homo* ist das zweite *o* unter dem von zweiter und dritter Haste des *m* gebildeten Bogen geschrieben.
**50** LOWE, Palæography, 75. Die bei der Beschreibung des Codex in CLA III 354 behauptete Ähnlichkeit mit unserer Handschrift ist nicht nachvollziehbar, ebensowenig die Charakteristik der Schrift als römische Kursive des 7. Jh. durch CHATELAIN, Paléographie, 24.

## 1.3.2 Provenienz

Die meisten Phasen der Text- und Handschriftgeschichte liegen im Dunkeln, sodass es kaum möglich ist, darüber belastbare Angaben zu machen.[51] So lassen sich zum Ort der Übersetzung und zur Anfertigung des fragmentarisch erhaltenen Pseudo-Makarios-Codex nur Spekulationen anstellen.

Einige Indizien sprechen dafür, dass der Text im Milieu von Lérins übersetzt wurde. Dies könnten die intensiven Kontakte zwischen Lérins und orientalischen/ägyptischen Mönchsbewegungen stützen. Dass der Name Macarius im Lériner Kreis in hohem Ansehen stand, geht nicht zuletzt aus der Abfassung einer (genuin lateinischen) Mönchsregel eines Macarius im 5. Jh. hervor, die von ihrem letzten Herausgeber im Lériner Kreis verortet wurde.[52] Darüber hinaus wurde schon vor Kenntnis der lateinischen Übersetzung Einfluss des Corpus Macarianum auf die Institutiones und Collationes des Cassian postuliert.[53] Im vorliegenden Text gibt es allerdings keine wörtlichen Übereinstimmungen, die zwingend auf Abhängigkeit Cassians von der lateinischen Übersetzung schließen ließen. Für Herkunft der Übersetzung aus dem Milieu des Cassian könnten die zwei bei ihm sehr beliebten Begriffe *distensio* und *ad purum* sprechen, mit denen der Übersetzer die griechischen Wörter περισπασμός und τελείως wiedergibt.[54]

Wenig belastbar hingegen erscheinen die vor der Identifikation mit Pseudo-Makarios vorgebrachten Argumente, dass der Text aus dem südgallischen Raum kommt: Hiltbrunner setzte die Predigten, die er für genuin lateinisch hielt, wegen der angeblich elliptischen Verwendung von *exterior* im südgallischen Raum an und datierte die vermeintlich arianischen Predigten in das kurze Zeitfenster arianischer Dominanz zwischen der Synode von Béziers (356) und dem Konzil von Paris (361).[55]

---

51 BISCHOFF, Kalendar, 247: „Die Geschichte dieser Handschrift läßt sich nicht über das Jahr 1606 hinaus zurückverfolgen, in dem sie mit 50 anderen Bänden aus Avignon in die neue Bibliothek überführt wurde."
52 DE VOGÜÉ, Règles (SChr 297), 287–389 (bes. 343f.).
53 Die Frage nach einem möglichen Einfluss wurde zunächst von KEMMER, Charisma, 92, ablehnend beantwortet; danach nannten STEWART, Cassian, 37.80.86.115f.122, und DESPREZ, Trois Témoins, 860–863, zahlreiche Beispiele, an denen Einfluss von Pseudo-Makarios auf Cassian möglich ist; vgl. auch MALONEY, The Fifty Spiritual Homilies, 23: „It is in his two classics, the Institutes and the Conferences, that he borrows from Macarius's teaching on perfection and on the gifts of the Holy Spirit." Allerdings gibt es keine einzige Stelle mit wörtlicher Entsprechung zwischen der lateinischen Übersetzung und Cassians Schriften. Motivisch wird vor allem das Bild vom Acker des Herzens (z.B. 4r,17–23) auf Einfluss des Pseudo-Makarios zurückgeführt; STEWART, Working the Earth, passim.
54 4v,19 bzw. 2r,12. Zu *ad purum* als adverbiale Wendung für τελείως („völlig"); VL Is. 1,25 (Rufin. Greg. Naz. orat. 4,12,2): *purgabo te ad purum* (LXX: εἰς καθαρόν). Die Wendung findet sich neben Cassian auch bei den Übersetzern Hieronymus und Rufinus.
55 HILTBRUNNER, Exterior homo, 60. – Er bezieht sich auf 5r,14f. *corpus exteriorem a fornicatione conservat*, und versteht *exteriorem* als elliptische Apposition zu *corpus*; die zwei unten S. 18 genann-

Ebenso ist fraglich, ob man den Begriff *pergamenum* (4r,26: *pelles animalium quae dicuntur pergamena*) als Indiz für Südgallien verwerten darf,[56] weil er in verschiedenen Gebieten des Imperium Romanum bezeugt ist.

Entgegen der üblichen Praxis musste im vorliegenden Palimpsest ein christlicher Text einem paganen weichen.[57] Dass die Palimpsestierung des alten Codex mit seinem (als häretisch eingestuften?) Inhalt zusammenhängt, ist möglich, aber nicht beweisbar. Die Palimpsestierung folgte eher ökonomischen Zwängen und ist nicht Ausdruck antipaganer oder antihäretischer Einflussnahme.[58] Es ist jedoch mit einiger Sicherheit anzunehmen, dass der ursprüngliche Codex um 900, dem Zeitpunkt seiner Wiederverwertung, schon aufgelöst war, da von den Quaternionen nur einzelne Doppelblätter für die Wiederverwendung herangezogen wurden. Andernfalls wäre wohl die ursprüngliche Reihenfolge und Bindung der Folien beibehalten worden. Vermutlich standen auch keine weiteren Blätter des Pseudo-Makarios-Codex zur Verfügung, weil von der aufgelösten Handschrift nur die beiden ersten Lagen für den Horazcodex verwendet wurde.

Über den Ort der Anfertigung des Horazcodex gibt es auch keine gesicherten Informationen. Bischoff vermutet Entstehung in Südfrankreich.[59] Die Handschrift gehört nicht zu den genuinen Bobbienser Palimpsest-Beständen.[60] Ein auf dem ersten (modernen) Einlageblatt eingeklebter Zettel nennt nach dem Inhalt (*Horatii Lyrica, Epistolae, sermones, cum notis antiquis*) die Herkunft (*Hunc codicem notis adspersum Avenione vehendum curavimus*) und die alte Mailänder Signatur (*in primo inventario est sub litera T.93*). Die Handschrift befand sich also in Avignon und gehört somit zu den ersten Handschriften, die Antonio Olgiati, der spätere Präfekt, im Auftrag von Kardinal Federico Borromeo für die neu gegründete Biblioteca Ambrosiana erworben hat. Als Jahr der Akquisition wird 1606 angegeben.[61] Es ist dies jene Zeit, in der die letzten Bücher der in Auflösung begriffenen päpstlichen Bibliothek von Avignon einen neuen Besitzer fanden.[62] Da aber in keinem einzigen der Avigno-

---

ten Stellen 16v,9f.17 mit elliptischem *exterior* waren ihm noch nicht bekannt. Die Datierung ist durch die Identifikation als Pseudo-Makarios obsolet.
**56** So Bambeck, Wortstudien, 56.
**57** Ein vergleichbarer Fall liegt im Palimpsestus Vindobonensis vor, in dem ein Vetus-Latina-Text einem Grammatikertext weichen musste; Fischer, Palimpsestus, 308–314 (Hinweis von Rainer Jakobi).
**58** Formulierung nach Becker – Licht – Schneidmüller, Pergament, 340.
**59** S. oben Anm. 40. Den „Zwillingscodex" Paris, BNF lat. 7900A lokalisiert er aber selbst in der Gegend von Mailand (Hinweis von L. Dorfbauer).
**60** So die 1921 vorgetragene Meinung von Wilmart, Palimpseste, 8, die wenige Jahre danach von Lowe, Palæography, 75, revidiert wurde.
**61** Die Jahreszahl 1606 wird genannt von Bischoff, Katalog, nr. 2651. Zu den aus Avignon stammenden Beständen der Biblioteca Ambrosiana s. Ratti, Manoscritti, bes. 595f.
**62** Maier, Katalog 1411, 97: „der letzte Rest wurde zu Beginn des 17. Jahrhunderts abtransportiert und war seitdem verschollen."

neser Kataloge (aus den Jahren 1369, 1375, 1411 und 1594) ein Horazcodex genannt wird, der mit der vorliegenden Handschrift übereinstimmen könnte, ist Herkunft aus der päpstlichen Bibliothek unsicher.[63]

### 1.3.3 Visualisierung

Die Handschrift ist mit freiem Auge als Palimpsest erkennbar, und vieles ist problemlos mit freiem Auge lesbar. Ein erstes Hindernis bei der Entzifferung bildet der darüber geschriebene Horaztext, der mit seinen zahlreichen Glossen und Verweiszeichen große Teile des ursprünglichen Texts überdeckt. Im 19. Jh. wurden – vermutlich von Angelo Mai – die palimpsestierten Seiten großflächig mit Reagentien behandelt, wodurch zwar die untere Schrift kurzfristig besser zum Vorschein kam, aber längerfristig der Codex chemischen Prozessen ausgesetzt wurde. So entstanden nicht nur kleine Löcher durch Tintenfraß (vor allem in der letzten Zeile von f. 8r), sondern es färbten sich auch die behandelten Seiten dunkel, sodass der Kontrast zwischen dem Pergament und der braunen Tinte schwächer wurde. Dazu kommen einzelne Stellen, die sich durch Anwendung anderer Chemikalien – vermutlich im Rahmen der Autopsie durch Hauler, der 1887 den gedruckten Text nachkollationierte, aber nur wenige bis dahin unbekannte Passagen transkribierte – blau verfärbten.[64] Auch die Anbringung eines Klebebandes zur Sanierung eines Risses am unteren Rand von 5r beeinträchtigt die Lesbarkeit enorm.

Die Handschrift wurde zunächst Mitte des 20. Jh. in Kooperation mit der University of Notre Dame (Indiana) verfilmt und als Digitalisat zur Verfügung gestellt.[65] Für die vorliegende Edition wurde die Handschrift vom 20.–24. Juni 2022 von EMEL (Early Manuscripts Electronic Library)[66] unter der Leitung von Michael Phelps einem Multispektral-Imaging unterzogen. Dabei werden von jeder Seite mit verschiedenen Lichtspektren und anderen Parametern (fluoreszierend, Schräglicht, transmissiv u.a. …) ca. 50 hochauflösende Bilder angefertigt, die danach in einem bildgebenden Verfahren so bearbeitet werden, dass die untere Schrift möglichst verstärkt und die

---

**63** Die Kataloge dokumentieren die rasant abnehmende Zahl an Handschriften. Der Katalog von 1369 (EHRLE, Historia, 277–450) nennt 2059, der von 1375 1677 (EHRLE, Historia, 454–560; genannt wird nur eine Poetria des Horaz in einer Miszellanhandschrift), der von 1411 881 (von ihnen werden aber nur 648 beschrieben; unter ihnen findet sich keine einzige Handschrift mit Werken des Horaz; MAIER, Katalog 1411) und der letzte von 1594 nur mehr um die 300 Handschriften (MAIER, Katalog 1594). Es ist kaum mit Sicherheit festzustellen, ob unter den von FAUCON, La librairie, I 58. 85. 87 und II 31. 107. 137 genannten Horazhandschriften eine mit der vorliegenden zu identifizieren ist.
**64** Zwei Stellen 3r,5 *a deo* und 10 *illi*.
**65** Online unter https://digitallibrary.unicatt.it/veneranda/0b02da8280051c1a (23. 9. 2024).
**66** http://emel-library.org/ (28. 6. 2024).

obere Schrift möglichst ausgeblendet wird.⁶⁷ Dies führte bei einigen Seiten zu sehr ansprechenden Ergebnissen, etwa 9v, wo es gelang, die obere, jüngere Schrift fast vollständig verschwinden zu lassen (Abb. 1 und 2). Bei anderen Seiten erbrachten die mit derselben Methode hergestellten Bilder kein besseres Ergebnis, einige Seiten (z.B. der schwer lesbare Text auf f. 13r) sind völlig unlesbar oder vom Text, der von der Rückseite durchscheint, überlagert.

**Abb. 1:** Aufnahme mit natürlichen Farben: fol. 9v,1–11 (© Veneranda Biblioteca Ambrosiana und EMEL)

---

**67** Zur Methodik siehe Phelps, Sinai Palimpsests, 33, sowie im selben Sammelband (Rapp – Rossetto – Grusková – Kessel, New Light) die Artikel von D. Kasotakis (385–393), K. T. Knox (395–406), und R. L. Easton Jr. & D. Kelbe (407–418).

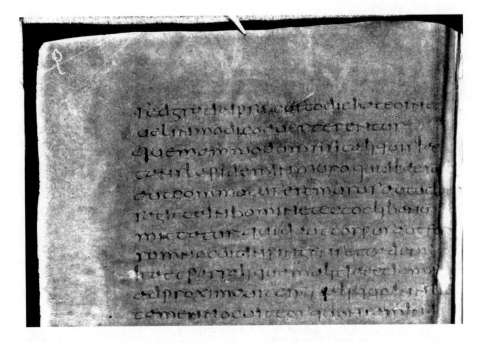

**Abb. 2:** Aufnahme mit Bildbearbeitung: fol. 9v,1–11 (© Veneranda Biblioteca Ambrosiana und EMEL)

Als problematisch erwies sich vor allem, dass die Tinten der oberen und der unteren Schrift in ihrem Spektralverhalten einander sehr ähnlich sind, sodass es schwirig ist, die obere Schrift zugunsten der unteren auszublenden. Erschwerend kommt hinzu, dass die im 19. Jh. aufgetragenen Reagentien und der bei der Restauration angebrachte Klebstreifen (z.B. 5r unten) eine für das Licht schwer durchdringbare Schicht bilden. An einigen Stellen ist die Tinte der unteren Schrift fast vollständig abgewaschen bzw. über dem Pergamentblatt verteilt, sodass kaum Hoffnung besteht, den ursprünglichen Text in seiner Gesamtheit wieder sichtbar machen zu können. Dies trifft vor allem auf f. 13r zu, von dem durch die Kombination verschiedener Bildbearbeitungen (processed images) etwa zwei Drittel gelesen werden konnten.[68]

---

[68] Siehe Abb. 35 (S. 162). Besonderer Dank hierfür gebührt M. Phelps von EMEL und seinem Team, den Kameraoperatoren K. Boydston und D. Kasotakis und den Bildbearbeitern R. Easton und K. Knox.

## 1.3.4 Inhalt

Für die lateinische Übersetzung des Pseudo-Makarios sind die ersten beiden Quaternionen der Horazhandschrift, d.h. ff. 1–16, von Interesse. Die folgende Tabelle gibt den Inhalt der einzelnen Blätter in der Abfolge des aktuellen Codex an:

**Tab. 1:** Aufbau und Inhalt der Palimpsestblätter

| Bifolium | ff. | Mai[69] | Text | Seiten in der Edition[70] |
|---|---|---|---|---|
| | f. 1 | 4 | B45,1,4 + B32,1,1 | II 81,4–11 + II 18,2–14 |
| | f. 2 | 5 + 6 | B4,29,21f. + B46,1,1f. | I 69,22–70,6 + II 84,2–10 |
| | f. 3 | 7 | B9,3,6–9 | I 132,23–133,26 |
| | f. 4 | 8 | **B54,2,7–3,5** | II 153,27–155,1 |
| | f. 5 | 9 (a) | B54,2,4–7 | II 152,28–153,27 |
| | f. 6 | 9 (b) | B9,2,6–10 | I 129,6–130,18 |
| | f. 7 | 10 | B45,4,4 + B4,28–29,2 | II 83,24–26 + I 64,24–65,23 |
| | f. 8 | 11 | B32,8,2–6 | II 21,29–22,21 |
| | f. 9 | 12 | H17,6–8 (B16,1,10–2,3) | 170,86–171,116 (I 180,20–181,20) |
| | f. 10 | 13 (a) | **B61,1,4–7** | II 199,9–200,11 |
| | f. 11 | 13 (b) | **B61,1,7–9** | II 200,11–201,4 |
| | f. 12 | 13 (c) | C16,2,4–3,2 | 80,16–82,1 |
| | f. 13 | – + 1 | TVh12,3–5 + C21,1 | 46,13–47,27 + 106,4–14 |
| | f. 14 | 2 | **B10,3–5** | I 137,31–138,32 |
| | f. 15 | 2 + 3 | **B10,5 + B61,1,1–4** | I 138,32–34 + II 198,2–199,9 |
| | f. 16 | – | B18,7,2f. + B5,1–2,1 | I 207,11–29 + I 75,2–9 |

Die Aufstellung zeigt deutlich, dass kein einziger Text vollständig erhalten ist und nur wenige Abschnitte nahtlos miteinander zu verbinden sind (f. 5 und 4 und f. 14sq. + 10sq.). Wegen der großen Lücken ist es auch unmöglich, die ursprüngliche Blatt- und Lagenabfolge vollständig zu rekonstruieren.

### Doppelfassungen

Dazu kommt, dass einige Texte der Sammlung B auch in Parallelüberlieferung in H vorliegen:

| | |
|---|---|
| B4,28f. (f. 7) | H15,29.43f. |
| B4,29,21f. (f. 2) | H15,52f. |
| B9,2f. (f. 3 + 6) | H1,6–8.11f. |

---

[69] Viele der von Mai vorgenommenen Rekonstruktionsversuche sind aufgrund der Identifikation des Ausgangstexts obsolet. Mai verband z.B. f. 5 mit f. 6 und stellte eine zusammenhängende Reihe von ff. 10–12 her, erkannte aber nicht, dass f. 4 nach f. 5 und f. 15 vor f. 10 anzusetzen ist.
[70] Die Seitenangaben beziehen sich auf die oben (S. 4) genannten Referenzeditionen.

| | |
|---|---|
| B16,1f. (f. 9) | H17,6–8 |
| B32,1 (f. 1) | H15,10 |
| B32,8 (f. 8) | H15,19–21 |
| B45,1 (f. 1) | H15,8f. |
| B45,4 (f. 7) | H15,43 |
| B46,1 (f. 2) | H16,1 |

Ohne Parallelüberlieferung sind B5 (f. 16), B10 (f. 14f.), B18 (f. 16), B54 (f. 5 und 4), B61 (f. 15.10f.), C16 (f. 12), C21 (f. 13), TVh12 (f. 13).[71] In den meisten Fällen ist es kaum möglich, den lateinischen Text mit Sicherheit einer der beiden Fassungen zuzuordnen. Vielmehr finden sich oft Eigentümlichkeiten beider Fassungen im lateinischen Text wieder. Dies legt den Schluss nahe, dass der lateinische Text genetisch älter ist und die Ausdifferenzierung der griechischen Fassungen erst nach der Anfertigung der lateinischen Übersetzung stattgefunden hat. Als Referenztext setze ich – trotz aller Unterschiede – die Textfassung von B als Basistext an; nur im Fall von f. 9 habe ich wegen zu großer Abweichungen von B die Fassung von H als Referenztext gewählt.

Beispiele für die „Mischung" beider Versionen finden wir im lateinischen Text von 6r,23f.: *et malignum serpentem obaudiens et dei praecepta sancta contemnens*, wofür die Fassung B9 καὶ ἀκούσας τοῦ πονηροῦ καὶ παρακούσας τοῦ θεοῦ, aber H1 καὶ ἀκούσας τοῦ πονηροῦ ὄφεως bietet. Es scheint also, dass der Übersetzer in seiner Vorlage καὶ ἀκούσας τοῦ πονηροῦ ὄφεως καὶ παρακούσας ⟨τὰς ἁγίας ἐντολὰς⟩ τοῦ θεοῦ vorfand, aus dem durch verschiedene Textausfälle die zwei Versionen entstanden. Auch in 1v,11f. lässt der lateinische Text *et transfiguratus ignis efficitur* vermuten, dass der Übersetzer in seinem Text καὶ ⟨μεταβάλλεται καὶ⟩ γίνεται πῦρ vorfand; das Verb μεταβάλλεται fehlt im Basistext von B32, findet sich aber im Paralleltext H15,10 (καὶ μεταβάλλεται εἰς πῦρ). Anscheinend hat auch hier der lateinische Text Charakteristika beider Fassungen bewahrt.

Repräsentativ ist die Präsenz beider Rezensionen im lateinischen Text auf f. 2r. Die lateinische Version enthält hier Sondergut beider griechischer Fassungen (fett gedruckt) und nimmt somit in gewisser Weise eine Zwischenstellung zwischen ihnen ein. Da der Text von H länger als die Fassung von B ist, diese Überschüsse aber im lateinischen Text fehlen, ist anzunehmen, dass diese Erweiterungen sekundär sind und nichts mit der originalen Textgestalt zu tun haben (Tab. 2).

---

**71** Es ist wohl Zufall, dass die Doubletten auf die ersten neun Blätter des Horazkodex beschränkt sind.

**Tab. 2:** Vergleich zweier griechischer Fassungen mit dem lateinischen Text

| B4,29,22 | 2r | H15,53 |
|---|---|---|
| ἢ **ὥσπερ** (τις) παράδεισον **οἰκοδομεῖ** εἰς τόπους ἐρήμους καὶ δυσώδεις, πρῶτον ἄρχεται καθαρίζειν καὶ φραγμὸν περιτιθέναι καὶ ἑτοιμάζειν ὀχετοὺς **καὶ φυτεύειν,** | **similiter** et qui paradisum **voluerit fabricare** in locis desertis et abditis, primum incipit mundare et saepem circumdare et aquales distinguere, **deinde plantare,** | καὶ ὁ **θέλων** παράδεισον ποιῆσαι εἰς τόπους ἐρήμους καὶ δυσώδεις, πρῶτον ἄρχεται καθαρίζειν καὶ φραγμὸν περιτιθέναι καὶ ἑτοιμάζειν ὀχετοὺς καὶ οὕτως φυτεύει, καὶ αὔξονται τὰ φυτά, |
| ἵνα μετὰ πολὺν χρόνον ἐξενέγκῃ καρποὺς ὁ παράδεισος, | ut post multum tempus afferat fructus paradisus, | ἵνα οὕτως μετὰ πολὺν χρόνον ἐνέγκῃ καρποὺς ὁ παράδεισος, |
| – οὕτω καὶ αἱ προαιρέσεις τῶν ἀνθρώπων **μετὰ** τὴν παράβασιν κεχερσωμέναι εἰσίν, ἠρημωμέναι, ἀκανθώδεις· | ita et voluntas hominum **(post)** praevaricationem exasperata et deserta et spinosa facta est. | – οὕτως καὶ αἱ προαιρέσεις τῶν ἀνθρώπων **μετὰ** τὴν παράβασιν κεχερσωμέναι εἰσὶ **καὶ** ἠρημωμέναι **καὶ** ἀκανθώδεις· |

**Zwischenüberschriften**

Das wichtigste Indiz für die Rekonstruktion der ursprünglichen Anordnung sind die Zwischenüberschriften. Im erhaltenen Text finden sich fünf derartige Gliederungshinweise, die jeweils fünf Textpaare aneinanderbinden:

f. 1r   expl omilia XXVIII inc omilia XXVIIII           B45,1 + B32,1
f. 2v   expl omilia XXXIII inc XXXIIII                   B4,29 + B46,1
f. 13v  expl de uerbo substantiali incipit sermo III    TVh12 + C21
f. 15r  expl sermo V incipit VI                         B10,5 + B61,1
f. 16v  expl incipit alia omilia                        B18,7 + B5,1

Da die Titel keine Autorangaben bieten, kann mit einiger Sicherheit angenommen werden, dass die Handschrift nur Werke eines einzigen Autors enthielt. Denn andernfalls wäre in den erhaltenen Überschriften ein Verfassername oder zumindest ein *eiusdem* zu erwarten. Mit Ausnahme des Texts auf f. 13rv, der den spezifischen Titel *de verbo substantiali* trägt, weisen die Überschriften nur ein generisches *omilia* bzw. *sermo* (mit Ausnahme von f. 16v immer mit einer Ordnungszahl versehen) auf. Unter der Annahme, dass *omilia* und *sermo* synonym zu verstehen sind,[72] umfasste die lateinische Version mindestens 34 Texte.[73] Alle fünf erhaltenen Textanfänge

---

72 Diese Unterscheidung hat nichts mit dem modernen Usus zu tun, wonach die Sammlung H als Homilien, die Sammlung B als Sermones (Logoi) bezeichnet wird.
73 Nach Serventi ist auf f. 13v vor der Zahl *III* ein Zahlzeichen – vermutlich *V* – ausgefallen, sodass es sich hier um Text 8 handelt.

entsprechen den Textanfängen der griechischen Fassungen; von den Textschlüssen hingegen fällt nur einer (f. 16v) mit dem der griechischen Fassung zusammen; die vier anderen Texte enden früher, und zwar dort, wo sich im griechischen Text von B ein Sinnabschnitt findet. Kein einziges der fünf im Lateinischen bezeugten Textpaare entspricht der Abfolge in den Sammlungen B oder C. In der Parallelüberlieferung von H gibt es hingegen zwei bemerkenswerte Übereinstimmungen der beiden ersten Textübergänge (f. 1r und f. 2v). Das erste Textpaar (B45,1 + B32 = H15,8–9 + H15,10) entspricht in der Abfolge jener der griechischen Version von H, allerdings mit dem Unterschied, dass im Griechischen kein neuer Text beginnt (es wurden also entweder im Lateinischen ein Text in zwei Texte geteilt oder im Griechischen zwei getrennte Texte zusammengefügt). Das zweite Textpaar (B4,29 + B46 = H15,52–53 + H 16,1) ist im lateinischen Text und in der Sammlung H gleich angeordnet und durch eine Kapitelüberschrift getrennt. Die Übereinstimmung ist kaum zufällig, sondern lässt vermuten, dass in der lateinischen Version und in H Spuren einer alten Zusammenstellung bewahrt sind.

Ein Indiz dafür, dass die lateinische Fassung die ursprüngliche Abfolge bewahrt hat, könnte auch der Textübergang auf der letzten Seite bieten. Denn mit den Worten *si ergo dixisti interiorem similem esse exteriori* (B5,1; f. 16v,16f.) knüpft der Fragende an das Ende des vorangegangenen Texts an (B18,7,3; f. 16v,7–11): *imaginem itaque exterioris habet anima, in eo quod membris exterioris est similis, habens oculos, aures, manus et pedes*. In der erhaltenen griechischen Version ist dieser Zusammenhang nicht nur dadurch verdunkelt, dass die zwei Texte voneinander getrennt sind, sondern auch dadurch, dass sich der Wortlaut vom lateinischen unterscheidet: ἔχει ἡ ψυχὴ εἰκόνα ἰδίαν, τὰ μέλη τοῦ ἔξω ἀνθρώπου // εἰ οὖν φασι τὸν ἔσω ὅμοιον τῷ ἔξω. Das φασι (vl. φησὶ) am Beginn des zweiten Texts hat eher allgemeinen Charakter, während im Lateinischen die 2. Person *dixisti* eindeutigen Verweischarakter hat.

Die im folgenden vorgestellte Rekonstruktion der ursprünglichen Anordnung stützt sich auf die Annahme, dass der Pseudo-Makarios-Codex aus Quaternionen zusammengesetzt war und dass in den Überschriften die Bezeichnungen *sermo* und *omilia* sich auf dieselbe Serie beziehen. Somit lässt sich aus den Ordnungszahlen der Titel die relative Abfolge f. 13 (3/4), f. 15 (5/6), f. 1 (28/29) und f. 2 (33/34) ableiten. Für die Ermittlung des verlorenen Texts ist außerdem zu beachten, dass der Textumfang zwischen griechischem und lateinischem Text wegen Auslassungen und Zusätzen erheblich voneinander abweichen kann. Durchschnittlich findet auf einem Blatt von Codex *A* so viel Text Platz wie auf 30 Zeilen im gedruckten griechischen Text.

Die folgende Tabelle soll die Ergebnisse der kodikologischen Untersuchung zusammenfassen:[74]

**Tab. 3:** Verteilung der Blätter in der Handschrift

| Quaternio | Blatt | Titel | Folio | Inhalt | Lücke |
|---|---|---|---|---|---|
| I | 2 | De verbo substantiali/ sermo 3 | f. 13 \|\| f. 12 | TVh12 + C21 \|\| C16 | 135 |
| II | 3+4 | Sermo 5/6 | f. 14f. + f. 10f. | B10 + B61 | - |
| III | 4 | | f. 5 + f. 4 | B54 | - |
| IV | 3 | | f. 6 \|\| f. 3 | B9,2 (H1,6–8) \|\| B9,3 (H1,11f.) | 62 |
| V | 2 | Omilia 28/29 | f. 1 \|\| f. 8 | B45 + B32,1 (H15,8–10) \|\| B32,8 (H15,19–21) | 104 |
| VI | 2 | Omilia 33/34 | f. 7 \|\| f. 2 | B45 (H15,43) + B4 (H15,29) \|\| B 4 (H15,52f.) + B46 (H16,1) | 108 |
| VII | ? | Alia omilia | f. 9 \|\| f. 16 | H17 (B16) \|\| B18 + B5 | ? |

**Quaternio I**
Zum ersten Quaternio gehört das Bifolium (12/13) mit der niedrigsten Nummer einer Predigt. Die drei Textfragmente dieser Lage nehmen insofern eine Sonderstellung ein, als sie die einzigen sind, die den Sammlungen C und TV entsprechen. Wahrscheinlich wurde das Bifolium in umgekehrter Reihung überschrieben und eingebunden. Denn der am Ende von C16 fehlende Text (ca. 240 Zeilen im Druck) nimmt mehr als 8 Blätter ein, woraus folgt, dass im selben Quaternio kein Platz für C21 wäre. Reiht man hingegen f. 13 vor f. 12, lässt sich ein Textausfall von 72 (Rest von C21) und 63 (Anfang von C16), also insgesamt ca. 135 Zeilen, errechnen. Das entspricht einem Textausfall von vier Folien. Somit handelt es sich bei dem Bifolium wohl um die zweite Lage (I2). Da auf dem ersten Blatt kein Platz für den ersten und zweiten Sermo war, ging mit Sicherheit ein weiterer heute verlorener Quaternio voran. Wenn C16 vollständig war, muss nach Quaternio I ein ganzer Quaternio ausgefallen sein.

---

[74] Unter Quaternio sind nur jene Lagen erfasst, von denen Blätter erhalten sind (ich versehe die Doppelblätter von außen nach innen mit den Zahlen 1–4); die ursprüngliche Zahl war mit Sicherheit viel größer. Unter Blatt wird die Position des Bifolium im Quaternio genannt; auffällig ist, dass kein äußeres Bifolium (1) vorhanden ist. Unter Folio sind die Blätter des aktuellen Horazcodex gezählt. Wie in der Spalte Inhalt bezeichnet + den ursprünglichen, durch den lateinischen Text gesicherten Übergang von einem Folium/Text zum anderen, während \|\| den durch Blattverlust entstandenen Übergang markiert. Unter Lücke ist die Zahl der Zeilen erfasst, die im entsprechenden Abschnitt des griechischen Texts kein lateinisches Pendant haben.

**Quaternio II**

Vom nächsten greifbaren Quaternio sind zwei Bifolien, die Folien 14/15 und 10/11, erhalten. Da die genannten Seiten keinen Textausfall aufweisen, steht fest, dass es sich um die zwei inneren Bifolien eines Quaternios (II3 und II4) handelt, die in A jeweils in umgekehrter Reihung eingebunden sind. Der fehlende Beginn von B10,3 umfasst etwa 125, der fehlende Schluss von B61 etwa 68 Zeilen.

**Quaternio III**

Das aus f. 5 und f. 4 gebildete Bifolium stammt aus einer in umgekehrter Reihung eingebundenen inneren Lage eines Quaternios (III4). Da der Inhalt dieses Quaternios (B54,2f.) wie der des vorigen der Sammlung B angehört, aber keine Parallelüberlieferung in H kennt, scheint es sinnvoll, das Blatt an dieser Stelle einzuordnen. Eine Nummerierung der enthaltenen Predigt fehlt, daher ist auch ihr Abstand zu den vorangehenden und folgenden Texten nicht zu ermitteln, ebenso wenig die Zahl der davor und danach verlorenen Quaternionen. Vor dem erhaltenen Text befanden sich 49, danach etwa 240 Zeilen bzw., wenn man als Ende die Zwischendoxologie am Ende von B54,5 ansetzt, ca. 128 Zeilen. Weitere Vermutungen sind aufgrund der isolierten Stellung dieses Quaternios nicht sinnvoll.

**Quaternio IV**

Da nichts dagegenspricht, dass die Texte analog zu Sammlung H in aufsteigender Reihenfolge angeordnet waren – dies gilt zumindest für die Textübergänge auf Quaternio V (f. 1r) und Quaternio VI (f. 2v) – sind für Quaternio IV die auf f. 6 und f. 3 erhaltenen Fragmente, die eine Entsprechung in H1 haben, anzusetzen. Zwischen B9,2,6–10 (= H1,6–8; f. 6) und B9,3,6–9 (= H1,11f.; f. 3) fehlt Text im Umfang von 62 Zeilen im gedruckten griechischen Text. Das entspricht genau einem Bifolium, das im Inneren des Quaternios eingebunden sein musste. Daher handelt es sich beim vorliegenden Doppelblatt um das dritte von Quaternio IV (IV3), das in umgekehrter Reihenfolge eingebunden wurde. Am Anfang des Quaternio sind ca. 136, am Ende zwei Zeilen verloren gegangen. Wie viele Quaternionen vorangingen oder folgten, ist wegen der isolierten Stellung des Bifoliums nicht zu ermitteln.

**Quaternio V**

Zum nächsten Quaternio gehört das aus f. 1 und f. 8 gebildete Doppelblatt. Es enthält zwei Fragmente aus H15, nämlich H15,8–10 (B45,1 + B32,1) und H15,19–21 (B32,8). Zwischen beiden Texten fehlen 104 Zeilen des gedruckten griechischen Texts, was den Ausfall von zwei Bifolien wahrscheinlich macht. Es handelt sich also wohl um das zweite Bifolium eines Quaternio (V2). Auf f. 1r werden die Abschnitte H15,9 (B45,1) und H15,10 (B32,1) durch den Eintrag *expl omilia XXVIII inc omilia*

*XXVIIII* getrennt. Der Textausfall zwischen dem Ende von f. 8 (H15,21 = B32,8) und dem ersten Text des nächsten Quaternio, dem Anfang von f. 7 (H15,43 = B45,4), beträgt ca. 300 Zeilen. Zwischen Quaternio V und VI ist also wohl eine ganze Lage verloren gegangen.

### Quaternio VI
Das aus f. 7 und f. 2 gebildete Doppelblatt endet mit H15,44 (B4,29,2) und setzt wieder mit H15,52 (B4,29,21) ein. Der dazwischen fehlende Text entspricht dem Text von ca. 108 Zeilen im Druck, also insgesamt zwei Bifolien. Es handelt sich demnach mit einiger Wahrscheinlichkeit um das in umgekehrter Reihung eingebundene zweite Bifolium eines Quaternios (VI2). Auf f. 2v sind der Schluss von H15 und der Anfang von H16 durch die Bemerkung *expl omilia XXXIII inc XXXIIII* getrennt.

### Quaternio VII
Das aus f. 9 und f. 16 bestehende Bifolium enthält H17,6–8 und B18,7,2–3, gefolgt von B5,1 unter dem Titel *expl incipit alia omilia*. Die Position dieses Doppelblattes im ursprünglichen Quaternio kann nicht ermittelt werden. Da es den letzten Text der Sammlung H enthält, wird es in der vorliegenden Edition an den Schluss gestellt.

### Ergebnis
Die Rekonstruktion ist mit großen Unsicherheiten behaftet, da die Textgrenzen im lateinischen Text nicht mit denen der Sammlung B zusammenfallen und daher die Länge der einzelnen Texte unklar ist. So gehören beispielsweise die Fragmente aus B45 (f. 1 und 7) zwei verschiedenen lateinischen Texten an; denn auf den im Griechischen am Kapitelbeginn stehenden Textausschnitt von f. 1 (B45,1) folgt nicht f. 7 (B45,4), sondern ein anderer Text (B32). Die einzige sichere Erkenntnis ist die Bestimmung von f. 5 + 4 (B54) sowie f. 14f. + 10f. (B10 + B61) als innere Bifolien eines Quaternios.

Es steht fest, dass vom ursprünglichen Codex nur ein geringer Bruchteil erhalten ist. Zwar ist es kaum möglich, eine konkrete Zahl der vollständig verlorenen Quaternionen zu nennen, sie darf aber keineswegs als gering angesehen werden. Bei einer Annahme von zwei Texten pro Quaternio kommen wir bei 34 Texten auf eine Gesamtzahl von mindestens 17 Quaternionen, also auf 10 zur Gänze verlorene Quaternionen und 7 weitere, von deren 28 Bifolien 20 verloren sind. Es ist also weniger als ein Achtel des ursprünglichen Textumfangs erhalten.

## 1.4 Lateinischer Text

Die Nähe der lateinischen Übersetzung zu den griechischen Versionen ist unterschiedlich, und für alle Beobachtungen dazu gilt zu bedenken, dass die griechische Fassung um ca. 500 Jahre jünger als die lateinische ist. Der Übersetzer folgt nicht immer streng seiner Vorlage, sondern erlaubt sich gewisse Freiheiten, indem er einzelne Wörter oder Satzteile übergeht, sodass sein Text oft eher einer Paraphrase entspricht. So lehnen sich die Übersetzungen von C21, B4, B18, B32, B45, B46, H17 und B54 relativ eng an den griechischen Referenztext an, hingegen sind die Übersetzungen von B5, B9, B10, B61, C16, und vor allem jene der nur in arabischer Übersetzung bezeugten Fassung von TVh12, freier.[75] Trotz der oft großen Freiheit des Übersetzers finden sich zahlreiche Syntagmen, die weniger den Regeln der lateinischen Grammatik folgen, sondern eher den griechischen Satzbau wiedergeben. Manche Sätze sind im Lateinischen ohne Vergleich mit dem Griechischen wegen der Kasusambivalenz geradezu unverständlich, z.B. 5v,20f.: *debent animae cogitationes naturae propriae esse mundae*; 8v,3–5: *quotquot enim luminis et regni sunt filii vel ministri novi testamenti in spiritu*; 8v,12–14: *sed in latitudine cordis gratia[m] dei et lege⟨s⟩ spiritus et caelestia mysteria scribantur in corda eorum*.

Für die kritische Edition von höchster Relevanz ist die Beurteilung der Unterschiede zwischen dem lateinischen und dem griechischen Text. Abweichungen lassen sich drei verschiedenen Ursachen zuordnen: (1.4.1) Überlieferungsfehler im griechischen Text, (1.4.2) Abweichungen im Umfeld des Übersetzers – diese können auf meist unbekannte Fehler der griechischen Vorlage, Übersetzungsfehler oder bewusste Eingriffe in Form von Straffungen, Erweiterungen, eigenmächtigen Änderungen zurückgehen – und (1.4.3) Überlieferungsfehler in der lateinischen Tradition. Nur Abweichungen, die der lateinischen Tradition zuzuordnen sind, berechtigen zu textkritischen Eingriffen bei der Konstitution des Texts.[76]

### 1.4.1 Fehler im griechischen Text

Da die ältesten erhaltenen Handschriften des griechischen Texts ca. 500 Jahre jünger als die des lateinischen Texts (*A*) sind, ist möglich, dass *A* an manchen Stellen eine dem ursprünglichen Text nähere Form bewahrt hat und somit als Korrektiv herangezogen werden kann.

---

[75] Der arabische Übersetzer erlaubt sich gegenüber dem griechischen einige Freiheiten. Für einen stichprobenhaften Vergleich von B54,1 mit T 16r danke ich Alexander Treiger.
[76] Noch immer nicht ersetzt sind die Abhandlungen von LUNDSTRÖM, Übersetzungstechnische Untersuchungen, und LUNDSTRÖM, Lexicon errorum.

Der offensichtlichste Fehler im griechischen Text liegt in 10v,18 vor: *in mola tenebrarum eam **molere** coegerunt* (ἐν μυλῶνι σκοτεινῷ **ἀλήθειαν** αὐτὴν κατηνάγκασεν).[77] Die Macht des Bösen, die die Seele des Menschen in ihre Gewalt brachte, zwingt sie zur Sklavenarbeit in einer finsteren Mühle. Während der lateinische Text ohne Probleme verständlich ist, bereitet in der Edition des griechischen Texts der ohne Artikel gesetzte Begriff ἀλήθειαν Probleme. Die Lösung durch Tilgung eines Buchstabens liegt auf der Hand: ἀλήθειν (= *molere*). Diese Konjektur ist durch zumindest eine von mir zur Kontrolle herangezogene griechische Handschrift (*X* = Paris, BNF graec. 973, an. 1045, f. 305r, l. 5: ἀλήθην) parallelisierbar.[78]

Der lateinische Text bestätigt auch eine Konjektur eines modernen Editors: 14r,26 *in hoc mundo* gibt exakt ἐν τῷ κόσμῳ τούτῳ wieder, was Klostermann für überliefertes ἐν τῷ κόσμῳ τούτων ὄντων konjiziert hatte.

Mehrmals weist der lateinische Text Überschüsse gegenüber dem griechischen Text auf (v.a. 14v,3–5; 11r,28; 5v,3–6; 3v,6–8; 16v,10f.; 16v,20–26), sodass man vermuten darf, dass der erhaltene griechische Text nur in gekürzter Fassung vorliegt. Schwieriger ist die Beurteilung längerer Paraphrasen (12r,23–28; 15r,22–26; 15v,19–29): Sie können entweder auf eine unbekannte griechische Fassung zurückgehen oder vom Übersetzer stammen, der seinen Text straffen wollte. Analoges gilt auch für jenen Text, der nur mit der arabischen Übersetzung parallelisierbar ist, freilich behaftet mit der Unsicherheit, dass die arabische Übersetzung ihrerseits von den erhaltenen griechischen Versionen abweichen kann (13r,2–4.12–14).[79] Bei den folgenden Beispielen markiere ich den überschießenden lateinischen Text durch Fettdruck, mögliche Ergänzungen in der griechischen Fassung durch Spitzklammern:

- 14r,28–14v,5: *divina enim ab his qui experti sunt agnoscuntur et ab his, in quibus operatur, cum veritate **aspiciuntur**. **Ita igitur debes intellegere aut audire, quemadmodum** dignum est* (τὰ γὰρ τοῦ θεοῦ τῇ πείρᾳ μόνῃ γινώσκεται ἐξ ἀληθείας οἷς αὐτὰ τὰ μυστήρια τῶν πραγμάτων ἐνεργεῖται ἀξίως. ἔστι). Der griechische Text könnte – wobei zu beachten ist, dass αὐτὰ τὰ μυστήρια τῶν πραγμάτων im Lateinischen nicht übersetzt ist – wie folgt zu korrigieren sein: Τὰ γὰρ τοῦ θεοῦ τῇ πείρᾳ μόνῃ γινώσκεται ⟨καὶ⟩ ἐξ ἀληθείας οἷς αὐτὰ τὰ μυστήρια τῶν πραγμάτων ἐνεργεῖται ⟨θεωρεῖται. οὕτως οὖν ὀφείλεις νοεῖν ἢ ἀκοῦσαι⟩ πῶς ἄξιόν ἐστι.
- 11r,26–11v,1: *fontem caeni immundarum cogitationum **siccaret et improbum atque adulterum nummum** deleret* (τὴν πηγὴν τοῦ βορβόρου καὶ τῶν ἀκαθάρ-

---

[77] Mai las *commolere* anstelle von *eam molere*, das als semantisches Hapax legomenon im Sinn von *occaecare* in den ThLL 3,1930,24 aufgenommen wurde; vgl. SOUTER, Glossary, 63: „make to crumble".
[78] Zum literarischen Spiel mit der Verwechslung von ἀληθής mit ἀλήθειν (sensu obsceno) s. SCHMIDT, Philalethes. – Ich danke dem Verfasser für diesen Hinweis.
[79] Siehe oben Anm. 75.

των λογισμῶν (ξηράναι καὶ ἀδόκιμον καὶ νόθον ἀργύριον) ἀφανίσαι; cf. B12,2,4: αὐτὸς ἐξήρανε τὴν ἐν αὐτῇ πηγὴν τῶν ἀκαθάρτων λογισμῶν).

- 5v,3–6: *illic et ministrat* **et servit; si autem divino spiritui communicat, ipsi et ministrat;** *si vero tenebrosis et malignis spiritibus, illis similiter ministrat et servit* (ἐκεῖ καὶ διακονεῖ ⟨καὶ δουλεύει. Εἰ δὲ τῷ πνεύματι θείῳ κοινωνεῖ, αὐτῷ καὶ διακονεῖ· εἰ δὲ σκοτεινοῖς καὶ πονηροῖς πνεύμασι, αὐτοῖς ὁμοίως δουλεύει καὶ διακονεῖ⟩). Offensichtlich sind hier im griechischen Text einige Zeilen durch Homoioteleuton ausgefallen. Die Konjektur *illis* für überliefertes *illic* ist durch die Dative *tenebrosis et malignis spiritibus* gedeckt.

- 3v,6–8: *si indumentum ineffabilis luminis induta es,* **ut possis adversus machinamenta resistere diaboli** (εἰ ἐνδέδυσαι τῇ ψυχῇ τὰ τοῦ ἀρρήτου φωτὸς ἐνδύματα ⟨πρὸς τὸ δύνασθαί σε ἀντιστῆναι πρὸς τὰς μεθοδείας τοῦ διαβόλου⟩). Die Ergänzung empfiehlt sich nach dem bei Pseudo-Makarios üblichen Wortlaut von Eph. 6,11; cf. B50,4,5; B59,2,6; H27,12; cf. ThLL 8,14,76.

- 16v,20–24: *quemammodum margarita vel lapis fulgens undique* **oculos habens lucet et posteriora quoque eius ita parent quasi priora et iterum inante omnia simul parent; duo enim habens similitudines et in duobus** *manifestatur et lucet* (ὥσπερ μαργαρίτης λαμπρὸς ἢ φεγγίτης λίθος πανταχόθεν ⟨...⟩ φαίνεται, οὕτω καὶ ἡ ψυχὴ πανταχόθεν φαίνεται καὶ λάμπει). Im griechischen Text befand sich zwischen πανταχόθεν und φαίνεται wohl eine Lücke, die in den meisten Handschriften (außer Y) konjektural mit repetitivem φαίνεται, οὕτω καὶ ἡ ψυχὴ πανταχόθεν gefüllt wurde. Der lateinische Text legt hingegen nahe, dass die Lücke größer war und in etwa mit folgenden Worten zu füllen ist: ὀφθαλμοὺς ἔχων λάμπει καὶ τὰ ὀπίσθια αὐτοῦ οὕτως φαίνεται ὡς τὰ πρότερα καὶ πάλιν ἔναντα πάντα ὁμῶς φαίνεται· δύο γὰρ ἔχων ὁμοιώματα καὶ ἐν δυσί.

Bei paraphrasierenden Stellen ist die Wahrscheinlichkeit, den ursprünglichen Text zu rekonstruieren, noch geringer, da die Unterschiede dem Übersetzer anzurechnen sind.

- 15r,21–28: *per hanc enim ianuam liberantur volentes* **quaerere et pulsare, et in ipsa duplicem gratiam consequentur, quod et anima liberetur ex gravissimis vinculis mortis atque peccati et quod semetipsa** *recipiat et cogitationes suas et caelestem regem Christum tamquam sponsum secum habitantem* (διὰ ταύτης οὖν τῆς θύρας δύναται ἀπολυτρώσεως τυχεῖν πᾶς ὁ βουλόμενος φυγεῖν τὸ σκότος. Εὑρίσκει γὰρ ἐκεῖ τὴν ἐλευθερίαν τῆς ψυχῆς καὶ ἀπολαμβάνει τοὺς λογισμοὺς αὐτῆς καὶ κτᾶται τὸν ἐπουράνιον βασιλέα Χριστὸν καὶ ἕξει αὐτὸν ὡς νυμφίον μεθ᾽ ἑαυτῆς παραμένοντα). Der hypothetisch zugrundeliegende griechische Text könnte lauten: διὰ ταύτης οὖν τῆς θύρας δύναται ἀπολυτρώσεως τυχεῖν πᾶς ὁ βουλόμενος ⟨ζητεῖν καὶ κρούειν καὶ αὐτῆς δισσῆς χάριτος τεύξεται, ὅτι ἡ ψυχὴ ἐκ τῶν βαρυτάτων δεσμῶν τοῦ θανάτου καὶ τῆς ἁμαρτίας ῥύεται καὶ ὅτι ἑαυτὴν⟩ ἀπολαμβάνει ⟨καὶ⟩ τοὺς λογισμοὺς ... .

Problematisch in der Beurteilung sind viele Stellen, an denen die lateinische Übersetzung über den griechischen Text hinaus überschießt. Nicht immer ist sicher, ob solche Stellen auf einen Überlieferungsfehler im Griechischen oder eine eigenmächtige Ergänzung durch den lateinischen Übersetzer zurückgehen. Wenn solche Textausfälle im Griechischen mit einem Homoioteleutonfehler erklärt werden können, erlaubt der lateinische Text – wenn schon nicht im Wortlaut, so doch im Inhalt – eine Rekonstruktion des griechischen Texts.

- 10r,29–31: *tales domos aedificaverunt alienigenae in animas **multorum quas immundis spiritibus impleverunt*** (τοιούτους οἴκους ᾠκοδόμησαν ἀλλόφυλοι εἰς ψυχὴν ⟨πολλῶν, ἣν ἀκαθάρτοις πνεύμασιν ἐπλήρωσαν⟩).
- 10v,19–21: *ut cogitaret carnalia **et mundana, sentiret** terrena et limosa* (εἰς τὰ σαρκικὰ ⟨καὶ κοσμικὰ⟩ φρονήματα καὶ ὑλικὰ καὶ χοϊκὰ κατασύρας); zum substantivischen Gebrauch von *limosus* s. ThLL 7,1,1425,15–18 mit Zitat der Stelle.
- 10v,28–11r,4: *imposueruntque pannos ignominiae et immunditiae, plenos amaritudine et felle, et **impleverunt eam omni immunditia*** (omnem immunditiae A). ***Deinde** postquam* ... (περιέθηκαν αὐτῇ ῥάκη ἀτιμίας καὶ ἀκαθαρσίας· ἐνέπλησαν αὐτὴν χολῆς καὶ πικρίας, καὶ ⟨ἐνέπλησαν αὐτὴν πάσης ἀκαθαρσίας, εἶτα⟩ διὰ τὴν μακρὰν συνήθειαν ... ).
- 11r,10f.: *misit ergo Christus rex caelestis **et verus*** (διὰ τοῦτο ἀπέστειλεν ὁ ἐπουράνιος ⟨καὶ ἀληθινὸς⟩ βασιλεὺς Χριστός); cf. H44,8.
- 11v,10–12: *ut crederet **ei quod facturus sit omnia** quae promisit* (καὶ πιστεύσῃ ⟨αὐτῷ ὅτι πάντα ποιήσει⟩, ἃ ἐπηγγείλατο αὐτῇ). Der Textausfall ist wohl mit einem Augensprung von πιστεύσῃ zu ποιήσει zu begründen.
- 5r,8f.: *et probet in quibus sit deditus **et a quibus detineatur*** (καὶ δοκιμαζέτω ἐν τίσιν ἑκουσίως κεκράτηται ⟨καὶ ἀπὸ τίνων κατέχεται⟩). Auch hier dürfte der Textausfall durch einen Augensprung passiert sein.
- 5v,13f.: *est igitur **fornicatio visibilis**. Est et invisibilis fornicatio* (ὥστε ἔστι πορνεία ⟨ὁρατῶς καὶ ἔστι πορνεία⟩ κρυπτῶς). Vgl. die ähnliche Passage in B7,6,10: ἔστι γὰρ πορνεία διὰ σώματος ἐπιτελουμένη καὶ ἔστι πορνεία ψυχῆς und ThLL 6,1,1122,34 mit Zitat der Stelle.
- 4v,16f: *et **a sollicitudine** carnis et sanguinis* (καὶ ⟨σπουδῆς⟩ σαρκῶν καὶ αἱμάτων). Im griechischen Original dürfte ein Pendant für *a sollicitudine* verloren gegangen sein.
- 8r,2: *sub magno timore **et tremore*** (ὑπὸ φόβον ⟨καὶ τρόμον⟩ πολύν). Analog zu 15f. *sub timore et tremore* (ὑπὸ φόβον καὶ τρόμον) dürfte auch hier καὶ τρόμον zu ergänzen sein.
- 8v,14: *scribantur **in corda eorum**. Cor enim dominatur* (ἐνέγραψεν ⟨ἐν καρδίᾳ αὐτῶν⟩. Ἡ καρδία γὰρ ἡγεμονεύει). Durch Augensprung dürfte vor ἡ καρδία die Wortgruppe ἐν καρδίᾳ αὐτῶν ausgefallen sein.
- 7v,2–4: *bestiae visibiliter grandes sunt ab eo, **sed ratione minores sunt*** (τὰ θηρία εἰς τὸ φαινόμενον μείζω αὐτοῦ εἰσι ⟨ἀλλὰ εἰς τὸν νοῦν μείω εἰσι⟩). Der Halbsatz ist wohl wegen seiner Ähnlichkeit mit dem vorigen ausgefallen.

- 7v,19f.: *sicut scriptum est*. Vermutlich ist das griechische Pendant καθὼς γέγραπται im Zuge der handschriftlichen Überlieferung verloren gegangen.
- 3r,2–4: *escam spiritalem et caelestem*, **incorruptam, glorificam** (τροφὴν οὐράνιον καὶ πνευματικὴν ⟨ἄφθαρτον, συνδοξαζομένην⟩).
- 3r,7–9: *qui autem remanserit in propria natura* **sine gratia spiritus sancti**, *corrumpetur et morietur* (ὁπόταν εἰς τὴν ἑαυτοῦ φύσιν ἔστηκεν ⟨χωρὶς χάριτος τοῦ ἁγίου πνεύματος⟩ ὅτι διαφθείρεται καὶ ἀποθνήσκει).
- 3r,13f.: **morte aeterna** *remorietur* **in poenis** (ἀποθνήσκει). Hier ist kaum zu entscheiden, ob der Übersetzer im griechischen Text Worte wie αἰωνίῳ θανάτῳ ἐν τιμωρίᾳ vorfand, oder aus freien Stücken eine Ergänzung vornahm.
- 3r,24f.: *non vivent* **nec fructum afferent spiritus** (μὴ ... ζώσας ⟨μηδὲ καρπὸν τοῦ πνεύματος ἐκφερούσας⟩).
- 3r,25f.: *haec* **omnia** *non sunt per se verba narranda* (ταῦτα δὲ ⟨πάντα⟩ οὐκ εἰσὶν ἁπλῶς λόγοι λαλούμενοι; cf. B11,1,8; B18,6,11).
- 1r,25: *interrogatio* **seniorum quorundam** (ἐρώτησις). Es ist kaum anzunehmen, dass der Übersetzer eigenmächtig die spezifische Ergänzung von *seniorum quorundam* vorgenommen hat.

Doubletten oder Wiederholungen ähnlicher Begriffe im griechischen Text legen nahe, dass Glossen mit Varianten in den Text eingedrungen sind. Am deutlichsten ist folgende Stelle (4v,13–21): *sicut artifices mundum* (*modum* A) *exhibeant* (sc. *cor*) **emundantes se** *ab omni agrestis istius saeculi pinguedine et a sollicitudine carnis et sanguinis, et ab omni terreno vinculo separari et a terrenarum rerum distensione, quae est veluti nigror sanguinis,* **hunc emundent**: ὡς ἐπιτήδειοι τεχνῖται ἐργαζέσθωσαν καὶ **καθαριζέτωσαν αὐτὴν** ἀπὸ πάσης ὑλικῆς τοῦ αἰῶνος τούτου παχύτητος καὶ σαρκῶν καὶ αἱμάτων (τουτέστι φροντίδων καὶ δεσμῶν γηΐνων). ἐκτὸς εἶναι **αὐτὴν καταρτιζέτωσαν** καὶ ἀπὸ σαρκικῶν ὕλης περισπασμῶν (ἅ ἐστι τοῦ αἵματος μελανία) **ταυτὴν καθαριζέτωσαν**. Im griechischen Text ist dreimal ein Imperativ καθαριζέτωσαν bzw. die lautlich ähnliche Form καταρτιζέτωσαν mit dem Objekt αὐτὴν verbunden. Da in der lateinischen Übersetzung der zweite Imperativ αὐτὴν καταρτιζέτωσαν nicht berücksichtigt wird, liegt der Verdacht nahe, dass es sich hierbei um eine in den Text geratene Variante zu ταυτὴν καθαριζέτωσαν handelt; das Objekt αὐτὴν, das sich in allen drei Fällen auf καρδία bezieht, wird einmal mit *se*, einmal mit *hunc* (sc. *nigrorem*) übersetzt. Auch syntaktisch ist der griechische Text unklar, sodass wohl mit einer Korruptel zu rechnen ist: insbesondere befremdet der am Beginn eines neuen Satzes stehende Infinitiv ἐκτὸς εἶναι, den der lateinische Übersetzer wohl mit Recht mit dem Vorigen verbindet. Die Interpunktion vor ἐκτὸς εἶναι ist also zu entfernen.

Eine andere Doublette liegt wohl in 13v,16f. vor: *conplacuit in hominibus*. Der griechische Text hat kein Pendant zu *in hominibus*, bietet aber überschießendes ποιῆσαι. Dieses könnte als Doublette zu folgendem ποιήσῃ in den Text geraten sein und dadurch das ursprüngliche ἐν ἀνθρώποις verdrängt haben.

Ein weiteres Beispiel, an dem der griechische Text durch die lateinische Übersetzung eventuell korrigiert werden könnte, ist 5v,26–28: *nec communicans malitiae fructus immundae scientiae tamquam naturales per ignorantiam pariat* (μὴ ... κοινωνοῦσα τῇ συνούσῃ κακίᾳ ἀκαθάρτους ἐννοίας ὡς φυσικοὺς δι' ἄγνοιαν ἀποκυΐσκῃ). Der Übersetzer liest wohl καρποὺς ἀκαθάρτου ἐννοίας und versteht ἐννοίας als Genetiv Singular. Für eine Korruptel im Griechischen könnte sprechen, dass φυσικοὺς als Masculinum auf ein ausgefallenes καρποὺς o.Ä. zu beziehen wäre.

## 1.4.2 Textabweichungen im Umfeld des Übersetzers

Die hier zusammengestellten Beispiele weisen das gemeinsame Merkmal auf, dass die lateinische Übersetzung vom textus receptus der griechischen Tradition abweicht. Daher ist meist nicht zu entscheiden, ob die Abweichungen durch ein Versehen bei der Anfertigung des griechischen Übersetzungsexemplars oder durch einen Fehler bei der Übersetzung aufgetreten sind.

### Offensichtliche Korruptelen

- 2v,16–19: **hoc enim intellegimus**, *quia a fabricatore malum* **nihil** *constat esse creatum iudicem itaque dicimus deum* (**εἰ δέ φαμεν οὕτως** ὑπὸ τοῦ δημιουργοῦ κτισθῆναι, ἄδικον κριτὴν λέγομεν τὸν θεόν). Die signifikante Abweichung des lateinischen Texts geht wohl auf eine Korruptel der ersten vier Wörter zurück. Anstelle von εἰ δέ φαμεν οὕτως könnte der Übersetzer in seiner Vorlage εἰλήφαμεν οὐδέν vorgefunden haben. Wenn dies zutrifft, waren syntaktische Adaptierungen notwendig: Statt eines Konditionalsatzes bildete er mit *intellegimus* einen selbständigen Satz, den er durch Voranstellung von *hoc enim* erweiterte.
- 5r,16: Die Wortgruppe *et a malitia* hat keine Grundlage im erhaltenen griechischen Text. Vermutlich ging sie aus einer zwischen ἀπὸ πορνείας und καὶ φθορᾶς in einer griechischen Handschrift eingefügten dittographischen Variante καὶ ἀπὸ πονηρίας hervor. Der Kontext (es folgen zweimal φθείρεται καὶ πορνεύει) macht aber wahrscheinlich, dass der Zusatz nicht ursprünglich ist.
- 3r,6f.: *non in corpore* (οὐαὶ σώματι): Der Übersetzer fand in seinem Text wohl οὐ(κ)έν σώματι vor, übersetzte mit *non in* und verknüpfte die Wortgruppe mit dem vorigen Satz. Das folgende parallele οὐαὶ δὲ καὶ τῇ ψυχῇ wird korrekt mit *vae animae* übersetzt.
- 4v,1f.: **ut** *diligenter ... ea perficiat* (καὶ ἐπιτηδείως ... αὐτὰ ἀπεργάσηται). Der Übersetzer fand in seiner Vorlage wohl einen mit X (ἵνα χρησίμως καὶ ἐπιτηδείως) verwandten Text, weil er *ut* anstelle von *et* verwendet. Die Abweichung könnte aber auch bloß in der lateinischen Tradition (Verwechslung von *et* und *ut*) begründet sein.

- 14v,8f.: *quamdiu res ipsa mysterii gratiae* **mentem tuam infundat** (ἕως οὗ αὐτὰ τὰ πράγματα τῶν μυστηρίων τῆς χάριτος **γένηται ἐν σοί**). Die merkwürdige Abweichung lässt sich damit erklären, dass der Übersetzer in seiner Vorlage ἐγχέηται anstelle von γένηται las; zum invertierten Gebrauch von *infundo* (im Sinn von „anfüllen") vgl. ThLL 7,1,1511,79–1512,13.
- 12v,7f.: *nisi spiritus ipse* **obsecretur** *ut doceat* (ἐὰν μὴ αὐτὸ τὸ πνεῦμα πείρᾳ καὶ ἐνεργείᾳ διδάξῃ). Möglicherweise lag dem Übersetzer ein fehlerhaftes Exemplar vor, das anstelle von πείρᾳ καὶ ἐνεργείᾳ eine Korruptel wie παρακλήθῃ ἵνα enthielt (11v,12 wird παρακαλέω mit *obsecro* wiedergegeben).

**Übersetzungsfehler**

Zu Fehlern, die dem Übersetzer durch Missverstehen seiner griechischen Vorlage unterlaufen sind,[80] gehören in erster Linie Unzulänglichkeiten auf lexikalischer Ebene, d.h. die Übersetzung nimmt durch falsche Bedeutungswahl einen von der griechischen Vorlage abweichenden Sinn an.[81] Dabei kann es auch „kreative" Fehlübersetzungen geben, die einen besseren Sinn ergeben können. Ein Beispiel liegt in 2r,17 *abditis* vor: der Übersetzer verwechselt in der Phrase εἰς τόπους ἐρήμους καὶ δυσώδεις wohl δυσώδεις („übelriechend") mit δύσοδος („unwegsam") und übersetzt mit *in locis desertis et abditis*, was sich zwar besser in den Kontext fügt und möglicherweise auch der richtige Text ist, aber dem Sprachgebrauch des Ps.-Makarios fremd ist. Denn auch an anderen Stellen verwendet er anstelle von δύσοδος das weniger gut passende δυσώδης im selben Sinn (B4,18,1f.; H7).

Ein häufig auftretender Fehler ist die Verwechslung von οὕτως und οὗτος – z.B.: 13v,16: *hic bene complacuit* (οὕτως ηὐδόκησε); 8r,26: *et Christianitas ita est* (ὁ Χριστιανισμὸς οὗτός ἐστι) – oder von οὗτος und αὐτός, z.B. 14r,27: *ipsae enim parabolae* (αὗται γὰρ παραβολαί), wo der lateinische Übersetzer αὐταί statt αὗται wiedergibt.[82] Anders verhält es sich mit der Stelle 14v,10: *haec enim purpura* (αὕτη γὰρ ἡ ὁρωμένη πορφύρα), wo αὕτη anstelle von αὐτή der Übersetzung zugrunde gelegt wird. Eine ähnliche Unsicherheit liegt auch 6r,15 vor: *hic respiciens* (ὧδε προσεχόντως), wo der Übersetzer ὧδε nicht mit dem zu erwartenden *sic*, sondern mit *hic* wiedergibt.[83] Auch die Verwechslung von Personal- und Reflexivpronomina ist typisch für die vorliegende Übersetzung, z.B.: 10r,22: *et fabricavit sibi malitiae civitatem* (καὶ ᾠκοδόμησεν αὐτῇ πόλιν κακίας). Der Übersetzer liest anstelle von αὐτῇ,

---

80 LUNDSTRÖM, Lexicon, 10 (Nr. 1).
81 LUNDSTRÖM, Lexicon, 11 (Nr. 2).
82 Vgl. LUNDSTRÖM, Lexicon, 88 (s.v. *hic, ille, ipse*).
83 Beide Möglichkeiten sind durch das Griechische gedeckt; vgl. LUNDSTRÖM, Lexicon, 157.

das sich auf die Seele des Menschen bezieht, ἑαυτῇ, das er mit falschem Genus auf das Subjekt (*serpens*/ὁ δεινὸς ὄφις) bezieht.[84]

Die Übersetzung weist in lexikalischer Hinsicht viele weitere Abweichungen auf. Sie lassen sich überwiegend mit handschriftlich nicht bezeugten Varianten im Griechischen erklären.

- 12v,5: *spiritalia enim* **invisibilia** *sunt* (**ἄρρητα** γάρ ἐστι τὰ πνευματικά). Wahrscheinlich fand der Übersetzer in seiner Vorlage die falsche Variante ἀόρατα vor und übersetzte das Wort (wie auch 5r,26) mit *invisibilia*; ἄρρητος wird sonst mit *ineffabilis* übersetzt (14r,17; 3v,5).
- 15r,16: *qua de vinculis* **exiretur** (δι' ἧς κρούσαντες εἰσέλθωμεν εἰς τὴν βασιλείαν ἀπαλλαγέντες τῶν δεσμῶν): Der griechische Text hat kein exaktes Pendant, aber die Verwendung von *exire* könnte dafür sprechen, dass der Übersetzer ἐξέλθωμεν anstelle von εἰσέλθωμεν vorfand. Wahrscheinlicher aber ist die Abweichung in einer selbständigen Paraphrase begründet.
- 12r,10f.: **pecorum** *loquellas* (τὴν τῶν **πτηνῶν** ὁμιλίαν). Ein lexikalischer Irrtum findet sich in der Wiedergabe von πτηνόν („Vogel") mit *pecus*. Der Übersetzer fand in seinem griechischen Exemplar wohl die Lesart κτήνων („Vieh") und übersetzte dies mit *pecorum*.
- 5r,28: *in desideriis* (ἐν ἀπιστίᾳ). Dem Übersetzer lag möglicherweise ἐν ἐπιθυμίᾳ vor.
- 4v,4 und 3v,20 ist δέ mit *ergo* wiedergegeben. Dieser Übersetzung könnte ein Fehler im griechischen Text (δή statt δέ) zugrundeliegen; vgl. LUNDSTRÖM, Lexicon, 74.
- 6v,4–9: *ipsis est* **mixta** ... **conmixta** *est enim* (καὶ ἐκεῖ κρατεῖται ... ὅτι ἐκεῖ κεκράτηται). Der Übersetzer gibt nicht das Verbum κρατεῖται („wird beherrscht"), sondern κέκραται („ist gemischt") wieder; ob dieser Fehler in seiner Vorlage stand oder ihm selbst anzulasten ist, ist schwer zu entscheiden. Einige Zeilen später findet sich συγκέκραται, das korrekt mit *commiscetur* (6v,17) übersetzt wird.
- 3v,11: *si autem haec* **omnia** *non accepisti nec possides* (εἰ δὲ οὐκ ἐκτήσω καὶ ἔλαβες ταῦτα παρὰ τοῦ θεοῦ). Der Übersetzer fand in seiner Vorlage anstelle von παρὰ τοῦ θεοῦ wohl πάντα vor.
- 1r,3: *sed saeculares sensum et voluntatem* **alibi** *habent* (ἄλλην οὖν ἔχουσι προαίρεσιν οἱ κοσμικοί). Die Übersetzung geht wohl nicht auf die Textfassung ἄλλην οὖν, sondern auf eine nicht bezeugte Variante ἀλλὰ ἀλλαχοῦ zurück. Zur Verwechslung von *sed* (ἀλλά) und *alius* (ἄλλος) in Übersetzungen aus dem Griechischen s. LUNDSTRÖM, Lexicon, 155.

---

[84] Zur Unsicherheit bei der Übersetzung von αὐτῇ/ἑαυτῇ und der Verwechslung lateinischer Reflexiv- und Personalpronomina s. LUNDSTRÖM, Lexicon, 103.

- 1r,16: *patientium* als Übersetzung von πάθη, anstelle von korrektem *patientia*, ist wohl dem Übersetzer anzulasten.
- 8r,10f.: ***securitate(m)*** *videntur sub caelo habere* (τὴν μέριμναν ὑποκάτω τοῦ οὐρανοῦ ἔχει). Der Übersetzer fand in seiner Vorlage nicht μέριμναν, sondern wohl ἀμεριμνίαν vor; dieses Wort liegt unmittelbar zuvor (8r,8) und auch an zwei anderen Stellen (3v,22; 9v,16) lateinischem *securitas* zugrunde.
- 8v,16f.: *cum obtinuerit* **leges** *cordis gratia* (ἐπὰν κατάσχῃ τὰς νομὰς τῆς καρδίας ἡ χάρις). Der Übersetzer las entweder in seinem griechischen Exemplar anstelle von τὰς νομάς („Weide") die sonst nicht bezeugte lectio facilior τοὺς νόμους oder beging selbst diesen naheliegenden Übersetzungsfehler; vgl. LUNDSTRÖM, Lexicon, 106.
- 16v,3f.: *illa autem* **laetitia** *conregnat* (ἡ δὲ χάρις τοῦ κυρίου συμβασιλεύειν ποιεῖ). Der Übersetzer fand hier wohl χαρά anstelle von χάρις vor. Zur leichten Verwechselbarkeit der beiden Wörter s. LUNDSTRÖM, Lexicon, 87 (s.v. *gratia*).

Einen anderen Typ bilden Änderungen auf syntaktischer Ebene. Typisch dafür sind vor allem nicht übereinstimmender Kasusgebrauch, Änderungen des Verweiszieles bei der Übertragung von Pronomina sowie die Verwendung vom Griechischen abweichender Syntagmen (wie z.B. Adverb statt Adjektiv).[85]

- 11r,15: *id etiam memorans* (καὶ ἐδίδαξεν αὐτόν [sc. ἄνθρωπον]). Der Übersetzer fand wahrscheinlich αὐτό vor, das er mit *id* übersetzte und als Vorbereitung der folgenden indirekten Frage verstand.
- 4r,16f.: *ut* **opportune** *fructus restituat* (πρὸς τὸ ἐπιτηδείους καὶ ἐντελεῖς δοῦναι τοὺς καρπούς). Hier wurde ἐπιτηδείους als Adverb ἐπιτηδείως verstanden.
- 4v,26: *scribens* (ἐπιγράψω). Möglicherweise las der Übersetzer ein Partizip ἐπιγράφων.
- 6r,5: *ab eo* gibt wörtlich ὑπ' αὐτοῦ wieder, das auf ἐν τῷ κόσμῳ καὶ τῷ σκότει verweist. Da diese Wortgruppe im Lateinischen mit *in tenebris* übersetzt wird, ist *ab eo* ohne Kennntnis des griechischen Texts kaum zu verstehen.
- 2r,4f.: ***unumquemque*** *sensum* (τὸν ἑκάστου νοῦν); der Übersetzer fand in seiner Vorlage wohl τὸν ἕκαστον νοῦν.
- 2v,23–25: ***materiae*** *radicem et virtutem* **radicis** *unius esse virtutis* (ὕλην ῥίζαν καὶ ῥίζαν δύναμιν καὶ ἰσοδυναμίαν). Der lateinische Übersetzer fand wohl anstatt der Akkusative ὕλην und dem zweiten ῥίζαν Genitive vor, die er entsprechend übersetzte.

---

85 LUNDSTRÖM, Lexicon, 11f. (Nr. 3).

**Sonstige Abweichungen**

Paraphrasierende Zusätze sind im lateinischen Text eher selten anzutreffen; sie beschränken sich meist auf kleinere Wörter wie Adverbien oder Konjunktionen, z.B.: 7r,2: *isti enim* (ἐκεῖνο), wo der Übersetzer in seiner Vorlage wohl die in H15,43 bezeugte Variante ἐκεῖνοι vorfand und eigenmächtig *enim* hinzufügte. Das Adverb *penitus* hat an beiden Belegstellen kein direktes Äquivalent im Griechischen: Einmal (8r,7) verstärkt es *numquam* (μηδέποτε), einmal (9r,25) adverbielles *in omnibus* (ὁλοτελῶς). Zweimal findet sich eine über das Griechische überschießende Erklärung, die mit *id est* bzw. *hoc est* eingeleitet wird: 3r,12f.: *non participaverit **divinae naturae, id est gratiae*** (μὴ ἔχουσα θείου πνεύματος κοινωνίαν); 6v,27: *hoc est sancti spiritus* wurde ohne Grundlage im griechischen Text eingefügt (mit gleichzeitiger Auslassung von καὶ ἀναστροφῇ θείᾳ). In beiden Fällen ist es schwer zu entscheiden, ob die Ergänzungen auf die dem Übersetzer vorliegende griechische Version (ausgefallener Text? Glosse?) oder auf eine eigenmächtige Ergänzung des lateinischen Übersetzers zurückgehen.

Umgekehrt bilden derartige Parenthesen auch den häufigsten Typ von Auslassungen. Vor allem mit τουτέστι eingeleitete Erklärungen fehlen häufig in der lateinischen Version: 6r,6: τουτέστι τὴν ἐνέργειαν τοῦ σκότους τῶν παθῶν τῆς πονηρίας; 6r,11: τουτέστι τὴν δύναμιν τοῦ ἁγίου πνεύματος; 14r,3: τουτέστι τὸ νοερὸν φῶς (ein erklärender Einschub in einem Bibelzitat; der lateinische Übersetzer schreibt nur *tamquam*); 14r,16: τουτέστιν ἐπουράνιον χαρὰν τοῦ πνεύματος im Rahmen einer größeren Auslassung; 4v,18: wird nur τουτέστι übergangen. In ähnlicher Weise übergeht der Übersetzer in 10r,29 ταῦτα οἶκοι ἀνομιῶν oder in 6r,7 die Wortgruppe τῆς κακίας ... ἐν ἑαυτῇ, die er mit bloßem *in tenebris* wiedergibt, d.h. er begnügt sich mit dem erklärenden Begriff (*tenebrae*), ohne das erklärte Wort wiederzugeben. Weiters werden oft auch abundant erscheinende Wörter und Wortgruppen ausgelassen, z.B. parenthetische Wendungen wie 6v,23: ὡς προείρηται oder Adjektive: Der adjektivische Zusatz καὶ ἐντελεῖς wird 4r,23 übergangen, ebenso wird in 5v,24 das adjektivische Attribut καθαρούς neben λογισμούς nicht berücksichtigt.

Zu den Auslassungen gehören, streng genommen, alle nicht unterstrichenen Passagen des im Editionsteil abgedruckten griechischen Texts. Auslassungen betreffen vor allem abundante Formulierungen im Griechischen, Doxologien (16v,11),[86] das am Ende stehende Amen (7r,6), u.v.a. Einige illustrierende Bibelzitate fehlen in der lateinischen Übersetzung von C16,2 (1 Cor. 3,19), C16,3 (Mt. 13,31.33), B9,2,6 (Gal. 6,14), B9,2,7 (Col. 2,15; Rom. 6,6; Rom. 7,24) zur Gänze oder werden nur in gekürzter Form zitiert (2 Cor. 11,3 in der Übersetzung von B54,2,6).

---

86 Den Rest einer verlorenen Doxologie findet man wohl in 15r,6, wo am Ende eines Textabschnitts der Überschuss *in saeculo* steht.

Ein Fall von geänderter Wortstellung liegt beispielsweise vor in 11v,12f.: *dies noctesque* (νυκτὸς καὶ ἡμέρας) oder 15v,15: *subiectos et servos* (δούλους καὶ ὑποχειρίους). Manchmal sind Wörter weiter verschoben, sodass der Sinn ein anderer wurde, z.B.: 10v,23–27: *et consilia malignitatis spirituum sparserunt **in ea**, et in captivitatem duxerunt populum eius, id est multitudinem consiliorum* (καὶ ἐνθυμημάτων αἰσχρῶν καὶ πνευμάτων πονηρίας. ἐσκόρπισαν καὶ κατεδούλωσαν τὸν λαὸν αὐτῆς, τὸν ὄχλον τῶν **ἐν αὐτῇ** λογισμῶν). Der Grund für diese Verschiebung könnte in einem in margine angebrachten Nachtrag in der Handschrift liegen. Umstellungen betreffen auch syntaktische Strukturen, z.B.: 12r,21f.: *carnales spiritalibus* (τοῖς σαρκικοῖς οἱ τῶν πνευματικῶν λόγοι) mit unpassender Kasusvertauschung.

Viele mehr oder weniger komplexe Wendungen werden in vereinfachter Form übersetzt; dies betrifft sowohl den lexikalischen als auch den syntaktischen Bereich; so wird 5v,21 κεχωρίσθαι nur mit *esse* wiedergegeben; zweimal steht für die Wendung ἀπολυτρώσεως τυχεῖν einfaches *liberari*: 15r,22: *liberantur volentes* (δύναται ἀπολυτρώσεως τυχεῖν πᾶς ὁ βουλόμενος; mit Vereinfachung des kondizionalen Partizips); 11v,28: *liberari* (ἀπολυτρώσεως τυχεῖν). In 11v,7–9 wird die Wortgruppe μόνον εἰ μνησθεῖσα ἑαυτῆς ἡ ψυχὴ καὶ τοῦ ἰδίου δεσπότου προσφύγῃ αὐτῷ semantisch vereinfacht: *tantum ut memor sui anima ad proprium confugiat dominum*. Derartige Eingriffe gehen mitunter so weit, dass ganze Wortgruppen eliminiert werden. So ist z.B. in 14r,28 die Partizipialgruppe εἰκόνες εἰσὶ μερικῶς ἔμφασιν τοῖς συνιοῦσι παρέχουσαι mit bloßem *imagines quaedam sunt* wiedergegeben.

Andererseits ist die lateinische Version präziser, wenn sie das griechische Partizip τὰ ὄντα bzw. τοὺς ὄντας mit zwei Vollverben (*conceperant* bzw. *posuerant*) wiedergibt in 11r,21–25: *altitudines et castra cogitationum pravarum, quas contra scientiam dei conceperant, leges mutaturum, quas contra leges divinas posuerant* (τὰ ὀχυρώματα καὶ τὰ ὑψώματα τῶν πονηρῶν διαλογισμῶν τὰ ὄντα κατὰ τῆς γνώσεως τοῦ θεοῦ κατασκάψαι καὶ ἀφανίσαι καὶ τοὺς νόμους αὐτῆς ἀλλάξαι καὶ τοὺς ὄντας ἐν αὐτῇ κατὰ τοῦ βασιλέως διαφθεῖραι); im Widerspruch zur griechischen Vorlage wird τὰ ὄντα nicht auf ὀχυρώματα/*castra*, sondern auf διαλογισμῶν/*cogitationum* bezogen.

### 1.4.3 Überlieferungsfehler in der lateinischen Tradition

Zahlreiche Abweichungen sind nicht dem Übersetzer oder seiner griechischen Vorlage, sondern wohl den Abschreibern der lateinischen Fassung anzurechnen. Gemeinsames Merkmal dieser Fehler ist ihre graphische Ähnlichkeit mit den rekonstruierten korrekten Formen. Nur Fehler dieses Typs berechtigen zu einer Emendation des lateinischen Texts.

Den häufigsten Fehlertyp bildet falscher Kasusgebrauch bei Präpositionen: 12v,24: *in eis* (ἐν αὐτῷ; überliefert ist *in eius*); 14r,5: *in gloria⟨m⟩*; 14v,18: *in cordis puritate[m]*; 15r,23: *in ipsa[m]*; 15v,4: *a iudice[m]*; 11v,6: *in ea[m]* (ἐν αὐτῇ); 11v,13f.: *a mala captivitate*[m] *et acerba*[m]; 11v,28: *de servitute*[m]; 5r,2: *in animas corruptas* (ἐν ψυχαῖς φθειρομέναις; richtig ist *in animis corruptis*); 5r,28: *in gula*[m]; 5v,21f.: *per scientia*⟨m⟩; 4v,11: *in suo sensu vel anima*[m] (Korrektur von Mai); 4v,15–17: *ab ... pinguedine*[m] *et a sollicitudine*[m] (Mai); 4v,19: *a ... distensione*[m] (Mai); 6v,14f.: *propter ... praevaricatione*⟨m⟩; 6v,16: *in ea*⟨m⟩ (εἰς αὐτήν); 3r,10f.: *in sola*[m] *propria*[m] *natura*[m] *remanserit* (εἰς τὴν ἑαυτῆς φύσιν μόνον ἔστηκε; cf. 7f.: *remanserit in propria natura*);[87] 3r,22: *de ... spiritu*[m]; 3v,9: *per probatione*⟨m⟩; 3v,18–20: *in propria*[m] *... remanseris inopia*[m] (εἰς τὴν δεινὴν πενίαν ... ἔστηκας); 3v,27: *de iudice*[m]; 1r,1f.: *secundum exteriore*⟨m⟩ *vero homine*⟨m⟩; 1v,11: *in igne*⟨m⟩ *mittitur* (εἰς πῦρ); 8r,1: *ad imperatore*⟨m⟩; 8r,5f.: *incidant in periculum* (-o A); 7r,4: *in interiore*[m] *homine*[m] (ἐν τῷ ἐνδοτάτῳ ἀνθρώπῳ); 7r,14: *pro gloria*[m]; 7v,13f.: *pro tua*[m] *redemptione*[m] *et salute*[m] (Mai); 2v,13f.: *per ... voluntate*⟨m⟩; 2v,22f.: *sine initio* (-um A); 9r,16–19: *in altitudine*[m] *a bonitate*[m] *in parte*[m] (ἐν βάθει ὑπὸ τοῦ ἀγαθοῦ μέρους); 9v,3f.: *iactans ... in murum* (Mai; -o A; ῥίψας εἰς τεῖχος); 16v,27f.: *secundum ... substantia*⟨m⟩ (κατὰ ... ὑπόστασιν). Derartige Kasusfehler sind mit einer für die Spätantike üblichen Unsicherheit bei der Setzung des Schluss-*m* zu erklären. Sie betreffen fast ausschließlich Beispiele im Singular, da hier Akkusativ und Ablativ lautlich zusammengefallen sind – Ausnahmen sind 5r,2: *in animas corruptas* und 10v,11: *in compedibus solidatis et serras ferreas* (!), wo der erforderliche Ablativ durch Konjektur herzustellen ist. Dieselbe Beobachtung gilt auch für Nomina ohne Präposition: 10r,9: *pecunia*⟨m⟩ *probam*; 10r,19: *ea*[m]; 10v,27: *ea*⟨m⟩ (αὐτήν); 5r,3f.: *persistente*[m] *... malitia*[m] (abl. abs.); 4v,1: *reliqua*⟨m⟩ *immunditia*⟨m⟩ (τὴν λοιπὴν ἀκαθαρσίαν); 3v,4: *cibum ... spiritale*⟨m⟩; 1r,4: *operante*[m] *... spiritu* (abl. abs.); 1v,7: *naturam dissimile*⟨m⟩ (φύσιν ... μὴ ἐοικυῖαν); 1v,11: *mutat colore*⟨m⟩ (ἀλλάσσει τὴν χρόαν); 8r,10f.: *securitate*⟨m⟩ *... habere* (τὴν μέριμναν ... ἔχει); 2r,9f.: *restaurare ea*⟨m⟩ (ταύτην ἀνακτίσαι); 2v,22: *materia*⟨m⟩ (*materias* Mai; ὕλην); 9r,7: *aere*⟨m⟩ (τὸν ἀέρα); 16v,26: *terra*⟨m⟩ *considerans* (ohne griechische Entsprechung). Vorsicht ist geboten bei 7v,27: Die Worte (*cum*) *esset in montem* gehen wohl auf wörtliche Übersetzung von ἦν εἰς τὸ ὄρος zurück; da *esse* im Spätlatein oft als Verb der Bewegung verstanden wird, wurde Mais Konjektur *monte* im Text nicht berücksichtigt; in 6v,22f.: *requiem aeterne frui* ist der überlieferte Akkusativ *requiem* durch die Parallele 6r,17: *quod uteris* zu rechtfertigen.[88] Andererseits wird man sich in 9v,6f.: *sagitta in homine tecto clibanum mittatur* (βέλος ἀποστελλόμενον κατὰ τοῦ φοροῦντος κλίβανον) der von Mai vorgenommenen Kasusvertauschung *hominem tectum clibano* anschließen. An einigen dieser Stellen ist es möglich, dass im Palimpsest der Haarstrich für die *m*-Kürzung verblasst und daher nicht lesbar ist.

---

[87] In 3r,10 könnte wie in 3v,18 der Akkusativ aus dem Griechischen ererbt (εἰς) und somit korrekt sein.
[88] Vgl. ThLL 6,1,1423,66–1424,2.

An mehreren Stellen sind die lateinischen Kasusendungen offensichtlich fehlerhaft und analog zum griechischen Text zu korrigieren:

- 12r,6f.: *sine ullo metu spirituum immundorum et **feritatem** eorum* (μηκέτι φοβούμενα τὴν τῶν ἀκαθάρτων πνευμάτων ἀγριότητα). Mai konjizierte *feritatis*. Damit trifft er wohl das Richtige. Eine andere Erklärung wäre die Annahme eines Anakoluths, der aus der wörtlichen Übertragung eines Kasus aus dem Griechischen entstand.
- 12v,18–20: *et homines vel **feras** vel pecora non possunt agnoscere quod est ibi*. Der Kontext erfordert die Konjektur *ferae*, auch wenn hier der Akkusativ ein Relikt einer falschen Übersetzung des griechischen AcI sein könnte (οὐκ ἐγχωρεῖ ἄνθρωπον ἢ θηρία ἢ τὰ λοιπὰ ζῷα τὰ ἐκεῖ γνωρίσαι).
- 10v,11f.: *in compedibus solidatis et **serras ferreas*** (δεσμοῖς ἀρρήκτοις καὶ φυλάξῃ αὐτὴν μοχλοῖς σιδηροῖς). Mais Konjektur *serris ferreis* wird durch die griechische Vorlage bestätigt.
- 11r,2–4: *impleverunt eam **omnem immunditiae***. Der Kontext verlangt – ohne Vergleichsmöglichkeit im Griechischen – die Konjektur *omni immunditia*.
- 4r,20f.: *ex se **ipsum** terram* (ἐξ ἑαυτοῦ τὴν γῆν). Der Kontext und die griechische Fassung verlangen die Korrektur *ipso*; Mai hatte *ipsam* konjiziert.
- 4v,10: *lege* (τοὺς νόμους). Der griechische Text bestätigt Mais Konjektur *leges*.
- 6r,10f.: *caeleste lumine* (kein griechisches Pendant). Der Ablativ des Adjektivs wird in der Edition an die grammatikalisch korrekte Form *caelesti* angeglichen.
- 6v,8: *conmixta est enim deifico lumini* (κεκράτηται τῷ φωτὶ τῆς θεότητος): Da *commiscere* sonst immer mit einem Dativ verbunden ist, ist hier wohl das überlieferte *lumine* in *lumini* zu korrigieren (Konjektur von Lukas Dorfbauer); cf. 13v,21: *divinitatem humanitati permiscens*; 6v,17: *cui parti conmiscetur*; 16r,11: *huic commiscetur*.
- 8v,12–14: *gratiam dei et lege spiritus et caelestia mysteria scribantur* (ἡ χάρις τοῦ θεοῦ τοὺς νόμους τοῦ πνεύματος καὶ τὰ ἐπουράνια μυστήρια ἐνέγραψεν). Der griechische Text bestätigt die Konjekturen *gratia* (Ablativ) und *leges* (Nominativ); Mai hatte *gratia ... legis* konjiziert.

Die Verbalendungen *-t/-nt* werden selten verwechselt. An zwei Stellen ist Textänderung notwendig: 11r,25, wo *posuerat* (ohne griechische Entsprechung) wegen des Kontexts in *posuerant* zu ändern ist, und 7r,15–17: *in deliciis vel in causis gloriosis huius saeculi quae hortatur* (πράγματα ... ἅπερ προτρέπεται), wo die lateinische Syntax die Änderung *hortantur* erforderlich macht; es könnte sich freilich auch um einen vom griechischen Singular beeinflussten Übersetzungsfehler handeln.

Eine *b/v*-Vertauschung ist morphologisch nur für zwei Verbalformen in Bibelzitaten relevant: 10r,24: *liberavit* ist im Zitat von Rom. 7,24 in *liberabit* (ῥύσεται) zu ändern, obwohl handschriftlich beide Formen bezeugt sind, 7v,23: *donavit* (Rom. 8,32) in *donabit*. Sonst findet sich diese phonetisch bedingte Verwechslung nur beim Wort *acerbus*: 11r,16: *acervo* (ἐν αὐχμηρᾷ καὶ πικρᾷ); 11v,14 *acervam* (ἀπὸ τῆς πονηρᾶς καὶ αἰσχρᾶς δουλείας); im griechischen Text lag hier möglicherweise eine (wohl richtige?) Variante πικρᾶς anstelle von αἰσχρᾶς vor.

Eine morphologisch relevante e-/i-Vertauschung[89] liegt in 3v,13: *contristari* (κλαῖε) vor: Der Kontext und der griechische Text lassen einen Imperativ erwarten; daher ist die Konjektur *contristare* notwendig. Ebenso ist an zwei anderen Stellen eher ein Präsens als ein e-Futur zu lesen: 6r,7: *pascetur* (ποιμαινομένη) ist möglicherweise durch Konjektur in *pascitur* zu ändern, 6v,3f.: *vivet* (ζῇ) in *vivit*.

Zahlreiche konjekturale Eingriffe sind durch Dittographie oder den simplen Ausfall einzelner Buchstaben zu erklären:
- 13v,20–22: *divinitati humanitatem **humanitati** permiscens* (συγκεράσας τὴν θεότητα τῇ ἀνθρωπότητι). Der Vergleich mit dem griechischen Text berechtigt zur Vermutung, dass *humanitati* durch Dittographie in den Text geraten ist. Mai hatte *divinitati humanitatem divinitatem humanitati* konjiziert und dies als einen freieren Gedanken erklärt („liberiore et vulgari veluti sensu loquitur auctor").
- 11v,7: *commutaret* (ἀλλάξαι). Der Kontext und die griechische Vorlage erfordern die Konjektur *commutare* (mit Tilgung des offensichtlich durch Dittographie vor folgendem *tantum* entstandenen *t*).
- 3v,5f.: *potata est* (ἐποτίσθης). Bereits Mai konjizierte noch ohne Kenntnis des griechischen Texts richtiges *es*; das abundante *t* ist wohl vom folgenden *et* beeinflusst.
- 2r,27: *laboret et opere* (καμάτου καὶ κόπου). Auch hier empfiehlt die griechische Fassung, durch Tilgung des abundanten *t labore et opere* herzustellen.

Buchstabenausfall liegt vor in:
- 5v,6: *ministret servit*. Der Kontext dieser Stelle, die kein griechisches Pendant hat, veranlasste bereits Mai zur wohl korrekten Konjektur *ministrat et servit*. Tatsächlich ist dies die Lesart von *A* nach der Korrektur.
- 6r,20f.: *ut habitaret in ea* (σὺ οἰκεῖς ἐν αὐτῷ). Analog zu vorangehendem *indueris* und zum griechischen Text ist hier mit Mai die zweite Person *habitares* herzustellen. Das zu ersetzende *t* geht wohl auf ein ausgefallenes Personalpronomen *tu* zurück; der griechische Text empfiehlt also die Konjektur *ut habitares tu in ea*.
- 6r,26f.: *subdidit **sibi**ᶦ**nicus** animam* (ἐνεδύσατο τὴν ψυχὴν ὁ πονηρός). Die offensichtliche Korruptel ist mit geringfügigem Eingriff in *sibi iniquus* aufzulösen (Mai hatte *sibi inimico* konjiziert); wie in 5v,15 steht *iniquus* für griechisches πονηρός.
- 6r,28: *habitaculum* wurde von Mai für überliefertes *habiculum* konjiziert, eine Form, die in Handschriften selten für *habitaculum* bezeugt ist; cf. HANCIAUX,

---

[89] Siehe auch oben 6r,11.

Graphies, 141 und Tert. adv. Marc. 2,4,1; Tert. adv. Val 7,1; das griechische ναόν könnte nahelegen, *templum* zu konjizieren.
- 3r,18f.: *desperantes **deo*** (ἀπελπιστέος). Schon Mai hatte korrekt *de eo* konjiziert. Dieses ist allerdings vor folgendem (*plangent*) *eum* etwas abundant und hat darüber hinaus keine exakte Entsprechung im Griechischen.
- 3v,23f.: *qui autem dolorem habent* (ὅτι ὁ πόνον ἔχων). Der Satz folgt auf ein Anakoluth; analog zum griechischen Text erweisen sich die Konjekturen *quia* und *habens* als sinnvoll.
- 9v,17: *pertis* (τοῖς τελείοις). Durch Silbenausfall wurde offensichtlich richtiges *perfectis* entstellt.

Wortausfall ist an vielen Stellen möglich, oft aber nicht mit Sicherheit zu erweisen, weil meist auch mit bewusster Kürzung durch den Übersetzer gerechnet werden kann.
- 12r,23–25: *haec autem quaedam similitudine umbratili earum, quae ...* (keine wörtliche griechische Vorlage). Der Kontext legt die Konjekturen *quadam* und *eorum* (so auch schon Mai) nahe; möglich wäre auch die Ergänzung von *rerum* nach *earum*, was dem griechischen πραγμάτων näher käme. Zur Verwendung von *umbratilis* s. LECLERCQ, Umbratilis, 495 Anm. 41.
- 12v,12: Ohne die durch den griechischen Text (ὁ θεός) gestützte Ergänzung *deus* ist der Satz schwer verständlich.
- 12v,24: Der durch den Numeruswechsel ohnehin holprige Text ist ohne die Ergänzung *novit nisi qui* kaum verständlich (γνωρίσαι ... εἰδέναι, εἰ μή). Die Lücke ist möglicherweise größer anzusetzen.
- 5r,23: Da der Abschnitt sehr wörtlich übersetzt ist, scheint nach der griechischen Fassung κοινωνοῦν ἑτέρῳ σώματι φθείρεται καί eine Ergänzung wie *communicans alteri corpori corrumpitur et* möglich.
- 2r,23: *praevaricationem exasperata* (μετὰ τὴν παράβασιν κεχερσωμέναι). Der Kontext und die griechische Version sprechen für die Einfügung von *post*.

An einigen Stellen dürften falsch aufgelöste Kürzungen zu Textentstellungen geführt haben:
- 4v,23: *deus **sui** proprias leges* (ὁ θεὸς ἐκεῖ τοὺς ἰδίους νόμους τοῦ πνεύματος). Bei *sui* scheint es sich um eine falsch aufgelöste Kürzung zu handeln; der griechische Text empfiehlt den Genetiv *spiritus*, Mai hatte *sanctus* konjiziert.
- 14r,13–16: *solem qui inspicit **splendorem** ... caelestem imaginem Christi ferventem **habentem*** (τις ὁρᾷ τὸν ἥλιον στίλβοντα ... οἱ φοροῦντες τὴν ἐπουράνιον εἰκόνα τοῦ Χριστοῦ καὶ τὸ φῶς τὸ ἄρρητον ἔχοντες). Der griechische Text und der Parallelismus zu *ferventem*, das keine Stütze im Griechischen hat, machen die Korrektur *splendentem* sehr plausibel; ebenso ist sinnloses *habentem* analog zu ἔχοντες in *habentes* zu ändern. Ein anderer, weniger wahrscheinlicher Lösungsansatz für den zweiten Teil wäre, hinter *ferventem* eine Übersetzung von

φοροῦντες zu erkennen und *ferentes* zu konjizieren; unter Annahme von Textausfall könnte der Text wie folgt gelautet haben: *caelestem imaginem Christi ferentes ⟨et lumen ineffabile⟩ habentes in nobis*.
- 14r,22f.: *varietatem et pulchritudines **diversas*** (πολυποίκιλα κάλλη θεότητος). *Diversas* ist wohl eine von *varietatem* beeinflusste Verschreibung für wahrscheinlich korrektes *divinas*. Das Adjektiv war möglicherweise ursprünglich in gekürzter Form geschrieben, die Anlass zu einer plausiblen Fehldeutung gegeben hat.
- Ein ähnlicher Fall liegt vielleicht in 11r,8: *propriae libertatis* (ἀρχαίας ἐλευθερίας) vor, wo *propriae* aus *pristinae* hervorgegangen sein könnte.

Eine Buchstabenvertauschung findet sich in 3v,3: *cibum sumsit si* (ἐτράφης ... τροφῆς), wo *sumpsisti* erforderlich ist.

Weitere Fehler, die durch geringfügigen Eingriff in den überlieferten Text korrigiert werden können (aber nicht müssen), sind:
- 15r,18: *ianuam **dicendo*** (kein griechisches Pendant). Die Parallelstellung neben *demonstrando* verlangt die Konjektur *docendo*, nicht *dicendo*; Letzteres wäre neben *cum dicit* sehr abundant.
- 15v,3: *regis a tyranno civitas* (πόλις μεγίστη καὶ βασιλική ... τύραννος). Der Kontext und die griechische Textfassung empfehlen zwar die Konjektur *regia* (Serventi schlägt *regalis* vor), die überlieferte Form *regis* lässt sich trotz der befremdenden Wortstellung halten, da der lateinische Genetiv oft ein griechisches Adjektiv vertritt.
- 4v,14: *cor suum ... **modum** exhibeant* (τὴν ἑαυτῶν καρδίαν ... ἐργαζέσθωσαν καὶ καθαριζέτωσαν). Der Kontext bestätigt Mais Konjektur *mundum*. Die Junktur *cor mundum exhibere* ist erstmals im Lériner Milieu bezeugt: Cassian. conl. 17,14,3; Caes. Arel. serm. 227,5.
- 6v,1: *efficitur* (λέγεται). Die Diskrepanz zwischen griechischem und lateinischem Text könnte leicht durch Konjektur von *dicitur* bzw. γίνεται behoben werden. Da jedoch der überlieferte Text sinnvoll ist, wird nicht in den überlieferten Text eingegriffen.
- 3r,21f.: **haec** *deus deflet animas* (οὕτω κλαίει ὁ θεὸς ... ψυχὰς). Mit Zögern konjiziere ich für unpassendes *haec* ein mit *sicut* (16) korrespondierendes *sic*, das auch dem Griechischen exakt entspricht. Allenfalls könnte man auch schon im Griechischen eine Korruptel ταῦτα anstelle von οὕτω ansetzen.
- 3v,10: **aut si** *vita vivet aeterna* (ἰδού ζῇς τὴν ὄντως αἰώνιον ζωήν). Warum der Übersetzer ἰδού mit *aut si* wiedergibt, ist unklar (denkbar wäre eine Korruptel εἰ δέ, in hyperkorrekter itazistischer Schreibung für ἰδέ, anstelle von ἰδού). Da der lateinische Text unverständlich ist, scheint eine Korruptel vorzuliegen, die im Text durch Cruces markiert ist.
- 8r,6f.: *ignavi* (ἰδιῶται) bildet gemeinsam mit *rustici* einen Kontrast zu den Begriffen *praefecti* und *comites*. Der griechische Text könnte Anlass zur Konjektur

- *ignari* bieten; doch deckt das überlieferte *ignavi* semantisch nicht nur den Bereich von „unbedeutsam", sondern auch den von „ungebildet" ab; cf. ThLL 7,1,278,64.
- 8r,17: *quanto* (ὅταν). Mai konjizierte richtiges *quando*; HAULER, Lexikalisches, 441.
- 2r,2: *ductus interpretet* (ὁδηγούμενος). Lesung und Sinn sind unsicher; *interprete* ist wohl der richtige Text. Serventi plädiert dafür, aktives *interpretet* zu belassen.
- 2v,11–13: *quae quidam ... conversae sunt* (τὸ δέ τινα αὐτῶν τραπῆναι). Mai konstatierte hier einen Solözismus. Sprachlich korrekt und dem griechischen Text entsprechend wird die lateinische Übersetzung nur, wenn man *quod quaedam* konjiziert. Die Korruptel könnte aus einem missglückten Korrekturversuch von *quod quidam* (fehlerhafte Einfügung von *-ae-* im ersten Wort) hervorgegangen sein.
- 2v,22: *discentium* (λέγοντες). Die griechische Übersetzung bestätigt Mais plausible Konjektur *dicentium*.
- 9r,2: *supererint* (ἐνίκησαν). Der Kontext und die griechische Vorlage erfordern *superarint*.
- 9r,15: *aliquando* (ὁλοτελῶς). Der griechischen Fassung kommt die Übersetzung näher, wenn man *aliquanto* konjiziert.
- 16v,1: *ceterum* (καὶ) hat kein exaktes Pendant im Griechischen. Denkbar wäre, dass der Übersetzer das letzte Wort des vorangehenden Satzes, πάλιν, auf den folgenden Satz bezog und *iterum* in den Text setzte. In der lateinischen Version wird für adversatives πάλιν meist *iterum* (6r,10; 6v,5; 1r,17; 8v,21; 7r,15; 9r,16), einmal *rursus* (6v,20) verwendet.

## 1.4.4 Orthographie

Die Handschrift weist eine große Zahl orthographischer Besonderheiten auf. In der vorliegenden Edition wurde die Orthographie weitgehend normalisiert, zumal in der Handschrift manche Wörter in verschiedener Schreibung vorkommen. Die *ae-*Schreibung findet sich bei *caeciderint* (7r,15); *compraehendo* (14r,25), *depraecor* (3v,24), *interpraete* (2r,3f.)/*interpraetatio* (12v,1), *paenitus* (8r,7; 9r,25), *praetiosus* (14r,10; 6v,13f.; 7r,20.26.28; 7v,9f.; 16r,4),[90] überwiegend bei *craeo* (11r,10; 2v,11.18f.), *craeatura* (6r,15; 6v,12f.; 7r,27; 2v,8; 16r,4; aber korrekt in 7r,28) und *craeator* (2v,11; aber korrekt 7r,3) und Adverbien wie *occultae* (5r,23f.) und *opportunae* (4r,16); korrekt aber *bene* (13v,16). Umgekehrt begegnet etymologisch falsche *e*-Schreibung

---

[90] ThLL 10,2,1200,48–50.

regelmäßig bei *prestare* (14v,17; 4v,6f.), einmal bei *eternus* (14v,17) und in der orthographisch geläufigen Form *hereticus* (2v,21); RÖNSCH, Beiträge, 514.

Weitere orthographische Besonderheiten sind die Schreibung *cx* für *x* in 9v,20: *extincxeritis*, 10r,15: *fincxit*, die Schreibung *f* für *ph* in den Fremdwörtern *Filippus* (1v,24sq.) und *profeta* (11r,12), die Metathese der Aspiration in *charta* (13r,6: *cartha*; cf. ThLL 3,996,80) sowie die Vertauschung von *i* und *e* (z.B. 3r,18f.: *dispero* statt *despero*; 12r,21: *erundinum* für *hirundinum*; RÖNSCH, Beiträge, 514).[91] Korrekt ist die Schreibung von *y* in *allophyli, mysterium, tyrannus, tyrannicus*, hyperkorrekt die von *cyti* (7v,2) für *ceti*; cf. ThLL 3,975,83 und 976,69–71 mit Zitat der Stelle nach HAULER, Lexikalisches, 442. In *scribtura* (13r,24; 4v,8; 8v,9f.; 16r,24) und *scribtum* (13r,22; 1r,11; 1v,17; 8r,27; 8v,11; 7v,19) wird konsequent *b* beibehalten (RÖNSCH, Beiträge, 515), bei *obtinere* findet sich einmal die assimilierte Form mit *pt* (15v,12 *optineat*), zweimal die nicht assimilierte Form mit *bt* (8v,16: *obtinuerit*; 9r,16: *obtinentur*). Vertauschung von *d* und *t* liegt bei den lexikalisch relevanten Stellen 8r,17 *quanto* und 9r,15 *aliquando* vor[92] sowie bei *quodquod* (11v,22; 8v,3.21; 16r,16) und *adque* (15r,26; 10r,15; 11r,28). Anlautendes *h* fehlt bei *erundinum* (12r,21; für *hirundinum*) und *omilia* (1r,22.24; 2v,5; 16v,13; RÖNSCH, Beiträge, 515) – da die hauchlose Form als einzige im Codex bezeugt ist, wurde sie auch in der Edition beibehalten.

Assimilation ist oft nicht durchgeführt. Man liest z.B. *adproximavit* (9v,10), *adsumpsit* (13v,9), *adtendentes* (15r,1), *inbeccillitatem* (11v,26f.), *inlustravit* (11v,16), *inluminatae* (6r,11), *inluminantur* (16r,21), *conmixta* (6v,8), *conmiscetur* (6v,17), *inmergitur* (6r,1f.), *conplacuit* (13v,16f.; aber *complacuit* 7v,1), *inpinguent* (9r,7), *inpingens* (9v,8), *conpraehenduntur* (14r,25), *conruerant* (2r,11), *conregnat* (16v,3f.), findet aber andererseits assimilierte Formen wie z.B. *apparet* (1v,4), *appropinquare* (6v,23f.), *comparantes* (12r,17), *compedibus* (10v,11), *impleverunt* (10r,31; 11r,2f.), *impossibile* (1v,3), *imposuerunt* (10v,28) und vor allem *accipio* (4r,19; 6v,6; 3r,18; 3v,12.16; 1v,5; 9v,23), *immortalis* (7v,18; 15r,4), *immundus* (12r,6f.; 10r,30; 11r,27; 5r,1; 5v,17.23.27), *immunditia* (11r,1.3f.; 4v,1) und *improbus* (11r,28). Die Schreibung der Handschrift wird in der Edition des Texts beibehalten, nur *adproximavit* (9v,10) wurde nach dem Beispiel von *appropinquare* (6v,23f.) in *approximavit*, *conplacuit* (13v,16f.) nach dem Beispiel von 7v,1 in *complacuit*, *commiscetur* (16r,11) nach dem Beispiel von 6v,8 und 6v,17 in *conmiscetur* geändert. Der einzige Fall von *quemadmodum* (14v,5) wurde der überwiegenden Mehrheit der Belege (*quemammodum*: 14r,12f.20; 5r,14; 4r,24; 4v,4f.; 6r,13; 1v,4.10; 8r,3; 7v,9; 2r,7f.; 9r,4; 9v,3; 16v,19) angeglichen. Ebenso wurde *sums-* (3v,3) nach dem Vorbild von *adsumpsit* (13v,13) zu *sumps-* geändert, und die Gemination *dirrupturum* (11r,20) und *inbeccillitatem* (11v,26) wurde zugunsten der gewöhnlichen Schreibung aufgehoben; in *serra*

---

91 Morphologisch relevante Stellen sind oben S. 35 diskutiert.
92 Siehe oben S. 38.

(10v,11) wurde jedoch die unklassische Gemination beibehalten; sie wird, wie die vorliegende Stelle bestätigt, mit dem Einfluss von *ferrum* erklärt.[93]

## 1.4.5 Sprache

Alle sprachlichen Eigentümlichkeiten, die nicht als Überlieferungsfehler angesehen werden, sind dem Übersetzer anzurechnen.

Als Stilelemente des Pseudo-Makarios, die auch in der lateinischen Fassung anzutreffen sind, sind vor allem die Frage-Antwort-Struktur[94] und die langen Gleichnisreden mit einer bunten Palette von Bildern aus der Lebensumwelt des Verfassers hervorzuheben. So finden sich im lateinisch erhaltenen Teil zahlreiche kulturhistorisch bedeutsame Einblicke in das Alltagsleben aus den Bereichen Landwirtschaft (4r; 8r; 2r; 16v), Hofzeremoniell (14r; 8r), menschliche Existenz (14v: Mutter und Kind; 16r: Hochzeit; 3r: Krankheit; 6v: Tod); Natur (14r und 9r: Glanz der Sonne; 16v: Glanz eines Edelsteines; 1v: Nadel im Feuer; 12r: Sprache der Tiere; 12v: Lebensraum der Fische), Handwerk (4rv: Pergamentherstellung; 6r: Herstellung von Kleidern und Errichtung von Häusern), biblische Erzählungen (1v: Erschaffung des Menschen; 16r: Verklärung Christi), Gründung (2r) und Eroberung (9v; 15v) einer Stadt. All diese Vergleiche dienen dazu, die immer wiederkehrenden Themen Spiritualität, Finsternis und Erleuchtung, Gefangenschaft und Befreiung der Seele, Reinheit des Herzens, leibliche Auferstehung, Gnade, Freude, Unsagbarkeit des Göttlichen von unterschiedlichen Seiten zu beleuchten. Aufgrund der verschiedenen Themenbereiche ist der Wortschatz sehr vielfältig.

**Lexikalisches**

Was den lexikalischen Bereich betrifft, zeigt sich, dass der Übersetzer dieselben griechischen Begriffe meist mit ein und demselben lateinischen Wort wiedergibt. Bedingt durch den Kontext und ein gewisses Streben nach Variation (vor allem in unmittelbarer Nähe zueinander und im Bereich von Paraphrasen) werden griechische Wörter mit unterschiedlichen lateinischen Begriffen übersetzt. Folgende lexikalische Übersetzungsvarianten sind zu beobachten: ἀξίωμα (*dignitas, honor*); ἀργύριον (*nummus, pecunia, solidus*); ἄφθαρτος (*immortalis, perennis*); βάθος (*altitudo, profunditas, profundum*); βασιλεύς (*imperator, iudex, rex*); βλάπτω (*laedo, noceo*); γινώσκω (*agnosco, intellego*); γνῶσις (*notitia, scientia*); γραφή (*praeceptum, scriptura*); δεῖ (*necessarium, oportet*); δεσμός (*compes, vinculum*); δέχομαι (*accipio, recipio*);

---

[93] MEYER-LÜBKE, Wörterbuch, 7867; BAMBECK, Wortstudien, 72f.
[94] 1r,25: *interrogatio seniorum quorundam*. Zu erotapokritischer Literatur s. DÖRRIE – DÖRRIES, Erotapokriseis; VOLGERS – ZAMAGNI, Erotapokriseis.

δέω (conecto, teneo); δημιουργός (creator, fabricator); διάγω (ambulo, teneo, transigo); διδάσκω (doceo, edoceo, memoro); δίδωμι (commodo, do, respondeo, restituo); διέρχομαι (pertranseo, revolvor, transeo); διορίζω (discerno, segrego, separo); δουλεία (error, servitus); ἕκαστος (homo, singuli, unusquisque); ἐμπίπτω (cado, ruo); ἔνδυμα (indumentum, vestimentum, vestis); ἐνδύω (induo, subdo); ἐνοικέω (civis, habitans); ἐξέρχομαι (elabor, eruor, procedo); ἐπιτήδειος (diligens, opportunus); ἔρχομαι (descendo, ruo, sum, supervenio, venio); εὐδοκέω ([bene] complaceo, delecto); εὐφραίνομαι (congaudeo, laetor); ζητέω (deprecor, requiro);[95] ζῶ (conversor, vita, vivo); ζῷον (animal, pecus, res); θέλημα (arbitrium, voluntas); θεός (deus, dominus);[96] θεότης (deificus, deitas, divinitas, divinus); θρίξ (capillus, pilus); ἴδιος (proprius, suus); καθαρίζω (emundo, mundo); καθαρός (mundus, serenus); καθίστημι (confirmo, constituo); καλός (bonus, pretiosus, utilis) καταβάλλω (destruo, mitto); κατανοέω (inspicio, intellego); κατασκευάζω (conficio, construo, facio); κατέχω (detento, habeo, obtineo, teneo); κλαίω (defleo, plango); κοσμικός (mundialis, saecularis); κόσμος (mundanus, mundus, saecularis, saeculum); κρατέω (commisceo, detineo, miscere, obtineo); κρυπτῶς (invisibilis, occulte); κτάομαι (adquiro, habeo, possideo); κτίζω (constituo, creo); κύριος (deus, dominus), λαλέω (loquor, narro); λαμβάνω (accipio, adsumo, intellego, sumo); λάμπω (luceo, splendifico); λογισμός (cogitatio, cogitatus, consilium, conversatio); λόγος (sermo, verbum); λυτρόω (libero, redimo); μεταμορφόω (reformo, transfiguro); νοερός (divinus, rationabilis); νόημα (intellegentia, sensus); νοῦς (mens, sensus); οἰκοδομέω (aedifico, fabrico); οἰκοδομή (aedificatio, fabrica); ὁμιλία (loquella, omilia); ὁράω (inspicio, intellego, intueor, video); παιδίον (parvulus, puer); παραμένω (habito, permaneo); παρέχω (praesto, tribuo); πεῖρα (experimentum, experior, probatio); πενία (inopia, paupertas); περιτίθημι (circumdo, impono); πίπτω (cado, corruo); πληροφορέω (instruo, perficio); πληρόω (consummo, plenitudo, plenus, repleo), ποιέω (constituo, fabrico, facio, fio, operor, texo); πολύς (copiosus, diversus, magnus, multus); πονηρία (malignitas, malus, nequitia, peccatum, vitium); πονηρός (dirus, iniquus, malignus, malus, pravitas, pravus); πρᾶγμα (causa, negotium, res); προευτρεπίζω (orno, praeparo); προκαθαίρω (emundo, mundo); πρόσωπον (facies, vultus); πρῶτος (primus, verus); πτωχεία (infelicitas, paupertas); ῥύομαι (eruo, libero, redimo); σαρκικός (carnalis, terrenus); σκεῦος (creatura, silva); συγκεράννυμι/συγκρίνω (commisceo, comparo, permisceo, socio); συμφωνέω (concordo, consentio); συνδοξάζω (clarifico, glorifico); σύνειμι (adsum, coinhabito, persisto); συνήδομαι/συνηδύνομαι (gratulor, requiesco); σῶμα (corpus, membrum, socia); σωτήρ (Christus, salvator); τερπνότης (delecto, gratia); τρέφω (cibum sumo, indisco, vitam habeo, vivo); τροφή (cibus, esca, vita); τυγχάνω (habeo, particeps sum, percipio, praecipio); ὕλη (materia, res); ὑποχείριος (subditus, subiectus);

---

[95] 3v,24: *deprecatur petens* (ζητῶν καὶ αἰτῶν). An einer Übersetzung von ζητέω mit *deprecor* hatte LUNDSTRÖM, Lexicon, 61, Anstoß genommen.
[96] Zur Verwechslung von Nomina sacra, vielleicht wegen falsch aufgelöster Kürzungen im Griechischen, s. LUNDSTRÖM, Lexicon, 38f.

φαίνομαι (aspectus, manifesto, in re, vere, visibiliter); φίλος (amicus, sodalis); φοβέομαι (metus, timeo); φράζω (expono, narro); φυλάσσω (conservo, custodio, observo); χαίρω (gaudeo, gratulor); χαράσσω (figuro, signo); χάρις (beneficium, gratia, laetitia); χρεία (oportet, opus est); ψυχή (anima, cor, mens, tu). Eine größere Variationsbreite zeigt sich naturgemäß vor allem bei Pronomina, Konjunktionen und Präpositionen oder bei Grundverben wie εἰμί, λέγω, φημί.

Einige wenige Wörter sind in beiden Sprachen gleich: Das gilt insbesondere für biblisches Vokabular *allophylus* (7v,28; aber 10r,30 *alienigena*), *amen* (7v,23), *apostolus* (12v,27; 10r,23; 4v,27; 9r,24; 9v,20), *cytus* (7v,2), *daemon* (1r,16; 1r,21; 2v,10), *haereticus* (2v,21), *margarita* (16v,19), *mysterium* (14v,8; 5v,15; 8v,13), *parabola* (12v,3.4; 14r,27),[97] *paracletus* (9r,24), *paradisus* (in der profanen Bedeutung „Garten"; 2r,15.21), *propheta* (11r,12), *satanas* (2v,20), *tribulus* (4r,15; 2r,25f.). Dazu kommen noch einige Begriffe aus Politik und Militärwesen: *barbarus* (12r,22; 12v,15),[98] *clibanus* (9v,6; s.u.), *diadema* (14r,7) und *tyrannus* (15v,3); auch das lateinische Fremdwort κόμης, das siebenmal im pseudo-makarianischen Corpus vorkommt, ist unverändert mit *comes* wiedergegeben (8r,1; an derselben Stelle findet sich *praefectus* für ἔπαρχος; cf. ThLL 10,2,623,67); DICKEY, Loanwords 213f. Außerdem wurde möglicherweise die ungewöhnliche Übersetzung *socia* für σῶμα deswegen gewählt, weil in der Vorlage nicht σῶμα, sondern etwas wie σοκία/σωκία gelesen wurde (6r,9)[99] – allerdings findet sich einige Zeilen später (6r,13) in der darauf bezogenen Frage korrektes *corpus*.

Folgende Wörter verdienen besondere Beachtung:

*ad* (7v,18) wird im Sinn von *erga* verwendet; cf. ThLL 1,512,20. Die Fügungen *ad purum* (2r,12; cf. ThLL 10,2,2728,62–70) und *ad perfectum* (9r,10; cf. ThLL 10,1,1374,73–1375,8) umschreiben das Adverb τελείως mit einem Präpositionalausdruck.

*adulter* (11r,28) steht anstelle von *adulterinus* als substantivsches Attribut neben *nummus* wie z.B. Hier. epist. 119,11,2: *estote probati nummularii, ut, si quis nummus adulter est et figuram Caesaris non habet nec signatus moneta publica, reprobetur*; in Eph. 3 (PL 26, 549,45): *sciamus quis nummus probus sit, quis adulter*; s. auch *reprobus nummus*. Mai las hier *adulterii* anstelle von korrektem *adulterum*.

*agitator* (3v,2) übersetzt ἡνίοχος und ist laut ThLL 1,1329,57 die einzige Stelle, an der das Wort auf Gott bezogen ist.

*angularis* (13v,10f.16; ἀκρογωνιαῖος) wird hier singulär als Substantiv im Sinn von *lapis angularis* (cf. Eph. 2,20) verwendet; cf. ThLL 2,56,40; SOUTER, Glossary, 16.

---

97 Zur Verwendung von *parabola* (παραβολή) neben *imago* (εἰκών) s. ThLL 10,1,291,40–45 mit Zitat der Stelle.
98 Aber 12r,20 mit *incognitus* übersetzt; cf. ThLL 2,1738,60.
99 Im Griechischen gibt es σόκιος nur in juristischen Texten in der Junktur πρὸ σοκίῳ; ich danke Gerard Duursma vom Thesaurus Linguae Latinae für die freundliche Auskunft.

*approximavit* (9v,10): ThLL 2,316,79; HAULER, Lexikalisches, 440; RÖNSCH, Beiträge, 508.

*aquales distinguere* (2r,19; ἑτοιμάζειν ὀχετούς) – im Sinn von „Wasserleitung, Kanal" handelt es sich bei *aqualis* laut ThLL 2,366,15 um ein semantisches Hapax legomenon; cf. RÖNSCH, Beiträge, 510; zu *distinguere* im Sinn von „bauen" cf. ThLL 5,1,1529,78–1530,18.

*artifex* (4r,24; 4v,4.14) übersetzt τεχνίτης; cf. BAECKLUND, Bildungen, 112.

*clibanus* (9v,6) gibt griechisches κλίβανος wörtlich wieder und bezeichnet wie sonst nur Anon. de mach. bell. 15 den Brustpanzer („Kürass"); ThLL 3,1343,3; RÖNSCH, Clibanus (cf. Philologische Wochenschrift 38 [1883], 1207); RÖNSCH, Beiträge, 510; MAI, Glossarium, 10; SOUTER, Glossary, 54; RUNDGREN, Lehnwörter, 47; MOES, Héllenismes, 245. Häufiger belegt ist die Ableitung *clibanarius*.

*coinhabito* (4r,6) ist ein Hapax legomenon (ThLL 3,1564,1; RÖNSCH, Beiträge, 509); es gibt σύνειμι wieder, das sonst mit *persisto* (5r,3) oder *adsum* (9r,26) übersetzt wird; cf. MAI, Glossarium, 11; DAHLMAN, Präfix, 18; SOUTER, Glossary, 58; BAXTER, Notes 109: „a Pauline idea, «indwelling sin»." Kurz zuvor findet sich *a cohabitante peccato* (5v,22; ἀπὸ τῶν τῆς ἐνοχλούσης ἁμαρτίας); cf. ThLL 3,1535,60; in 5v,26 wird das griechische σύνειμι überhaupt übergangen.

*coinquinata est* (5v,8) gibt im Zitat von Tit. 1,15 μεμίανται wieder; cf. RÖNSCH, Beiträge, 509.

*concertetur* (5r,12) ist in ungewöhnlicher Weise analog zu ἀγωνιζέσθω als Deponens verwendet; cf. ThLL 4,25,69–75 (mit Zitat der Stelle); zur militärischen Konnotation s. SPITZER, Ideas, 341.

*consummo* (11v,17f.); zur Verwendung neben *tempora* cf. ThLL 4,602,51.

*copiosus fructus* (8r,17) gibt das weniger präzise griechische πολλοὺς καρπούς wieder; vgl. Petr. Chrys. serm. 158,4: *bonus vilicus, quando copiosum fructum continuo labore conquirit* ...; cf. ThLL 4,913,83f.

*dissimilis* (1v,7) mit der Präposition *a* gibt griechisch μὴ ἐοικυῖαν + Dat. wieder.

*distensio* (4v,19) ist *eine* Nebenform zu *distentio* (cf. RÖNSCH, Beiträge, 421, und ThLL 5,1,1516,59) und gibt im Sinn von „sollicita occupatio" griechisches περισπασμός wieder; cf. ThLL 5,1,1517,59 mit Zitat zur Stelle und Hinweis auf Op. imperf. in Matth. 29 p. 784; Ambr. Iob 2,4,12; Hier. eccles. 1,13. Das Wort findet sich sehr oft bei Cassian.

*error* (11r,17) ist eine sehr freie Übersetzung für δουλεία. Die Assoziation erfolgt über das Bedeutungsspektrum von „Irrglauben", „Abwendung von Gott" zu „Knechtschaft"; cf. ThLL 5,2,818,18–47.

*fabrica* (2r,13f.) im Sinn von *opus fabricatum, aedificium*; cf. ThLL 6,1,14,80; MARKOVICH, ДВА НАТПИСА, 123f.

*fornicor* (5r,27): Die Verwendung mit *in* + Abl. begegnet vorwiegend in Übersetzungsliteratur; cf. ThLL 6,1,1124,61–67 (mit Zitat der Stelle).

*glorificus* (3r,4): Das seltene Adjektiv (cf. ThLL 6,2,2092,68–77; HAULER, Lexikalisches, 441) hat wie das vorangehende *incorruptam* keine Entsprechung im überlieferten griechischen Textbestand. Möglicherweise ist ἄφθαρτον, συνδοξαζομένην ausgefallen.

*immunditia* (4v,1) gibt wie in zahlreichen Bibelübersetzungen griechisches ἀκαθαρσία wieder; cf. ThLL 7,1,499,71–73 mit Zitat der Stelle.

*indiscunt* (15r,4) als Übersetzung von τρέφονται ist sehr auffällig, ist aber im Sinne von spiritueller Nahrungsaufnahme wohl zu halten – für τρέφεσθαι steht sonst *vitam habere* (3r,22f.) oder *cibum sumere* (3v,3f.); cf. ThLL 7,1,1200,23 (mit Zitat der Stelle); MAI, Glossarium, 30; RÖNSCH, Beiträge, 509; HAVERLING, Sco-verbs, 296. Abgesehen von einem Beleg in einem Juvenal-Scholion findet sich das Wort nur in Texten mit Bezug zum Griechischen (Op. imperf. in Matth. 8 p. 677[med.], Orig. in Matth. ser. 77 p. 179,13), wo es ἐπιγινώσκω (*indiscens* nach Luc. 7,37 ἐπιγινοῦσα) wiedergibt. In der Appendix zu Forcellinis Wörterbuch (FORCELLINI – FURLANETTO – DE VIT, Lexicon, VI 632) wird die Konjektur *indipiscunt* vorgeschlagen.

*infirmo* (3r,16f.) gibt wie auch sonst oft griechisches ἀσθενέω wieder; cf. ThLL 7,1,1439,19; RÖNSCH, Beiträge, 511.

*inlustravit* (11v,16) ist hier als Übersetzung von ἐπεφάνη analog zu *inluxit* (so Mai im Apparat) in singulärer Weise intransitiv verwendet; cf. ThLL 7,1,399,37f.; PILTZ, Prolegomena, 95. Ein vergleichbarer Fall von ungewöhnlicher Intransitivität liegt in 14v,21 *splendificans* vor.

*lapis fulgens* (16v,19f.) ist eine deskriptive Übersetzung von φεγγίτης λίθος (Moskovit?), der in lateinischer Literatur u.a. von Plin. nat. 36,163 (davon abhängig Isid. orig. 16,4,23) beschrieben wird; cf. ThLL 10,1,2019,20–24 s.v. *phengites*. Als wichtige Eigenschaft wird die Transparenz genannt.

*limpidus* (4v,2) bezeichnet – präziser als das griechische λαμπρά – die Lichtdurchlässigkeit der gereinigten Tierhaut; cf. ThLL 7,1,1426,27 mit Zitat der Stelle.

*memoror* (8r,12f.) ist als Deponens mit Akkusativobjekt verwendet; diese Weise der Verwendung ist typisch für Kirchenschriftsteller; cf. ThLL 8,692,45–72.

*mundo* (4r,15: καθαίρει) ist im Sinn von *purgando tollere* zu verstehen; cf. ThLL 8,1629,37–52. Daher kann der überlieferte Akkusativ *spinas et tribulos* als Objekt beibehalten werden (analog zu 2v,2: *mundet omnes spinas*; περικαθαίρειν) und muss nicht durch Konjektur in einen Ablativ *spinis et tribulis* (so Mai) geändert werden. Objektloses *mundare* steht einige Zeilen später neben *renovare* (4r,19).

*nitorem praestare* (4v,6f.) gibt als Funktionsverbfügung griechisches λαμπρύνω wieder; wie es scheint, handelt es sich dabei um einen Terminus technicus des Walkens; cf. Max. Taur. 61a,2: *fullo enim praestare potest nitorem, munditiam, puritatem*.

*oculus* (16v,20) als Teil eines Steines ist eine im Lateinischen ungebräuchliche Metapher (keine Belege dazu in ThLL); vermutlich handelt es sich um eine wörtliche Übersetzung aus dem – an dieser Stelle nicht überlieferten – griechischen Text.

*pergamena* (4r,26; cf. HAULER, Lexikalisches, 441; KREBS, Antibarbarus, 279) übersetzt (τὰ λεγόμενα) σωμάτια, das in einigen Handschriften mit dem lateinischen Lehnwort τοὺς βεμβράνους oder τὰς μεμβράνας glossiert wird. Bemerkenswert ist, dass der lateinische Übersetzer die griechische Erklärung zwar übernimmt, aber anstelle von σωμάτια (das u.a. bei Porph. Plot. 26 die Bedeutung „Pergamentcodex" hat) den Begriff *pergamena* einführt; vgl. DICKEY, Loanwords 287f. und 351. Die von BAMBECK, Wortstudien, 56, für diese Stelle betonte „simultane Gegenwart von *pellis* und *pergaminum* in der Vorstellung des Sprechenden" geht eindeutig von der griechischen Vorlage aus: τὰ δέρματα τῶν ζῴων, τὰ λεγόμενα σωμάτια. *Pergamena* ist wohl Neutrum Plural wie Epit. Gai 2,1,4: *de chartis vel pergamenis ... cuius chartae aut pergamena fuerint*; Caes. Arel. serm. 2: *in pergamenis ... transscribere*. Für die Verwendung im Femininum Singular fehlen Belege, während es im Femininum Plural als Attribut (Epigr. Bob. 57,1: *si Pergamenis digna canimus paginis*) oder als Ellipse verwendet wird; vgl. die etymologischen Bemerkungen bei Hier. epist. 7,2: *etsi aliqui Ptolomaeus maria clausisset, tamen rex Attalus membranas e Pergamo miserat, ut penuria chartae pellibus pensaretur; unde Pergamenarum* (sc. *membranarum* vel *pellium*) *nomen ... servatum est*, und (davon abhängig) Isid. etym. 6,1,1.

*periculum* (8r,6) übersetzt τιμωρία; zu *periculum* im Sinn von Strafe cf. ThLL 10,1, 1462,50–75).

*pilus* (4r,27) gibt als kollektiver Begriff θρίξ wieder; cf. ThLL 10,1,2148,26.

*praevaricans* (6r,22): Das Verb gibt παραβαίνω wieder; cf. ThLL 10,2,1094,13 und 1096,13 (mit Zitat der Stelle unter Beispielen zum Objekt *praeceptum*/ἐντολή). Die Stelle (6r,22–26: *Adam praeceptum praevaricans ... distractus est vendens se virtutibus nequitiae*) weist große Ähnlichkeit mit Ambrosiast. in Rom. 8,13,1 auf: *Adam enim praevaricans vendidit se peccato*. Mai erklärt *virtutibus* mit *potentatibus*.

*remorietur* (3r,14): Die Lesung des ersten Buchstabens ist sehr unsicher, wird aber von HAULER, Lexikalisches, 44,1 bestätigt, der die Varianten *aemorietur* und *demorietur* wegen des fehlenden Raumes für den Anfangsbuchstaben verwirft (zu denken wäre eventuell noch an *commorietur*). Mai hatte das Präfix übergangen und das Simplex *morietur* in den Text gesetzt, Serventi schlägt die Lesung *emorietur* vor. Das Wort *remorior* ist mit Ausnahme eines Belegs in einem Glossar nicht bezeugt, und es ist unklar, warum der Übersetzer für ἀποθνήσκει ein literarisch sonst nicht bezeugtes Verb verwenden sollte; in ThLL 11,2,1059, 5–11 wird eine Anspielung auf den zweiten Tod (Apoc. 2,11; 20,6) und eine Konjektur Gattis *mortis aeternae morietur* erwogen.

*reprobus nummus* (15v,27; 10v,6: ἀργύριον ἀδόκιμον; vgl. auch 11r,28: *improbum atque adulterum nummum*) ist spätantiker Terminus technicus für das von einem Usurpator geprägte Geld, das nach seinem Sturz wertlos wird; cf. Epiphan. de mensur. 39: *dumque exstinctus fuisset illius temporis rex ... damnata eius pe-*

*cunia reproba nominata est*; Ulp. dig. 13,7,24,1; ThLL 11,2,1291,8–24 (mit Zitat von 10v,6); s. auch oben zu *adulter*.

*rumigo* (4r,1f.): Die seltene und von Grammatikern verworfene Nebenform (Caper gramm. VII 105,12: *rumigat nihil est, sed ruminat et rumino*) zu *rumino* („wiederkäuen") findet sich nicht nur bei Apul. met. 4,22 (so Mai), sondern auch bei Arnob. 5,23; Herm. Pal. sim. 9,1,9; Garg. Mart. cur. boum 12; Veg. mulom. 2,128,1. Möglicherweise war für die Wahl dieser Form der ähnliche Klang wie in der griechischen Vorlage (μηρυκάομαι) ausschlaggebend; cf. Rönsch, Beiträge, 509; Hauler, Lexikalisches, 441.

*splendificans* (14v,21) ist wie *inlustro* intransitiv und übersetzt λάμπω; cf. Rönsch, Beiträge, 509; Baecklund, Bildungen, 112.

## Morphologie

In Hinblick auf die Morphologie sind die zwei Futurformen *percipet* (3v,25) und *interficet* (1r,20) hervorzuheben. Da beide Formen einander stützen, halte ich gegen Mai, der *percipiet* und *interficiet* konjizierte, mit Hauler, Lexikalisches, 441 am überlieferten Text fest. An anderen Stellen ist das Futur korrekt gebildet (6v,6: *accipiet*; 3r,9: *morietur*; 3r,14: *remorietur*; 2v,3: *incipiet*). Hyperkorrekt ist die Form *disperient* (1v,16; ἀπόλλυται) anstelle von *disperibunt*; die abweichende Futurform ist vorwiegend in Bibelzitaten belegt, z.B. Psalt. Rom. 36,22.38 (und Aug. in psalm. 36,2,14 und 36,3,16); Paul. Nol. epist. 25,4 (Sir. 31,7). Ein verkürzter Perfektstamm liegt vor in *reconderint* (8r,18; εἰσενέγκωσιν; Mai zur Stelle: „pro *recondiderint*"); cf. ThLL 11,2,400,23–27; Rönsch, Beiträge, 512; Hauler, Lexikalisches, 441; Bonnet, Grégoire, 421 Anm. 1.

Im Bereich der Nominalflexion ist auf den (indeklinablen?) Akkusativ Plural Femininum *duo* anstelle von *duas* hinzuweisen (16v,23); cf. ThLL 5,1,2243,1–2244,3. Die Form *spiritu* (5v,3) ist – sofern nicht ohnehin *spiritui* zu lesen ist – möglicherweise als Dativ zu verstehen; cf. Traube, Nomina sacra, 165.

## Syntax

Was die Syntax betrifft, lassen sich die Besonderheiten der lateinischen Übersetzung den Bereichen Genus, Kasus und Konstruktion von Nebensätzen zuordnen.

## Genus

In der Verwendung der Genera zeigen sich einige Besonderheiten, die nicht als bloße Schreibfehler abgetan werden können, sondern zum größten Teil als Konstruktion nach dem Sinn (constructio ad sensum) zu beurteilen sind. Viele Beispiele betreffen die in der Spätantike grassierende Verwechslung von Masculinum und Neutrum. Unsicher ist etwa die Verwendung von *saeculum* als Masculinum in *per-*

*ennem saeculum* (12r,2f.); es könnte sich wie etwa bei *caeleste imaginem* (14r,14f.) oder *naturam dissimile* (1v,6f.) um eine Unsicherheit bei der Schreibung des Schluss-m handeln. Da abgesehen von formelhaften Wendungen wie *in saecula permanentem* (7r,6) und *in omnia saecula* (16v,4) das Genus von *saeculum* nie mit Sicherheit als Neutrum bestimmt werden kann, ist es denkbar, dass es der Übersetzer in Anlehnung an αἰών als Masculinum verstand; cf. LUNDSTRÖM, Lexicon, 152.

Einmal wird *gaudium* mit dem maskulinen Relativpronomen *qui* verbunden (16r,26f.: *gaudent gaudium, qui non praeterit*; korrekt aber in 15r,2f.: *gaudent gaudio quod non potest enarrari*); cf. ThLL 6,2,1711,67f. Möglicherweise hat das zweiendige Adjektiv ἀκατάλυτον der Vorlage die Deutung von *gaudium* als Maskulinum veranlasst.

Anstelle des überlieferten, aber wenig gebräuchlichen Neutrums *gustum* (8v,1) konjizierte Mai geläufigeres *gustus*; cf. ThLL 6,2,2369,3–7.

In 5r,14f. wurde die Wendung *corpus exteriorem* als Beleg für die Verwendung von *corpus* als Masculinum verstanden, cf. ThLL 4,999,20; RÖNSCH, Beiträge, 512. Hiltbrunner lehnt diese Interpretation ab und deutet die Stelle als elliptische Apposition: „Es kann gar kein Zweifel bestehen, dass zu interpungieren ist: *corpus, exteriorem, ... conservat*: ‚Den Leib, also den äusseren Menschen, bewahrt er ...'."[100] Für diese substantivische Verwendung von *exterior* könnte man auf zwei ihm noch unbekannte Stellen hinweisen: 16v,7–10: *imaginem itaque exterioris habet anima, in eo quod membris exterioris est similis* und 16v,16f.: *si ergo dixisti interiorem similem esse exteriori*. Trotzdem scheint hier die Verwendung einer elliptischen Apposition befremdend; denn im spätantiken Latein fällt der Komparativ des Neutrums mit den maskulinen Formen zusammen und die Form des Neutrums bleibt dem Adverb vorbehalten. Hiltbrunner selbst sagt: „Es ist eine schon im archaischen Latein wirksame Tendenz, die Endung *-or* auf das Neutrum auszudehnen, so daß *-or* allgemein das Adjektiv bezeichnet, während *-us* für das Adverb reserviert bleibt."[101] Bei den komparativischen Formen auf *-ius* im Text des Pseudo-Makarios handelt es sich ausschließlich um Adverbien: *diligentius* (4r,24f.), *facilius* (12r,3), *potius* (6v,14; 8r,25; 7r,12.20); *prius* (2r,10); *velocius* (3v,25). Insofern ist *exteriorem* wohl als adjektivisches Attribut zu *corpus* zu verstehen, auch wenn die griechische Vorlage (ἔξωθεν ... ἔνδοθεν) in Analogie zu *in interioribus* einen adverbialen Ausdruck wie *in exterioribus* erwarten lässt. In ähnlicher Weise steht auch das Partizip *concrescentem* (8v,28) in der maskulinen Form neben dem Neutrum *malum* (in Griechischen ist das Neutrum gesichert: τὸ κακὸν σύντροφον καὶ συναυξάνον); aber 14v,21 steht das Partizip *splendificans* in der korrekten Form des Neutrums neben dem Akkusativ *lumen*.

---

**100** HILTBRUNNER, Exterior homo, 60; cf. HILTBRUNNER, Corpus, 42; PITKÄRANTA, Studien, 30f.
**101** HILTBRUNNER, Corpus, 47.

Im Satz *indumentum quod uteris ... et eum indueris* (6r,17f.; ἱμάτιον ὃ φορεῖς ... καὶ σὺ αὐτὸ ἐνδύεσαι) springt die Konstruktion vom Neutrum zum Masculinum; cf. RÖNSCH, Beiträge, 511. Die Stelle ist in ThLL 7,1,1259,72f. als einziger Beleg für maskulines *indumentum* zitiert, zutreffender scheint es jedoch, *eum* als Neutrum zu verstehen; so etwa BERGH, Revelaciones V, 79f. Anm. 10 mit Hinweis auf HSz 188 und andere (mittellateinische) Beispiele; ThLL 7,2,457,75 verweist auf HILTBRUNNER, Corpus, 43; LUNDSTRÖM, Untersuchungen, 252.

*lapis* wird einmal (14r,10f.: *pretiosarum lapidum*; in Analogie zu *gemma*?) als Femininum verstanden (cf. ThLL 7,2,948,60–62.66–75 mit Zitat der Stelle; HSz 11), an der einzigen signifikanten anderen Stelle 13v,25 (*lapides, qui*) als Masculinum; cf. RÖNSCH, Beiträge, 512; HAULER, Lexikalisches, 441; NEUE – WAGENER, Formenlehre, 984; ebenso wird *diadema* in Analogie zu *purpura* als Femininum aufgefasst (14r,7; cf. ThLL 5,1,944,68–72); cf. HAULER, Lexikalisches, 441; HSz 12.

In 2v,8–16 ist der Begriff *rationabiles creaturae*, der wie auch bei anderen Autoren mit den Begriffen *angeli, animae* und *daemones* erklärt wird,[102] zunächst eindeutig als Femininum konstruiert (*integrae ... creatae ... conversae*), im folgenden Satz aber wird der Begriff als Masculinum verstanden (*aversi sunt*). Unklar ist das handschriftlich überlieferte Subjekt *quae quidam ex eis ... conversae sunt*, das ich durch Konjektur von *quod quaedam* dem griechischen Text angepasst habe (s. oben S. 38).

**Kasus**

Während ich im Editionsteil die Kasus bei Präpositionen[103] gewöhnlich an die klassische Norm angleiche – bei den meisten Beispielen handelt es sich um Unsicherheiten mit dem auslautenden *m* –, sind bei zahlreichen Kasusanwendungen Besonderheiten zu beobachten, die teils auf das Griechische zurückgeführt werden können, teils keine Grundlage im Griechischen haben.

Mehrmals begegnet ein Nominativus absolutus, durch den eine komplexere Satzstruktur vermieden wird, indem der betonte Begriff im Nominativ vorangestellt und danach von einem demonstrativen Pronomen oder Adverb aufgenommen wird: 1v,2f.: *hominis autem infirmitas et cogitatio: quasi impossibile huic apparet* (ἀνθρωπίνῃ δὲ ἀσθενείᾳ καὶ λογισμῷ ἀδύνατον τοῦτο καταφαίνεται): Zur Vermeidung eines vorangestellten Dativs wird zunächst das Begriffspaar im Nominativ eingeführt und danach mit *huic* wieder ‚eingerenkt' (cf. HSz 29); weniger wahrscheinlich ist es, im Griechischen eine nicht bezeugte Textvariante ἀνθρωπίνη δὲ ἀσθένεια καὶ λογισμὸς ὥσπερ ἀδύνατον τούτῳ καταφαίνεται anzunehmen; 4v,21–23: *et sic emundantes et praeparantes sensum proprium et cor, scribat ibi deus* (οὕτω προευτρεπισάντων καὶ

---

[102] Vgl. Aug. c. Priscill. 8,9: *de rationalibus creaturis, id est sanctis angelis et immundis daemonibus et ipsis animis hominum.*
[103] Oben S. 32f.; RÖNSCH, Beiträge, 513.

προκαθαράντων τὸν νοῦν ἑαυτῶν καὶ τὴν καρδίαν ἐγγράψῃ ὁ θεὸς ἐκεῖ); schon im Griechischen bieten einige Handschriften (A Y x) anstelle des Genetivus absolutus eine Reihe von Partizipien im Nominativ: προευτρεπίσαντες καὶ προετοιμάσαντες καὶ προκαθάραντες; 6v,21–24: *volens enim vivere anima et requiem aeterne frui, oportet eam appropinquare* (ψυχὴν γὰρ τὴν θέλουσαν ζῆσαι παρὰ θεῷ ἐν ἀναπαύσει καὶ φωτὶ αἰωνίῳ προσελθεῖν δεῖ).

Der Genetiv wird oft verwendet, um ein griechisches adjektivisches Attribut wiederzugeben, z.B. 10v,18: *in mola tenebrarum* (ἐν μυλῶνι σκοτεινῷ); 3v,27f.: *de iudice iniquitatis* (περὶ τοῦ ἀδίκου κριτοῦ; nach Lc. 18,6); 1v,2: *hominis* (ἀνθρωπινός); 8v,1: *operationis* (ἐνεργητικός); 7r,7f.: *in tribulationum negotiis* (ἐν τοῖς θλιβεροῖς πράγμασιν); 16r,20: *deitatis* (θεϊκήν); zum Bereichsgenetiv vgl. ANDRÉS SANZ – LILLO REDONET – MARTÍN – SÁNCHEZ MARTÍN, Tipologia, 88. Umgekehrt wird im Lateinischen oft ein griechischer Genetiv durch ein Adjektiv umschrieben, z.B. 4r,11f.: *a malis spiritibus* (ἀπὸ τῶν τῆς πονηρίας πνευμάτων).

Nicht aus dem Griechischen ererbt ist der Dativ in 13v,26f.: *parem fundamento ... mensuram* (πρὸς ἰσόμετρον τοῦ θεμελίου).

Ein adverbialer Akkusativ der Beziehung findet sich lateinisch korrekt in 9v,11f. *induti erant perfectam Christi virtutem*; cf. HSz 36. Zweimal wird in der Übersetzung von τὸν αὐτὸν τρόπον der modale griechische Akkusativ beibehalten; 4v,9: *eandem igitur similitudinem*; 6r,21: *ipsam ergo similitudinem*. Mai hatte an beiden Stellen zu Unrecht durch Konjektur einen Ablativ hergestellt. Ebenso ist beim Verbum *nocere* der Akkusativ aus dem Griechischen ererbt: 9v,8: *quid aut corpus aut ferrum nocuit* (οὐδὲν ἠδίκησεν ἢ τὸν σίδηρον ἢ τὸ σῶμα); 9v,11: *nocuit eos* (ἔβλαπτεν αὐτούς); cf. RÖNSCH, Beiträge, 513; HSz 33. BAMBECK, Wortstudien, 47f., erklärt das Auftreten von *nocere* + Akk. in christlicher bzw. medizinischer Fachliteratur damit, dass diese aus griechischen Quellen schöpfen. Die Textstelle stützt diese These.

Dagegen ist in 13v,15f.: *ecce angularem* die Verwendung des Akkusativs nach *ecce* eine Neuerung gegenüber ἴδε ὁ ἀκρογωνιαῖος; abgesehen von einigen wenigen frühen Belegen ist dieses Phänomen auf die Spätantike beschränkt; cf. ThLL 5,2,26,15–40; HSz 48. Ebenso keine Grundlage im Griechischen hat der ungewöhnliche Akkusativ nach *obaudire* in 6r,23: *malignum serpentem obaudiens*; hier scheint die Konstruktion mit dem Akkusativ vom verbum simplex ererbt zu sein; cf. ThLL 9,2,135,62–136,44; RÖNSCH, Beiträge, 513.

Anstelle des korrekten Ablativs verwendet der Übersetzer bei den Verben *utor* und *fruor* den Akkusativ: 6r,17: *quod uteris* (ὃ φορεῖς); 6v,22f.: *requiem aeterne frui*; cf. HSz 123.

## Steigerung

Nur einmal wird ein Vergleich mit einem Komparativ durchgeführt, dies aber nicht mit *quam*, sondern mit *a/ab* + Abl.: 7r,27f.: *ab omnibus pretiosior est creaturis* (παρὰ πάντα κτίσματα τίμιός ἐστιν); häufiger ist die Steigerung ausgedrückt durch einen

Positiv und eine Präposition, und zwar *a/ab*: 7v,3: *grandes sunt ab eo* (μείζω αὐτοῦ εἰσι; cf. BONNET, Grégoire, 597 mit Anm. 4; HSz 170); 7v,9f.: *pretiosus ab angelis* (τίμιος καὶ παρ' ἀγγέλους; ThLL 1,40,17; Mai nennt *prae* als Synonym für *ab*); cf. RÖNSCH, Beiträge, 513; HAULER, Lexikalisches, 442; VOLLMER, Epitome, 5; UNGER, Irenaeus, 413; ThLL 1,39,40–40,9; einmal wird die Steigerung durch Positiv + *super* (ὑπέρ) gebildet: 7r,20–22: *pretiosa est enim anima super omnia opera* (τιμία γάρ ἐστιν ἡ ψυχὴ ὑπὲρ ὅλα τὰ δημιουργήματα), einmal durch Positiv + *prae* (16r,3; Komparativ + Gen. im Griechischen): *prae omnibus enim creaturis pretiosa est anima hominis* (τιμιώτερον δέ ἐστι πάντων τῶν κτισμάτων ἡ ψυχὴ τοῦ ἀνθρώπου); cf. HSz 112.

**Nebensätze**
Die lateinische Übersetzung weist analog zur griechischen Version lange syntaktische Einheiten auf, die ihrerseits durch zahlreiche Parenthesen und Anakoluthe geprägt sind. Besonders die zahlreichen Vergleiche, die mit *quemammodum ... ita* (o.Ä.) markiert werden, verselbständigen sich zu langen Perioden.

Der lateinische Text bewahrt zahlreiche Partizipialkonstruktionen seines griechischen Pendants; viele andere sind durch Relativsätze ersetzt, z.B. 14v,15f.: *his quae eam speculantur* (ταῖς κατοπτριζομέναις [sc. ψυχαῖς]); 11v,2: *a quibus tenetur* (τοὺς κατεχόντας); 11v,24f.: *quae credidit et rogavit* (πιστεύουσα καὶ δεομένη); 4v,9f.: *hii qui volunt et qui sperant* (οἱ βουλόμενοι καὶ ἐλπίζοντες) uvm. Dasselbe gilt auch für nominale Fügungen mit dem Artikel wie z.B. 12v,17: *quae sunt in eo* (τὰ ἐν αὐτῇ). Einige dieser Relativsätze sind mit einem ausdrucksstärkeren Verb versehen, z.B. 11r,21–25: *castra cogitationum pravarum, quas contra scientiam dei conceperant leges mutaturum, quas contra leges divinas posuerant* (s. oben S. 32). Ebenso wird bei einer negativen Aussage wie οὐδεὶς ἀνθρώπων ... γινώσκει ein vom Griechischen nicht gedeckter Relativsatz verwendet (12r,9f.): *nullus est hominum, qui ... intellegat*; ähnlich auch 14r,26: *quanta sint quae* für einfaches ἅπερ.

Der Accusativus cum infinitivo dominiert gegenüber Nebensatzkonstruktionen; *quod* steht aber analog zu griechischem ὅτι anstelle eines AcI bei *credere* (12v,12; 11v,11), *confiteri* (11v,27), *commonere* (15v,19), *dicere* (9v,15). In 1v,21: *sicut quidam dicunt, quod solvatur* wird *quod* gegenüber dem Griechischen ergänzt. Analog dazu findet sich *quia* nach *intellegere* (2v,17) sowie in den Formeln *vides, quia* (16r,26) und *necesse est quia* (2v,27f.): Die eine gibt die griechischen Partikeln ἄρα οὖν wieder, die andere verkürzt den griechischen Text um ein Verbum dicendi (εἰπεῖν). Kausales *quod* ist (abgesehen von 15r,24.26) immer durch Voranstellung von *eo* markiert (3v,18; 7v,1; 9r,15); *in eo quod* steht für modales *cum* (16v,9).

Eine Kontamination von AcI und *quod*-Satz liegt vor in 9r,1f.: *existimaverunt se quod iam omnia superarint vitia* (νομίζουσιν ὅτι ἤδη ἐνίκησαν) mit proleptischem *se* und anschließendem Nebensatz; umgekehrt findet sich *quoniam* mit AcI in 9r,23–26: *dico autem tibi quoniam et apostolos ... securos ... non fuisse* (λέγω δέ σοι, ὅτι καὶ οἱ ἀπόστολοι ... οὐκ ἦσαν ἀμέριμνοι); cf. STOTZ, Handbuch, Bd. 4, IX § 109.

In ähnlicher Weise geht in der langen Aufzählung geplanter Taten 11r,17–11v,2 die Konstruktion von Infinitiven zu Konjunktiven über, ohne dass sich die griechische Vorlage oder die Aussageabsicht ändert: *annuntians se ipsum venturum et liberaturum ... dirupturum ... mutaturum ... deiceret ... siccaret ... deleret ... extingueret* (εὐηγγελίσατο ἐλεύσεσθαι καὶ ... λυτροῦσθαι ... κατασκάψαι καὶ ... ἀλλάξαι καὶ ... ἐδαφίσαι καὶ ... ⟨ξηράναι καὶ ... ⟩ ἀφανίσαι καὶ ... ἐξολοθρεῦσαι).

*Ut* mit Konjunktiv wird an einigen Stellen verwendet, an denen das Griechische eine simple Aussage aufweist; z.B.: 4v,1f.: *ut ... perficiat* (καὶ ... ἀπεργάσηται); 6r,20f.: *ut habitares tu in ea* (καὶ σὺ οἰκεῖς ἐν αὐτῷ). Anstelle von finalem *ut* findet sich zweimal *quo* mit Konjunktiv: 15v,14f.: *quo eos haberet subiectos* (ὅπως κατάσχῃ); 10r,11f.: *quo et ipse ... habitet* (ἐνῴκησεν). Erwähnenswert ist die Konstruktion von *opus est* mit Nominativ und finalem *ut* in 9r,20f.: *multa igitur discretio opus est, ut* (πολλῆς οὖν χρεία διακρίσεως, ἵνα); cf. ThLL 9,2,860,14–60; HSz 123. Die Verbindung von *oportet* und *ut*, die nicht vor dem 4. Jh. bezeugt ist, findet sich 2r,26f.: *oportet igitur, ut quis ... requirat*; cf. ThLL 9,2,742,14–42; BOLKESTEIN, Problems, 85; s. auch HEINE, Rezension 186.

Bei der Konjunktion *si* sind mehrere Auffälligkeiten zu nennen, etwa die Einleitung eines Fragesatzes mit *si vere* (1r,25f.; εἰ ἄρα); cf. HSz 464; LUNDSTRÖM, Lexicon 157. Im Sinne von *si minus* steht bloßes *si vero* (5r,11; εἰ μή), um eine Alternative einzuleiten; cf. RÖNSCH, Beiträge, 511. Einen selbständigen Hauptsatz leitet *sicut* in 12r,7f. ein: *sicut enim volatilia iam non timent ferarum insidias* (*enim* ist durch das Griechische nicht gedeckt).

Ein Fall von abundanter Kombination synonymer Konjunktionen liegt vor in 1v,12–14: *licet natura ferri quamvis solvatur*. Zur Doppelung von *licet* und *quamvis* cf. Lucr. 6,601: *proinde licet quamvis caelum terramque reantur*; ThLL 7,1,1367,63.

Besonders auffällig und häufig ist die von der Syntax nicht geforderte Verwendung eines *et* am Übergang von einem Nebensatz zum Hauptsatz, ein Phänomen, das sich „besonders in der Übersetzungsliteratur" findet.[104] Ohne Grundlage im Griechischen findet sich dieses abundante *ut* in 11v,18: *quando autem inlustravit bonitas salvatoris nostri Iesu Christi et promissionis consummata sunt tempora, et venit rex Christus ad redimendum et recipiendum hominem suum*; 6r,11: *quorum animae caelesti lumine inluminatae sunt, et effecti sunt portio luminis* (Mai hatte zu Unrecht die Inkonzinnität der zwei Partizipien beanstandet); 6v,6: *sic iterum anima credens, quae est redempta, et accipiet de vita*; 6v,19: *si in dei lumine requiescet, et vivet in eodem lumine*; 16r,19: *quando dominus ascendit in montem, et transfiguravit semetipsum*. Ebenso findet sich abundantes *et* am Übergang von einem Partizip zum folgenden Vollverb, meist mit kreativer Umdeutung eines καί; 16v,24: *duo enim*

---

[104] HSz 482: „griechischer Einfluß kann mitgewirkt haben, er läßt sich aber gerade in den nachprüfbaren Fällen oft nicht feststellen"; s. auch B. Löfstedt in seiner Praefatio zur Edition von Zeno von Verona (CCSL 22, 102f.).

*habens similitudines **et** in duobus manifestatur et lucet*; 1v,5: *quemammodum enim de limo terrae accipiens **et** quasi quandam aliam construxit naturam* (ὥσπερ γὰρ ἀπὸ τοῦ χοὸς **καὶ** τῆς γῆς λαβὼν ὀλίγον ἄλλην τινὰ φύσιν κατεσκεύασε; mit kreativer Verschiebung des καί); 9r,5–7: *si sit sol in caelo sereno et nubes tenebrosae supervenientes operire eum **et** inpinguent aerem* (ὥσπερ ὅταν ᾖ ἐν οὐρανῷ ἥλιος ἐν καθαρῷ ἀέρι καταλάμπων, καὶ ἔλθωσι περὶ αὐτὸν νεφέλαι καὶ καλύπτωσιν αὐτὸν **καὶ** παχύνωσι τὸν ἀέρα).

### 1.4.6 Bibelzitate

Im Allgemeinen gibt der Übersetzer die Bibelzitate seiner griechischen Vorlage wörtlich wieder, ohne sich vom Wortlaut gängiger lateinischer Übersetzungen beeinflussen zu lassen; auch wenn Zitate im Griechischen durch Auslassungen vom Wortlaut der LXX bzw. des NTG abweichen, stellt er nur in Ausnahmefällen (z.B. Ps. 44,8; 3r,1f.) den vollständigen Wortlaut des Zitats her; es ist freilich festzuhalten, dass der griechische Text nicht immer den ursprünglichen Zustand wiedergibt, weil Bibelzitate in der handschriftlichen Tradition, sei es im Griechischen oder im Lateinischen, durch Kürzung und Erweiterung leicht geändert werden konnten.

In der folgenden Zusammenstellung der Bibelzitate zitiere ich zunächst den lateinischen Wortlaut der Vulgata und den griechischen nach der LXX bzw. NTG; danach folgen das Zitat der lateinischen Übersetzung und der griechische Text der Referenzedition. Der bisher bekannte Text wurde ausführlich in den bereits erschienenen Bänden der Vetus Latina (= VL) zitiert; es zeigt sich, dass manche Anspielungen in der lateinischen Fassung dem Bibeltext näher sind als in der griechischen, ja sogar mitunter der griechische Text nicht zur Ansetzung eines Bibelzitats berechtigt (z.B. Eph. 4,21 in 8v,6f.). Ein Asterisk * vor der Angabe der Fundstelle weist darauf hin, dass es sich um ein nicht wörtliches Zitat handelt; kleinere Anspielungen sind nur in Ausnahmefällen aufgenommen.

Gen. 1,26: *faciamus hominem ad imaginem et similitudinem nostram* (ποιήσωμεν ἄνθρωπον κατ' εἰκόνα ἡμετέραν καὶ καθ' ὁμοίωσιν); 7v,5–7: *faciamus secundum imaginem et similitudinem nostram* (ποιήσωμεν κατ' εἰκόνα καὶ ὁμοίωσιν ἡμετέραν); VL 2,26 (ohne Verweis auf AN Mai). Der Übersetzer folgt dem Wortlaut der griechischen Fassung, in der ἄνθρωπον und das zweite καθ' fehlen und ἡμετέραν an das Ende des Satzes gestellt wird, und schafft so einen im Lateinischen sonst nicht bezeugten Bibeltext. Auch an den anderen Stellen, an denen mit Anspielung auf Gen. 1,26 von der Gottebenbildlichkeit der menschlichen Seele die Rede ist, folgt der Übersetzer (abgesehen von den unterstrichenen Wörtern) dem Wortlaut des griechischen Texts: 15v,1f.: *erga hominem, qui est secundum imaginem factus* (πρὸς τὸν κατ' εἰκόνα <u>αὐτοῦ</u> γενόμενον ἄνθρωπον); 6v,13: *similitudo et imago dei* (ὁμοίωμα καὶ εἰκὼν θεοῦ); 7r,22–24: *solus enim homo secundum imaginem et similitudinem dei factus est* (μόνος γὰρ ὁ ἄνθρωπος κατ' εἰκόνα καὶ ὁμοίωσιν θεοῦ ἐγένετο); 16r,8–10: *interior vero homo id est haec anima secundum imaginem et similitudinem dei est* (ὁ δὲ ἔσω ἄνθρωπος – τουτέστιν ἡ ψυχή – κατ' εἰκόνα καὶ ὁμοίωσιν τοῦ θεοῦ γεγένηται).

Gen. 3,18: *spinas et tribulos germinabit tibi* (ἀκάνθας καὶ τριβόλους ἀνατελεῖ σοι) 2r,25f.: *spinas et tribulos proferet tibi terra* (ἀκάνθας καὶ τριβόλους ἀνατελεῖ σοι ἡ γῆ). Der Übersetzer folgt exakt dem griechischen Text, indem er über den Bibeltext überschießendes *terra* hinzufügt. Die Wiedergabe von ἀνατελεῖ mit *proferet* (ohne *terra*) begegnet ausschließlich in Übersetzungsliteratur: Rufin. Basil. hom. 3 (Marti 16); Theod. Mops. frg. 1 (Swete 336, 21). Das auf diesen Vers anspielende Bibelzitat Hebr. 6,8: *proferens autem spinas ac tribulos* könnte die Wahl des Worts beeinflusst haben.

*Lev. 11,3: *omne quod habet divisam ungulam et ruminat in pecoribus comedetis* (πᾶν κτῆνος διχηλοῦν ὁπλὴν καὶ ὀνυχιστῆρας ὀνυχίζον δύο χηλῶν καὶ ἀνάγον μηρυκισμὸν ἐν τοῖς κτήνεσιν, ταῦτα φάγεσθε); 4r,1–3: *fissam enim habentes ungulam et rumigantia animalia munda esse lex praecepit* (διχηλοῦντά φησι καὶ μηρυκώμενα ταῦτα καθαρὰ τυγχάνει). Der Übersetzer zieht als Attribut von *ungula* gegenüber dem eher blassen *divisus* der Vulgata den präziseren Begriff *fissus* vor, der seit Lucr. 4,680 bezeugt ist (cf. ThLL 6,1,770,13f.) und bei Chromatius und Augustinus sowie im Opus imperfectum in Matthaeum in derselben Junktur (*fissam ungulam habere*) verwendet wird.

4 Reg. 6,14–17: Die Stelle ist in der lateinischen Übersetzung nur fragmentarisch erhalten: 7v,28: *multi sunt* (πολλοὶ ἔρχονται).

Ps. 33,9: *gustate et videte, quoniam suavis est dominus* (γεύσασθε καὶ ἴδετε ὅτι χρηστὸς ὁ κύριος). Der Psalmvers wird 8r,28 zitiert; sein Wortlaut stimmt sowohl im Griechischen als auch im Lateinischen mit den Referenztexten völlig überein.

Ps. 44,8: *oleo laetitiae prae consortibus tuis* (ἔλαιον ἀγαλλιάσεως παρὰ τοὺς μετόχους σου); 3r,1f.: *oleum laetitiae prae consortibus tuis* (ἀγαλλιάσεως ἔλαιον). Der Übersetzer übersetzt ἀγαλλιάσεως ἔλαιον in der Weise, dass er die übliche lateinische Wortfolge herstellt, aber den Akkusativ *oleum* beibehält; über das Griechische hinausschießend fügt er dem Psalmzitat *prae consortibus tuis* hinzu. Derselbe Wortlaut findet sich bei Faustinus, Ambrosius und im pseudoaugustinischen Speculum.

Ps. 73,20: *quia repleti sunt qui obscurati sunt terrae domibus iniquitatum* (ὅτι ἐπληρώθησαν οἱ ἐσκοτισμένοι τῆς γῆς οἴκων ἀνομιῶν); 10v,1–3: *quoniam repleti sunt obscurati domibus iniquitatum* (ἐπληρώθησαν οἱ ἐσκοτισμένοι τῆς γῆς οἴκων ἀνομιῶν). Der lateinische Übersetzer vermeidet einen Relativsatz, indem er das Partizip *obscurati* belässt, er übergeht τῆς γῆς und ergänzt das in der Vorlage fehlende ὅτι durch Voranstellung von *quoniam* (dieses findet sich bei Aug. in psalm. 73,23 und als Variante in vielen altlateinischen Psalterien). Der Wortlaut ist sonst nirgends bezeugt.

*Is. 62,5: *et gaudebit sponsus super sponsam et gaudebit super te deus tuus* (καὶ ἔσται ὃν τρόπον εὐφρανθήσεται νυμφίος ἐπὶ νύμφῃ, οὕτως εὐφρανθήσεται κύριος ἐπὶ σοί); 16r,12–14: *sicuti enim congaudet sponsus in sponsa, sic et dominus laetabitur in te* (καὶ ὃν τρόπον εὐφραίνεται νυμφίος ἐπὶ νύμφῃ, οὕτως εὐφραίνεται [εὐφρανθήσεται B] ἐπὶ ψυχῇ κύριος). Diese offensichtliche, zum Teil wörtliche Anspielung auf Is. 62,5 ist in der griechischen Edition nicht ausgewiesen; der lateinische Übersetzer nähert sich dem Isaias-Text an, indem er das Futur *laetabitur* verwendet und ἐπὶ ψυχῇ durch *in te* ersetzt.

Ier. 31 (38 LXX),33: *dicit dominus Dabo legem meam in visceribus eorum et in corde eorum scribam eam et ero eis in deum et ipsi erunt mihi in populum* (φησὶν κύριος Διδοὺς δώσω νόμους μου εἰς τὴν διάνοιαν αὐτῶν καὶ ἐπὶ καρδίας αὐτῶν γράψω αὐτούς· καὶ ἔσομαι αὐτοῖς εἰς θεόν, καὶ αὐτοὶ ἔσονταί μοι εἰς λαόν); 4v,25f.: *dans leges in corde et in sensibus eorum scribens, et erunt populus eius* (φησὶ γάρ· διδοὺς νόμους μου ἐν καρδίᾳ αὐτῶν καὶ ἐπὶ ταῖς διανοίαις αὐτῶν ἐπιγράψω αὐτούς. καὶ ἔσομαι αὐτῶν θεὸς καὶ αὐτοὶ ἔσονταί μοι λαός). Das Fehlen von δώσω und die Verwendung von ἐπιγράψω könnten dafür sprechen, dass bei Pseudo-Makarios nicht Jeremias, sondern Hebr. 10,16: *dicit dominus dando leges meas in cordibus eorum et in mentibus eorum superscribam eas* (λέγει κύριος· διδοὺς νόμους μου ἐπὶ καρδίας αὐτῶν καὶ ἐπὶ τὴν διάνοιαν αὐτῶν ἐπιγράψω αὐτούς) zugrunde liegt, wo die Jeremiasstelle zitiert wird; VL 25/2,1460. Allerdings geht bei Pseudo-Makarios das Jeremiaszitat über den Hebr. 10,16 gebotenen Textumfang hinaus: von καὶ ἔσομαι αὐτῶν θεὸς καὶ αὐτοὶ ἔσονταί μοι λαός (= Ez. 37,27) übernimmt der Übersetzer nur den zweiten Teil und überträgt, wie schon zuvor, die Selbstaussage Gottes in die dritte Person: *et erunt populus eius*. Der zitierte Vers erhält dadurch eine Form, die sonst nirgends bezeugt ist. Der Übergang zum unmittelbar anschließenden Zitat 2 Cor. 7,1 erfolgt wohl durch Assoziation, weil derselbe Jeremias-/Ezechielvers in 2 Cor. 6,16 zitiert wird. Der griechische Text markiert 2 Cor. 7,1 auch als Fortsetzung des Vorigen: καὶ ἐπάγει ὁ ἀπόστολος, während der lateinische Übersetzer das Folgende als neues Zitat einführt: *Sicuti et apostolus dicit*. Die assoziative Zitatkette lautet also Hebr. 10,16 (?) + Ier. 31 (38 LXX),33 (= Ez. 37,27 = 2 Cor. 6,16) + 2 Cor. 7,1. Das in der Jeremiasstelle entworfene Bild, dass Gott seine Gesetze in die Herzen der Menschen schreibt, wird in den vorausgehenden Zeilen intensiv vorbereitet: 4v,3–24 *non potest in eis lex domini scribi* (οὐ γράφουσιν ἐν αὐτοῖς τοὺς νόμους τοῦ θεοῦ) ... *et tunc ibi scribuntur dei leges* (τότε γράφονται οἱ τοῦ θεοῦ νόμοι) ... *qui sperant lege(s) spiritus sancti in suo sensu vel anima[m] scribi* (ἐλπίζοντες τοὺς νόμους τοῦ πνεύματος ἐν τῇ ἑαυτῶν διανοίᾳ καὶ ψυχῇ ἐγγραφῆναι) ... *scribat ibi deus spiritus (sui A) proprias leges secundum suam promissionem* (ἐγγράψῃ ὁ θεὸς ἐκεῖ τοὺς ἰδίους νόμους τοῦ πνεύματος κατὰ τὴν ἐπαγγελίαν αὐτοῦ). Das gleiche Thema kehrt 13r und 8v,7–14 wieder: *ipsa autem gratia scribens legem spiritus in cordibus eorum* (αὐτὴ γὰρ ἡ χάρις ἐπιγράφει ἐν ταῖς καρδίαις αὐτῶν τοὺς νόμους τοῦ πνεύματος) ... *gratia dei et leges spiritus et caelestia mysteria scribantur in corda eorum* (ἡ χάρις τοῦ θεοῦ ἐγγράφει τοὺς νόμους τοῦ πνεύματος καὶ τὰ ἐπουράνια μυστήρια).

Mt. 7,7: *petite et dabitur vobis, quaerite et invenietis, pulsate et aperietur vobis* (αἰτεῖτε καὶ δοθήσεται ὑμῖν, ζητεῖτε καὶ εὑρήσετε, κρούετε καὶ ἀνοιγήσεται ὑμῖν); 15r,20f.: *petite et dabitur vobis, pulsate et aperietur vobis* (αἰτεῖτε καὶ δοθήσεται ὑμῖν· κρούετε καὶ ἀνοιγήσεται). Der lateinische Übersetzer folgt seiner Vorlage, indem er das mittlere Kolon des Bibelzitats ebenso auslässt und nicht das Fehlende ergänzt. Angesichts seiner engen Anlehnung an den griechischen Text ist zu vermuten, dass er in seiner Vorlage ὑμῖν nach ἀνοιγήσεται (so in den zwei Handschriften *X* und *Y*) vorfand.

Mt. 13,34f.: *haec omnia locutus est Iesus in parabolis ad turbas et sine parabolis non loquebatur eis, ut impleretur quod dictum erat per prophetam dicentem: Aperiam in parabolis os meum* (ταῦτα πάντα ἐλάλησεν ὁ Ἰησοῦς ἐν παραβολαῖς τοῖς ὄχλοις καὶ χωρὶς παραβολῆς οὐδὲν ἐλάλει αὐτοῖς, ὅπως πληρωθῇ τὸ ῥηθὲν διὰ τοῦ προφήτου λέγοντος· Ἀνοίξω ἐν παραβολαῖς τὸ στόμα μου); 12v,2–4: *sicut et dominus locutus est in parabolis. Ait enim: Aperiam os meum in parabolis* (καθὼς καὶ ὁ κύριος ἐν παραβολαῖς τὰ πλεῖστα ἐλάλησεν ὑποδείγματα ἐκ τῶν ὁρωμένων παραβολαῖς τὰ πλεῖστα ἐλάλησεν ὑποδείγματα ἐκ τῶν ὁρωμένων λαμβάνων «κόκκῳ σινάπεως» καὶ «ζύμῃ» καὶ «θησαυρῷ» τὴν βασιλεία παρεικάζων· «ἀνοίξω» γάρ φησιν «ἐν παραβολαῖς τὸ στόμα μου, ἐρεύξομαι κεκρυμμένα ἀπὸ καταβολῆς κόσμου»). Der lateinische Übersetzer verkürzt seinen Text gegenüber der griechischen Vorlage, indem er den Hinweis auf Senfkorn und Sauerteig (Mt. 13,31.33) sowie den zweiten Teil des Zitats von Ps. 77,2 auslässt. Die singuläre Wortumstellung *aperiam os meum in parabolis* lässt sich weder durch den griechischen Text noch durch lateinische Texttradition erklären.

Mt. 13,43: *tunc iusti fulgebunt sicut sol in regno patris eorum* (τότε οἱ δίκαιοι ἐκλάμψουσιν ὡς ὁ ἥλιος ἐν τῇ βασιλείᾳ τοῦ πατρὸς αὐτῶν); 16r,24f.: *tunc fulgebunt iusti ut sol in regno patris eorum*. Pseudo-Makarios folgt exakt dem Wortlaut des NTG, für den lateinischen Wortlaut, der sich durch *ut* und Umstellung von *fulgebunt iusti* vom Wortlaut der Vulgata unterscheidet, gibt es keinen patristischen Beleg.

Mt. 15,19: *de corde enim exeunt cogitationes malae* (ἐκ γὰρ τῆς καρδίας ἐξέρχονται διαλογισμοὶ πονηροί); 8v,24f.: *ex corde enim procedunt cogitationes malae*. Pseudo-Makarios zitiert hier nicht, wie in den Editionen angegeben, Mc. 7,21 (*ab intus enim de corde hominum cogitationes malae procedunt*/ἔσωθεν γὰρ ἐκ τῆς καρδίας τῶν ἀνθρώπων οἱ διαλογισμοὶ οἱ κακοὶ ἐκπορεύονται; vgl. VL 17,374), sondern Mt. 15,19, und zwar exakt im selben Wortlaut, wie ihn das NTG bietet. Der Übersetzer folgt seiner Vorlage genau und erstellt so einen sonst nirgends bezeugten Bibeltext. Am nächsten verwandt ist der Bibeltext des Rufin, der auch *procedunt* verwendet, *de* statt *ex* setzt und *enim* auslässt.

*Mt. 17,1: *et ducit illos in montem excelsum seorsum et transfiguratus est ante eos* (καὶ ἀναφέρει αὐτοὺς εἰς ὄρος ὑψηλὸν κατ᾽ ἰδίαν καὶ μετεμορφώθη ἔμπροσθεν αὐτῶν); 16r,18f.: *quando dominus ascendit in montem, et transfiguravit semetipsum in gloriam deitatis* (ἀνελθὼν εἰς τὸ ὄρος ὁ κύριος «μετεμορφώθη» εἰς τὴν θεϊκὴν αὐτοῦ δόξαν).

Mt. 24,47 (cf. Lc. 12,44): *amen dico vobis quoniam super omnia bona sua constituet eum* (ἀμὴν [Lc.: ἀληθῶς] λέγω ὑμῖν, ὅτι ἐπὶ πᾶσιν τοῖς ὑπάρχουσιν αὐτοῦ καταστήσει αὐτόν); 7v,23–25: *amen dico vobis, quoniam super omnia sua constituet eum*. Der griechische Text (B4,29,2) entspricht abgesehen von der orthographischen Variante (πᾶσι anstelle von πᾶσιν) exakt dem Wortlaut des NTG; der lateinische Übersetzer gibt τοῖς ὑπάρχουσιν αὐτοῦ mit bloßem *sua* (ohne *bona*) wieder, eine in der Spätantike sonst nie bezeugte Variante.

Mc. 7,21: s. Mt. 15,19.

Lc. 12,44: s. Mt. 24,47.

*Lc. 18,7–28: 3v,26f.: *secundum quod dominus dicebat de iudice iniquitatis. De vidua sermo narrans edocuit* (καθὼς ὁ κύριος ἔλεγε περὶ τοῦ ἀδίκου κριτοῦ καὶ τῆς χήρας διεξερχόμενος τὸν λόγον + Zitat von Lc. 18,7f.). Am fragmentarischen Ende von f. 3v wird auf die Perikope von der Witwe und dem ungerechten Richter verwiesen. Das Zitat von Lc. 18,7f. ist nicht mehr vorhanden; zu dieser Stelle s. FITSCHEN, Messalianismus, 253.

*Lc. 21,18: *et capillus de capite vestro non peribit* (καὶ θρὶξ ἐκ τῆς κεφαλῆς ὑμῶν οὐ μὴ ἀπόληται); 1v,16f.: *et capilli non disperient iuxta quod scriptum est* (καὶ θρὶξ οὐκ ἀπόλλυται, καθὼς γέγραπται). Die Stelle wird zwar als Bibelzitat markiert, aber nur in paraphrasierender Form.

Io. 1,3: *omnia per ipsum facta sunt et sine ipso factum est nihil* (πάντα δι' αὐτοῦ ἐγένετο, καὶ χωρὶς αὐτοῦ ἐγένετο οὐδὲ ἕν, ὃ γέγονεν); 13r,1–4: *nam hoc verbum in substantia deus est, sine quo factum est nihil. Ait enim evangelista: Per eum facta sunt omnia*. Die Anspielung auf den Johannesprolog (Io. 1,1–3) ist evident. Der exakte Wortlaut des Zitats *per eum facta sunt omnia* ist jedoch in lateinischer patristischer Literatur sonst nicht bezeugt, was nahelegt, dass der Übersetzer (die griechische Vorlage zu dieser Stelle ist unbekannt) unabhängig von anderen Bibelübersetzungen gearbeitet hat.

Io. 3,16: *sic enim dilexit deus mundum, ut filium suum unigenitum daret* (οὕτως γὰρ ἠγάπησεν ὁ θεὸς τὸν κόσμον ὥστε τὸν υἱὸν [αὐτοῦ add. aliquot codices] τὸν μονογενῆ ἔδωκεν); 7v,20–22: *sic enim dilexit deus mundum, ut filium suum unicum daret pro eo* (οὕτω γὰρ ἠγάπησεν ὁ θεὸς τὸν κόσμον, ὅτι τὸν υἱὸν αὐτοῦ μονογενῆ ἔδωκεν ὑπὲρ αὐτοῦ); VL 19,210–213. Der griechische Pseudo-Makarios-Text unterscheidet sich vom NTG durch die Verwendung von ὅτι (so mehrmals bei Iohannes Chrysostomos), durch Auslassung des zweiten τόν und den Zusatz von ὑπὲρ αὐτοῦ; Letzteres geht entweder auf eine Variante im Bibeltext (so z.B. auch in Apophth. patr. 18,46,64) oder auf Kontamination mit dem Bibelzitat Rom. 8,32: ὑπὲρ ἡμῶν πάντων παρέδωκεν zurück, das danach zitiert wird. Der lateinische Übersetzer behält diesen Zusatz getreu seiner Vorlage bei.

*Unicum* ist im lateinischen Bibeltext gut bezeugt, aber derselbe Wortlaut (ohne *pro eo*) nur bei Leo serm. 58,4 rec. β.

Rom. 7,24: *quis me liberabit de corpore mortis huius* (τίς με ῥύσεται ἐκ τοῦ σώματος τοῦ θανάτου τούτου;); 10r,24f.: Der Vers ist sowohl in der griechischen als auch in der lateinischen Fassung identisch mit den Referenztexten und im vorliegenden Wortlaut oft bezeugt; der einzige Unterschied im überlieferten lateinischen Text (*liberavit* statt *liberabit*) ist eher eine orthographische Variante als eine Variante in der Tempusverwendung; s. oben S. 34.

Rom. 8,14: *quicumque enim spiritu dei aguntur, ii sunt filii dei* (ὅσοι γὰρ πνεύματι θεοῦ ἄγονται, οὗτοι υἱοὶ θεοῦ εἰσι); 16r,16f.: *quotquot enim spiritu dei aguntur, hii filii sunt dei*. Pseudo-Makarios zitiert das NTG wörtlich; der lateinische Wortlaut entspricht exakt der in Afrika (Augustinus, Fulgentius) dominierenden Version.

Rom. 8,32: *quomodo non etiam cum illo omnia nobis donabit?* (πῶς οὐχὶ καὶ σὺν αὐτῷ τὰ πάντα ἡμῖν χαρίσεται;); 7v,22f.: *quomodo ergo non omnia cum ipso nobis donabit?* Pseudo-Makarios zitiert das NTG wörtlich; der lateinische Übersetzer modifiziert das Zitat, indem er durch Umstellung die Wortfolge *cum illo omnia* herstellt. Das überschießende *ergo* ist wohl als Übersetzungsvarietät zu καί aufzufassen. Dass die Handschrift *donavit* statt *donabit* verwendet, ist als innerlateinische orthographische Variante zu werten.

1 Cor. 2,10: *profunda dei* (τὰ βάθη τοῦ θεοῦ); 12v,23f.: *altitudines dei* (τὰ βάθη τοῦ θεοῦ).

*1 Cor. 2,12: *nos autem non spiritum huius mundi accepimus, sed spiritum qui ex deo est* (ἡμεῖς δὲ οὐ τὸ πνεῦμα τοῦ κόσμου ἐλάβομεν ἀλλὰ τὸ πνεῦμα τὸ ἐκ τοῦ θεοῦ); 12r,12f.: *nemo hominum plenus spirituum mundanorum agnoscit* (οὐδεὶς ἀνθρώπων τῶν πεπληρωμένων τοῦ πνεύματος τοῦ κόσμου ἐν δυνάμει γινώσκει). Dass Pseudo-Makarios auf diese Stelle rekurriert, wird aus dem folgenden wörtlichen Zitat aus 1 Cor. 2,13f. deutlich; ἐν δυνάμει bleibt unübersetzt.

1 Cor. 2,13f.: *spiritalibus spiritalia comparantes. Animalis autem homo non percipit ea, quae sunt spiritus dei; stultitia enim est illi* (πνευματικοῖς πνευματικὰ συγκρίνοντες. Ψυχικὸς δὲ ἄνθρωπος οὐ δέχεται τὰ τοῦ πνεύματος τοῦ θεοῦ· μωρία γὰρ αὐτῷ ἐστιν); 12r,16–19: *spiritalibus spiritalia comparantes; animalis autem homo non recipit quae sunt spiritalia: stultitia enim est ei*. Der griechische Text entspricht exakt dem Wortlaut des NTG, im Lateinischen finden sich nur geringfügige Abweichungen, die jedoch einen sonst nicht bezeugten Bibeltext herstellen: *recipit* anstelle von *percipit* begegnet auch in den Übersetzungen des Hieronmyus und des Rufin: Rufin. Orig. princ. 2,8,2; Hier. hom. Orig. in Luc. 36, p. 207,12; vgl. auch Hier. in Mal. 2, 510; Hier. in Gal. 5,17. Die Verwendung von *quae sunt spiritalia* anstelle von *quae sunt spiritus dei* ist singulär. *Ei* anstelle von *illi* begegnet in Hil. in psalm. 118 phe (= 17) 5 (CCSL 61A, 163,12).

*1 Cor. 3,11: *fundamentum ... quod est Christus Iesus* (θεμέλιον ... ὅς ἐστιν Ἰησοῦς Χριστός); 13v,9f.: *Iesus Christus ipse est fundamentum* (ὁ κύριος ἡμῶν Ἰησοῦς Χριστὸς αὐτός ἐστιν ὁ θεμέλιος). Die Wortfolge ist sonst nicht bezeugt.

1 Cor. 15,26: *novissima autem inimica destruetur mors* (ἔσχατος ἐχθρὸς καταργεῖται ὁ θάνατος); 1r,12f.: *novissime inimica destruetur mors*. Das Zitat entspricht im Griechischen exakt dem Wortlaut des NTG; der lateinische Übersetzer verzichtet auf im Lateinischen geläufiges *autem* und gibt ἔσχατος mit dem Adverb *novissime* wieder. In exakt demselben Wortlaut findet sich das Bibelzitat bei Hieronymus und (Ps.-)Primasius.

*2 Cor. 3,3: *scripta non atramento sed spiritu dei vivi non in tabulis lapideis sed in tabulis cordis carnalibus* (ἐγγεγραμμένη οὐ μέλανι ἀλλὰ πνεύματι θεοῦ ζῶντος, οὐκ ἐν πλαξὶν λιθίναις ἀλλ' ἐν πλαξὶν καρδίαις σαρκίναις); 8v,9–14: *non enim in scripturis tantummodo debent instrui, quae atramento sunt scriptae; sed in latitudine cordis gratia dei et leges spiritus et caelestia mysteria scribantur in corda eorum* (οὐκ ὀφείλουσιν οὖν εἰς τὰς γραφὰς μόνον τὰς διὰ μέλανος γεγραμμένας πληροφορεῖσθαι, ἀλλὰ καὶ εἰς τὰς πλάκας τῆς καρδίας ἡ χάρις τοῦ θεοῦ ἐγγράφει τοὺς νόμους τοῦ πνεύματος καὶ τὰ ἐπουράνια μυστήρια). Die evidente Anspielung wurde bisher noch nicht nachgewiesen; cf. 13r,4f.: *hoc verbum non scribitur atramento*; 13r,12–14: *illi sermones, qui per spiritum sunt, non scribuntur atramento*.

2 Cor. 3,18: *nos vero omnes revelata facie gloriam domini speculantes in eandem imaginem transformamur a claritate in claritatem* (ἡμεῖς δὲ πάντες ἀνακεκαλυμμένῳ προσώπῳ τὴν δόξαν κυρίου κατοπτριζόμενοι τὴν αὐτὴν εἰκόνα μεταμορφούμεθα ἀπὸ δόξης εἰς δόξαν); 14r,2: *omnes autem nos revelata facie gloriam dei tamquam per speculum intuemur, in eandem imaginem reformati de gloria in gloriam* (ἡμεῖς δὲ πάντες ἀνακεκαλυμμένῳ προσώπῳ τὴν δόξαν τοῦ θεοῦ – τουτέστι τὸ νοερὸν φῶς – κατοπτριζόμεθα τὴν αὐτὴν εἰκόνα ἀναμορφούμενοι ἀπὸ δόξης εἰς δόξαν). Der griechische Text ist vom NTG in zweifacher Hinsicht unterschieden: Erstens sind analog zu biblischer Sonderüberlieferung Partizip und finite Verbalform vertauscht (κατοπτριζόμεθα ... ἀναμορφούμενοι anstelle von κατοπτριζόμενοι ... μεταμορφούμεθα), und zweitens wird κυρίου durch τοῦ θεοῦ ersetzt. Der lateinische Übersetzer folgt beiden Anomalien und kreiert so einen sonst nicht bezeugten Bibeltext. *Dei* ist zwar auch bei anderen lateinischen Kirchenschriftstellern wie Ambrosius, Augustinus, Hilarius u.a. bezeugt, nicht aber die Umstellung. Auffällig ist auch, dass für κατοπτριζόμεθα nicht *speculamur*, sondern (unter dem Einfluss von 1 Cor. 13,12?) *tamquam per speculum intuemur*, und (wie bei Ambrosius und Hieronymus) *reformare* anstelle üblichem *transformare* verwendet wird – dies kann freilich auch durch die Verwendung von ἀναμορφούμενοι anstelle von μεταμορφούμεθα bedingt sein.

2 Cor. 7,1: *has ergo habentes promissiones, carissimi, mundemus nos ab omni inquinamento carnis* (ταύτας οὖν ἔχοντες τὰς ἐπαγγελίας, ἀγαπητοί, καθαρίσωμεν ἑαυτοὺς ἀπὸ παντὸς μολυσμοῦ σαρκὸς καὶ πνεύματος); 4v,27f.: *has habentes*

*promissiones mundemus nos ab omni carnis* ... . Der griechische Text bietet das Zitat in exakt demselben Wortlaut wie das NTG. In der lateinischen Fassung ist es nur fragmentarisch erhalten. Weder die Auslassung von *ergo* noch die Umstellung von *carnis* ist anderswo bezeugt.

*2 Cor. 10,4f.: *ad destructionem munitionum, consilia destruentes, et omnem altitudinem extollentem se adversus scientiam dei et in captivitatem redigentes omnem intellectum in obsequium Christi* (πρὸς καθαίρεσιν ὀχυρωμάτων λογισμοὺς καθαιροῦντες καὶ πᾶν ὕψωμα ἐπαιρόμενον κατὰ τῆς γνώσεως τοῦ θεοῦ καὶ αἰχμαλωτίζοντες πᾶν νόημα εἰς τὴν ὑπακοὴν τοῦ Χριστοῦ); 10r,26: *contra scientiam regis caelestis* (κατὰ τῆς γνώσεως τοῦ ἐπουρανίου βασιλέως); 11r,21–23: *altitudines et castra cogitationum pravarum, quas contra scientiam dei conceperant* (τὰ ὀχυρώματα καὶ τὰ ὑψώματα τῶν πονηρῶν διαλογισμῶν τὰ ὄντα κατὰ τῆς γνώσεως τοῦ θεοῦ).

2 Cor. 11,3: *timeo autem, ne sicut serpens Evam seduxit astutia sua, ita corrumpantur sensus vestri* (φοβοῦμαι δὲ μή πως ὡς ὁ ὄφις ἐξηπάτησεν Εὔαν ἐν τῇ πανουργίᾳ αὐτοῦ, φθαρῇ τὰ νοήματα ὑμῶν); 5v,10–12: *timeo enim, ne sicut serpens Evam fefellit astutia sua, ita corrumpantur sensus vestri* (φοβοῦμαι μήπως ὡς ὁ ὄφις Εὔαν ἐξηπάτησεν ἐν τῇ πανουργίᾳ αὐτοῦ, οὕτω φθαρῇ τὰ νοήματα ὑμῶν). Der Bibeltext des Pseudo-Makarios weicht nur geringfügig vom neutestamentlichen Referenztext ab: er stellt mit Εὔαν ἐξηπάτησεν die Wortfolge um, lässt analog zu zahlreichen Textzeugen des NTG δέ aus und fügt οὕτω ein. In der lateinischen Übersetzung ist die Verwendung von *enim* singulär; *fefellit* findet sich nur bei Augustinus.

*Eph. 1,5: *qui praedestinavit nos in adoptionem filiorum* (προορίσας ἡμᾶς εἰς υἱοθεσίαν); 16r,14f.: *in adoptionem filiorum vocatus es* (κέκληται δὲ εἰς υἱοθεσίαν).

*Eph. 2,20: *ipso summo angulari lapide Christo Iesu* (ὄντος ἀκρογωνιαίου αὐτοῦ Χριστοῦ Ἰησοῦ): 13v,9–11: *Iesus Christus ipse est fundamentum, ipse perfectio, ipse angularis* (ὁ κύριος ἡμῶν Ἰησοῦς Χριστὸς αὐτός ἐστιν ὁ θεμέλιος καὶ αὐτός ἐστι τὸ συμπλήρωμα, ὁ ἀκρογωνιαῖος); VL 24/1,96.

*Eph. 4,21: *et in ipso edocti estis* (καὶ ἐν αὐτῷ ἐδιδάχθητε); 8v,6f.: *isti ab hominibus non docentur, sed a deo sunt docti* (οὗτοι παρὰ ἀνθρώπων οὐδὲν μανθάνουσι· θεοδίδακτοι γάρ εἰσιν); VL 24/1,178. Es ist fraglich, ob sich Ps.-Makarios wirklich auf Eph. 4,21 bezieht (so die Angabe der VL). FITSCHEN, Messalianismus, 232, bezieht den griechischen Text wegen θεοδίδακτοι mit Vorbehalt („wohl nach") auf 1 Thess. 4,9 (αὐτοὶ γὰρ ὑμεῖς θεοδίδακτοί ἐστε).

*Eph. 6,11: *induite vos armaturam dei, ut possitis stare adversus insidias diaboli* (ἐνδύσασθε τὴν πανοπλίαν τοῦ θεοῦ πρὸς τὸ δύνασθαι ὑμᾶς στῆναι πρὸς τὰς μεθοδείας τοῦ διαβόλου); 3v,6: (*si indumentum ineffabilis luminis*) *induta es, ut possis adversus machinamenta resistere diaboli*; VL 24/1,276. Der griechische Text fehlt an der vorliegenden Stelle, an der Parallelstelle B50,4,5,6 stimmt die griechische Fassung mit NTG fast völlig überein: πρὸς τὸ δύνασθαι ὑμᾶς ἀντιστῆναι (NTG: στῆναι) πρὸς τὰς μεθοδείας τοῦ διαβόλου. Nach dem Zeugnis von VL

24/1,279 finden sich einzelne Begriffe bei verschiedenen lateinischen Autoren, nicht jedoch der ganze Satz im selben Wortlaut.

Phil. 3,20: *nostra autem conversatio in caelis est* (ἡμῶν γὰρ τὸ πολίτευμα ἐν οὐρανοῖς ὑπάρχει); 12v,27f.: *nostra autem conversatio in caelis est* (ἡμῶν δὲ τὸ πολίτευμα ἐν οὐρανοῖς ὑπάρχει). Der Übersetzer verwendet den im Lateinischen allgemein üblichen Wortlaut; vgl. VL 24,220–225.

*Col. 1,13: *qui eripuit nos de potestate tenebrarum* (ὃς ἐρρύσατο ἡμᾶς ἐκ τῆς ἐξουσίας τοῦ σκότους); 15r,16f.: *redimendo nos de carcere tenebrarum* (ῥυσάμενος αὐτοὺς ἐκ τῆς φυλακῆς τοῦ σκότους); VL 24/2,325–328.

1 Thess. 5,19: *spiritum nolite extinguere* (τὸ πνεῦμα μὴ σβέννυτε); 9v,20: *spiritum ne extinxeritis*; VL 25,283. Pseudo-Makarios zitiert exakt im Wortlaut des NTG; der Übersetzer bevorzugt die Variante der Vetus Latina (Hs. X).

*1 Tim. 4,4: *quia omnis creatura dei bona est* (ὅτι πᾶν κτίσμα θεοῦ καλόν); 2v,17–19: *quia a fabricatore malum nihil constat esse creatum*; VL 25,528. Der Anklang an die Stelle lag in der griechischen Fassung noch nicht vor (εἰ δέ φαμεν οὕτως ὑπὸ τοῦ δημιουργοῦ κτισθῆναι [sc. τὰς εἰς τὸ κακὸν τετραμμένας νοερὰς οὐσίας], ἄδικον κριτὴν λέγομεν τὸν θεόν), sondern wurde erst vom lateinischen Übersetzer hergestellt.

1 Tim. 6,5: *conflictationes hominum mente corruptorum* (διαπαρατριβαὶ διεφθαρμένων ἀνθρώπων τὸν νοῦν); VL 25,596; bzw. 2 Tim. 3,8: *homines corrupti mente* (ἄνθρωποι κατεφθαρμένοι τὸν νοῦν); VL 25,766; 5v,7f.: *hominum enim corrupta mens* (ἀνθρώπων, γάρ φησιν, διεφθαρμένων τὸν νοῦν). Welche von beiden Stellen dem Zitat zugrundeliegt, ist kaum zu entscheiden. Der Übersetzer simplifiziert die Bibelstelle, indem er den Accusativus Graecus zum Nominativ macht und darauf *corruptus* bezieht. Die so entstandene Version ist sonst nirgends bezeugt.

*2 Tim. 2,21: *erit vas in honorem sanctificatum et utile domino ad omne opus bonum paratum* (ἔσται σκεῦος εἰς τιμήν, ἡγιασμένον, εὔχρηστον τῷ δεσπότῃ, εἰς πᾶν ἔργον ἀγαθὸν ἡτοιμασμένον): 16r,1f.: *... legitimum deo et perfectis spiritalibus manifestum* (σκεῦος τίμιον, μόνῳ θεῷ καὶ τοῖς τελείοις καὶ πνευματοφόροις γνωριζόμενον καὶ νοούμενον); VL 25,735. Dass diese Bibelstelle dem Text zugrundeliegt, ist möglich, aber nicht sicher; der Anfang des lateinischen Bibelzitats ist verstümmelt.

2 Tim. 3,8: s. 1 Tim. 6,5

Tit. 1,15: *sed inquinatae sunt eorum et mens et conscientia* (ἀλλὰ μεμίανται αὐτῶν καὶ ὁ νοῦς καὶ ἡ συνείδησις); 5v,8f.: *coinquinata est eorum mens et conscientia* (μεμίανται αὐτῶν καὶ ὁ νοῦς καὶ ἡ συνείδησις); VL 25,881. Pseudo-Makarios zitiert die Stelle in der Mitte der Zitatkette 1 Tim. 6,5 (= 2 Tim. 3,8); Tit. 1,15; 2 Cor. 11,3. Der lateinische Wortlaut stimmt mit Theod. Mops. in Tit. 1,15 überein.

*Tit. 3,4: *cum autem benignitas et humanitas apparuit salvatoris nostri dei* (ὅτε δὲ ἡ χρηστότης καὶ ἡ φιλανθρωπία ἐπεφάνη τοῦ σωτῆρος ἡμῶν θεοῦ); 11v,15–17: *quando autem inlustravit bonitas salvatoris nostri Iesu Christi* (ὅτε δὲ ἐπεφάνη ἡ ἀγαθότης τοῦ σωτῆρος Ἰησοῦ Χριστοῦ); VL 25,918f. Der lateinische Wortlaut ist singulär (intransitives *inlustravit* ist ein semantisches Hapax legomenon) und folgt eng der griechischen Vorlage. Auch wenn sich der Übersetzer mit dem Zusatz *nostri* dem überlieferten Bibeltext annähert (vielleicht stand in seiner Vorlage ἡμῶν), bleibt fraglich, ob ihm der Zitatcharakter bewusst war.

*1 Petr. 1,8: *exsultabitis laetitia inenarrabili* (ἀγαλλιᾶσθε χαρᾷ ἀνεκλαλήτῳ); 15r,2f.: *et gaudent gaudio, quod non potest enarrari* (χαίρουσι χαρᾷ ἀνεκλαλήτῳ); VL 26/1,449. Sowohl im Griechischen als auch im Lateinischen wird der Bibeltext in einer figura etymologica präsentiert; zu *gaudio gaudere* vgl. auch Io. 3,29: *gaudio gaudet propter vocem sponsi*.

*1 Petr. 3,22: *ut vitae aeternae heredes efficeremur* (fehlt im griechischen Text); 3r,13–16: *morte aeterna remorietur in poenis, quia digna non est effecta aeternae vitae particeps esse* (ἀποθνῄσκει ζωῆς αἰωνίου θεότητος μὴ καταξιωθεῖσα); VL 26/1,462; vgl. auch Tit. 3,7: *ut iustificati gratia ipsius heredes simus/efficiamur secundum spem vitae aeternae* (ἵνα δικαιωθέντες τῇ ἐκείνου χάριτι κληρονόμοι γενηθῶμεν κατ' ἐλπίδα ζωῆς αἰωνίου).

*Hebr. 6,7f.: *generans herbam opportunam ... proferens autem spinas ac tribulos, reproba est, et maledicto proxima, cuius consummatio in combustionem* (τίκτουσα βοτάνην εὔθετον ... ἐκφέρουσα δὲ ἀκάνθας καὶ τριβόλους, ἀδόκιμος καὶ κατάρας ἐγγύς, ἧς τὸ τέλος εἰς καῦσιν); 4r,13–17: *sicut enim agricola utiliter terrae agens curam primum renovat eam et mundat spinas et tribulos, et tunc semina mittit, ut opportune fructus restituat* (ὥσπερ γὰρ ἀνὴρ γεωργὸς καλῶς ἐπιμελούμενος τῆς γῆς πρότερον ἀνανεοῖ αὐτὴν καὶ καθαίρει τὰς ἀκάνθας καὶ τριβόλους, καὶ οὕτω σπόρον καταβάλλει πρὸς τὸ ἐπιτηδείους καὶ ἐντελεῖς δοῦναι τοὺς καρπούς). Dass die Textstelle, wie in VL 25/2,1272.1274 angegeben wird, tatsächlich auf das Bibelzitat anspielt, ist höchst unsicher.

Hebr. 8,2: *sanctorum minister* (τῶν ἁγίων λειτουργός); 7v,26: *minister sanctorum*. Das Zitat war noch nicht erkannt und fehlt daher in VL 25/2,1352–1354.

Hebr. 10,16: s. Ier. 31,33.

## 2 Zur vorliegenden Edition

Der Fortschritt dieser Edition gegenüber Mai besteht sowohl auf quantitativer als auch auf qualitativer Ebene. Mai selbst hatte nur ca. zwei Drittel des gesamten Texts gedruckt und dabei alles, was schwer lesbar war, ausgelassen. Daher fehlen in seiner Edition ganze Seiten (7r, 13r) oder größere Abschnitte (v.a. 12v, 14r, 11r, 5r, 6r, 3r, 1v, 8r, 8v, 7v, 2r, 2v, 9v). Außerdem hat er aus Zeitmangel auf die Transkription der letzten drei Seiten (15v–16v) und die Wiedergabe kurzer Textteile verzichtet (1r, 6v, 9r, 10r). Immer wieder hat er einzelne Zeilen (13v, 14r, 14v, 11v …) durch Augensprung ausgelassen, zahlreiche Fehllesungen fanden Eingang in seinen Text. Viele Änderungen am Text sind bei Mai nicht dokumentiert; das betrifft vor allem die Schreibung des Schluss-*m* (*terra/terram* usw.), die er ohne Hinweis im textkritischen Apparat korrigierte.

Die vorliegende Edition präsentiert den Text des lateinischen Pseudo-Makarios in folgender Weise: Auf der linken Seite befinden sich eine Transkription des Texts und ein kritisch edierter Text, auf der rechten Seite ist der griechische Text der Referenzedition abgedruckt. Die Texte folgen dem Zeilenfall des Palimpsests und sind nach der oben 1.3.4 rekonstruierten Abfolge angeordnet: **13.12.14.15.10.11.5.4.6.3.1. 8.7.2.9.16**. Der Zusatz recto (r) bezeichnet die Vorderseite, verso (v) die Rückseite. Die Anordnung folgt nicht den Blättern der Horazhandschrift, sondern verbindet zusammengehörende Texte des Palimpsests. Um dem Benutzer die Orientierung und das Auffinden von Zitaten – ich zitiere nach Folien und Zeilennummer – zu erleichtern, sind in der Kopfzeile der rechten Seite alle Foliennummern in der rekonstruierten Folge angegeben und die jeweils aktuelle Blattnummer durch Fettdruck hervorgehoben. Die Folienangabe findet sich darüber hinaus jeweils am äußeren Rand der Seite.

Die linke Spalte enthält in kleinerem Druck eine diplomatische Transkription der Handschrift. Unsichere Lesungen sind durch punktierte Unterstreichung markiert. Wie in der Handschrift werden in dieser Textfassung keine Majuskeln gesetzt, zwischen *u* und *v* wird nicht unterschieden, es gibt keine Interpunktionen, Abkürzungen werden nicht aufgelöst. Diakritische Zeichen werden nur dann verwendet, wenn sie auch in der Handschrift stehen: Dazu gehören über der Zeile angebrachte Kürzungsstriche bei Nomina sacra, Hochpunkte zur Kürzung von *-bus* und *-que* und „Anführungszeichen" in Form einer Diple (links offene ovale Halbkreise am Zeilenbeginn) zur Auszeichnung von Bibelzitaten (s. S. 8). Ebenso wird in dieser Spalte versucht, graphische Besonderheiten im Druckbild nachzuahmen: Dazu gehören Spatien, Ligaturen, Hochstellung, Korrekturen einzelner Buchstaben sowie überlappender Text am Seitenende.

Die rechte Spalte enthält den kritisch edierten Text, der nach den editorischen Gepflogenheiten des CSEL gestaltet ist: Großschreibung am Satzbeginn bzw. bei Eigennamen, Interpunktionen, Unterscheidung zwischen vokalischem *u* und halbvokalischem *v*, wörtliche Bibelzitate in kursiver Schrift etc. Orthographische Änderungen (s. oben 1.4.4) sind ohne Angabe im textkritischen Apparat berichtigt, können aber durch Vergleich mit der Transkription leicht gefunden werden. Morphologisch relevante Textänderungen (z.B. Schreibung/Auslassung des Schluss-*m*) sind wie alle anderen Konjekturen im Apparat ausgewiesen (s. oben 1.4.3). Im Gegenzug wird, um die Lesbarkeit des Texts nicht zu beeinträchtigen, auf Asterisken, die auf eine Konjektur hinweisen, verzichtet. Ergänzungs- und Tilgungsklammern sind nur verwendet, wenn ganze Wörter eingefügt oder getilgt werden. Abgesehen von wenigen Ausnahmen folgt der Zeilenfall dem der Handschrift (unübliche Silbentrennung wie z.B. 11r,3f.: *immunditi-a* wird vermieden). Das gilt auch für die Zahl der Leerzeilen bei Textübergängen, die in der Handschrift keiner festen Regel folgen. Cruces † † weisen auf einen *locus desperatus* hin, z.B. 13r,19f.; 3v,10: *aut si*. Passagen, die vom griechischen Referenztext deutlich abweichen, sind zum Zweck der leichteren Auffindbarkeit in Fettdruck hervorgehoben. Schwer lesbare Passagen des Palimpsests, aus denen kein Text konstituiert werden kann, sind durch spitze Klammern ⟨...⟩ markiert. Anfang und Ende der Fragmente sind durch zwei senkrechte Striche ‖ gekennzeichnet.

Auf den kritischen lateinischen Text beziehen sich drei Apparate: ein Apparat der verfügbaren Textzeugen und Editionen, ein Apparat der zitierten Bibelstellen und ein textkritischer Apparat. In diesem sind mögliche, aber nicht in den Text aufgenommene Konjekturen mit *fortasse melius* versehen. Der textkritische Apparat ist grundsätzlich als negativer Apparat anzusehen; stimmt aber ein nur sporadisch angegebener Textzeuge (z.B. punktuelle Lesungen oder Konjekturen von Hauler, Rönsch oder Serventi) mit dem Lemma überein, ist der Apparat positiv.

Auf der rechten Seite ist der griechische Referenztext bzw. (im Fall von fol. 13) die deutsche Übersetzung aus dem Arabischen ohne Textänderung abgedruckt: Der Zeilenfall wurde an den des Palimpsests angeglichen, Übereinstimmungen mit der lateinischen Übersetzung sind unterstrichen (weniger klare sind punktiert unterstrichen), textkritisch relevante Abweichungen werden durch Fettdruck hervorgehoben. Die kritischen Apparate sind aus den Editionen der Referenztexte vollständig übernommen (s. oben 1.2.1) und nach „Maßgabe der Verständlichkeit teils positiv teils negativ angelegt."[105] Abweichender Text der Parallelüberlieferung und deren handschriftlich bezeugte Varianten werden im Apparat dokumentiert. Darüber hinaus sind in den kritischen Apparat des griechischen Texts einige aus dem lateinischen Text rekonstruierte Varianten aufgenommen, unabhängig davon, ob sie im griechischen Exemplar, das dem lateinischen Übersetzer vorlag, vorhanden waren oder vom Übersetzer falsch gelesen bzw. falsch verstanden wurden; diese nur hypothetisch rekonstruierten Varianten werden mit der Sigle *lat* angegeben.

---

105 KLOSTERMANN – BERTHOLD, Makarius/Symeon, XXVIII.

# Conspectus siglorum

## Siglen im Apparat zum lateinischen Text

*A*    Milano, Bibl. Ambr. O 136 sup. (S.P.II.29), s. V/VI, ff. 1r–16v (Westalpenregion)
*A* (*ser*) vom transkribierten Text abweichende Lesung Stefano Serventis
*mai*   Mai, A., Scriptorum veterum nova collectio e Vaticanis codicibus edita, vol. 3, Roma 1828, 240–247
*pl*   PL 13, 631–640 (Nachdruck von *mai*; wird nur bei Abweichungen von *mai* angeführt)
*chat*   Chatelain, É., Paléographie des classiques latins, Première partie, Paris 1884–1892, 24, pl. LXXXI
*roe*   Rönsch, H., Beiträge zur kirchlichen und vulgären Latinität in drei Palimpsesten der Ambrosiana, Zeitschrift für die österreichischen Gymnasien 36 (1885), 420–422 und 507–516; Ndr. in: H. Rönsch, Collectanea philologa, Nach dem Tode des Verfassers herausgegeben von C. Wagener, Bremen 1891, 164–175
*hau*   Hauler, E., Lexikalisches aus einem Palimpsestsermonar der Ambrosiana, Archiv für lateinische Lexicographie und Grammatik 10 (1898), 439–442 (im Apparat der verfügbaren Textzeugen wird die Sigle nur dort angegeben, wo Hauler aus der Handschrift neuen Text gegenüber Mai zitiert)
*graec*   griechische Textfassung
*ser*   mündliche/briefliche Mitteilung von Stefano Serventi
*dor*   mündliche Mitteilung von Lukas Dorfbauer

## Siglen im Apparat zum griechischen Text

*β*    Sammlung B
*B*    Città del Vaticano, BAV gr. 694, s. XIII
*b*    Athen, Εθνική Βιβλιοθήκη της Ελλάδος graec. 423, s. XIII (nur bei Abweichungen von *B* angeführt)
*A*    Città del Vaticano, BAV gr. 710, s. XIV
*Y*    Athos, Μονή Διονυσίου 269, s. XV
*x*    Consensus codicum *X C L J*
   *X*  Paris, BNF graec. 973, s. XI (an. 1045)
   *C*  Athen, Εθνική Βιβλιοθήκη της Ελλάδος graec. 272, s. XI
   *L*  Athos, Μονή Μεγίστης Λαύρας 168 (Β 48), s. XIII
   *J*  Athos, Μονή Ιβήρων 1318, s. XVIII
*R*    Athos, Μονή Αγίου Παντελεήμονος 129, s. XV

| | |
|---|---|
| N | Collectio N (Mosaiksammlung), e.g. Moskva, Государственный Исторический Музей graec. 178, s. XIV (cf. BERTHOLD, Makarios/Symeon, XXXIII–XXXVI) |
| ed | Makarios/Symeon. Reden und Briefe. Die Sammlung I des Vaticanus Graecus 694 (B), hg. von H. BERTHOLD, 2 Bde. (Logoi B2–29, Logoi B30–64), Berlin 1973 (GCS) |
| | |
| η | Sammlung H |
| K | Istanbul, Πατριαρχική Βιβλιοθήκη Panhagias 75, s. XI/XII |
| M | Moskva, Государственный Исторический Музей graec. 177, s. XII |
| $D/D^I$ | Oxford, Bodl. Libr. Barocci 213, s. XIV/XV |
| F | Berlin, SBB-PK graec. 16, s. XIII/XIV |
| $P^s$ | Paris, BNF suppl. graec. 28, s. XVI |
| $P^c$ | Paris, BNF Coislin 380, s. XIII |
| Z | Athos, Μονή Αγίου Παντελεήμονος 128, s. XVI |
| G | Athos, Μονή Μεγίστης Λαύρας 716 (H 61), s. XIV$^{ex.}$ |
| | |
| γ | Sammlung C |
| C | Athen, Εθνική Βιβλιοθήκη της Ελλάδος graec. 272, s. XI |
| R | Athos, Μονή Αγίου Παντελεήμονος 129, s. XV |
| J | Athos, Μονή Ιβήρων 1318, s. XVIII |
| | |
| lat | nach der vorliegenden lateinischen Übersetzung temptativ rekonstruierter griechischer Text |

**fol. 13r** (p. 25)

‖ **Nam** hoc verbum in substantia **deus est, sine quo factum est nihil. Ait enim evangelista: *Per eum facta sunt omnia*.** Hoc verbum non scribitur atramento, non membranis, non charta, hoc verbum cordibus hominum **a deo** inscribitur. Haec est lex spiritus in substantia, quae non deletur. Quod carnalis lingua non loquitur, quod atramento non scribitur, hoc verbum non auditur in mundo. **Illi sermones, qui per spiritum sunt, non scribuntur atramento. Omnia igitur** verba, quae scribuntur audiuntur dicuntur, non ipsa verba sunt dei, sed verba sunt **dei per homines dicta**. Illud verbum deus est. Ipsa verba †...

...† Quisquis igitur habet hoc verbum dei cordi inscriptum, in veritate deum agnovit ⟨...⟩ in scripturis ⟨...⟩ deum in veritate cognoscit, sed ⟨...⟩ mundo ⟨...⟩ per spiritum et verbum dei, quod est in substantia ⟨...⟩ in cordibus scribuntur ⟨...⟩

---

**1** nam *inc.* A

---

**1sq.** verbum...nihil] *cf.* Io. 1,1–3  **3sq.** Io. 1,3  **4sq.** non...atramento] *cf.* 2 Cor. 3,3  **6–8** hoc ... inscribitur] *cf.* Rom. 2,15  **8** lex spiritus] *cf.* Rom. 8,2  **12–14** illi...atramento] *cf.* 2 Cor. 3,3

**19sq.** quae ... habet] *vix sanum*

**TVh12,3–5 (STROTHMANN, Sondergut, 46,13–47,28)** fol. 13r

Das Wort Gottes, das Gott genannt wird, entspricht nicht dem Wort, das aus einem (p. 25) vergänglichen Mund herausgeht, sondern ist wesenhafter Geist.
Dieses Wort, das nicht
mit Tinte auf Papier geschrieben werden kann, 5
ist Geist in der Wesenheit und im Wesen;
es wird nur in das Herz gläubiger Menschen geschrieben ...
　　4. Dies ist das Gesetz des wesenhaften Geistes,
das nicht ausgelöscht, nicht mit der körper-
lichen Zunge gesprochen, nicht mit körperlichen Ohren vernommen und nicht mit 10
Tinte geschrieben wird, ... Dieses Wort
kann nicht in der Welt vernommen werden; ... Aber das Wort Gottes, mit Tinte in ein Buch geschrieben, wird in der Welt von einem jeden gehört, und wer will, spricht es aus.
　　5. Das Wort, das geschrieben, ge- 15
hört und ausgesprochen wird, ist nicht jenes Wort,
von dem wir sagten, es sei Gott: vielmehr von diesem, dem Wort Gottes

in der Wesenheit und im Wesen, wurde das Wort, das mit Tinte geschrieben wird, geschickt. Wenn 20
nun einer das Wort Gottes, das in ihm ist, das Gesetz des Geistes des Lebens, das in sein Herz geschrieben ist, besitzt, dann kennt dieser in Wahrheit Gott und erwirbt Glauben, Furcht und wahre Liebe. Denn nur durch das Wort der Schrift, das der Geist ohne die wirkliche Gemeinschaft und Einwohnung des Geistes in uns gesprochen hat, kann keiner Gott in Wahrheit erkennen. Ohne Zweifel ist dies so. Aber dies ist 25 nicht der Weg. Die Erkenntnis Gottes erfolgt in Wahrheit vielmehr im wahren Verständnis durch den Geist und das göttliche Wort, das die Wesenheit hat, sich im Menschen niederläßt, in ihm wohnt und in ihm wandelt.

Ipsa est enim vera dei agnitio, operatio spiritus sancti. Amen.

Explicit de verbo substantiali.

Incipit sermo III.

Dominus noster Iesus Christus ipse est fundamentum, ipse perfectio, **ipse** angularis. A terra est et **a** caelo: de caelo enim descendit deus et hominem adsumpsit de terra et sociatus est homini. Ecce de caelo, ecce de terra; ecce fundamentum, ecce angularem. **Hic** bene complacuit **in hominibus** et his, qui de terra sunt, dedit spiritum sanctum de caelo, ut **et** superiores et inferiores unam faceret ecclesiam, **hoc est** divinitatem humanitati permiscens. Cum autem fundamentum audieris, dominum intellege: ipsum enim fundamentum demensus est. Lapides, qui superaedificantur, parem fundamento debent habere mensuram, ut aedificatio sibi conveniens fiat ∥

---

A ∥   1 ipsa *inc. mai* (n. 1 ad frg. 1) ∥   4 substantiali *des. mai* ∥   6 incipit *inc. mai* (frg. 1) ∥   28 fiat *des. mai*

9sq. Iesus … fundamentum] *cf.* 1 Cor. 3,11   9–11 fundamentum … angularis] *cf.* Eph. 2,20   25sq. lapides … aedificantur] *cf.* Eph. 2,20

6 III] CIII *mai* (*dubitanter in nota*); VIII *hau*; VIIII A (*ser*) ∥   12 descendit A (e¹ *sl.*); dicendit *legebant mai hau*; discendit *coniecit mai* ∥   14sq. ecce² … terra *om. mai* ∥   20–22 divinitatem humanitati *scripsi iuxta graec*; divinitati humanitatem humanitati A; divinitati humanitatem divinitatem humanitati *mai* ∥   24 ipsum] ipse *proposuit mai* ∥   27sq. aedificatio sibi] aedificanti usib *legebat mai*; aedificandi usibus *coniecit mai*

Und durch (dieses Wort) <u>erkennen wir Gott in Wahrheit</u>, Zuversicht und Gewißheit.　　fol. 13v
(p. 26)

### C21,1 (106,4–14)

(1) <u>Ὁ κύριος ἡμῶν Ἰησοῦς Χριστὸς αὐτός ἐστιν ὁ θεμέλιος καὶ αὐτός ἐστι τὸ συμπλήρωμα, ὁ ἀκρο-
γωνιαῖος</u>. Ἀπὸ γὰρ <u>τῆς γῆς καὶ τοῦ οὐρανοῦ ἐστιν</u> ὁ κύριος· <u>ἐξ οὐρανοῦ
γὰρ θεὸς ἦλθε καὶ ἔλαβε τὸν ἄνθρωπον
ἀπὸ γῆς καὶ συνεκεράσθη
τῷ ἀνθρώπῳ. Ἴδε ἀπ' οὐρανοῦ</u> καὶ <u>ἴδε ἀπὸ
γῆς, ἴδε ὁ θεμέλιος</u> καὶ <u>ἴδε
ὁ ἀκρογωνιαῖος</u>. **Οὕτως** ηὐδόκησε ποιῆσαι <u>καὶ τοῖς οὖσιν ἀπὸ γῆς
ἔδωκε πνεῦμα ἅγιον ἐξ οὐρανοῦ, ἵνα
τοὺς ἄνω καὶ τοὺς κάτω ποιήσῃ μίαν
ἐκκλησίαν συγκεράσας τὴν θεότητα τῇ ἀνθρωπό
τητι. Ὅταν δὲ ἀκούσῃς θε-
μέλιον, τὸν κύριον νόη-
σον· αὐτὸς γὰρ ὁ θεμέλιος
μεμέτρηται</u> καὶ <u>οἱ ἐποικοδομούμενοι λίθοι
πρὸς ἰσόμετρον τοῦ θεμελίου
ὀφείλουσιν εἶναι, ἵνα ἡ οἰκο-
δομὴ ὑπὸ μίαν ἁρμολογίαν γένηται</u>·

---

**9** ὁ κύριος *inc. C R* ‖　**28** γένηται *des. C R*

**14** ἀπὸ] τῆς *add. C (sl.)* ‖　**16** οὕτως] οὗτος *lat* ‖　**17** ποιῆσαι] *fortasse varia lectio ex* ποιήσῃ (19) *pro* ἐν ἀνθρώποις (*cf. lat*) *falso iteratum*; τὰ ἀμφότερα ἓν *addendum proposuit Klostermann* (*cf.* Eph. 2,14sq.) | οὖσιν] συνοῦσιν *C* ‖　**18** δέδωκεν *R* ‖　**20–22** συγκεράσα ... τὴν ἀνθρωπότητα *R (mg.)* ‖　**22** ἀκούῃς *C* ‖　**23** τὸν κύριον] αὐτὸν *R*

**fol. 12r** (p. 23)

id est ad superiorem mundum et
ab hoc saeculo ad beatum et perē
nem saeculum facilius uolat
cum multa requie iam enim filii
5 dī excelsiores fiunt et superiores
sine ullo metu spuūm immundo
rum et feritatem eorum   sicut
enim uolatilia iam non timent
ferarum insidias   ut autem nᵘl
10 lus est hominum qui pecorum lo
quellas intellegat ita et linguā
sps sci nemo hominum plenus
spuūm mundanorum agnoscit
sed soli filii ꞏgratiae uerba matris
15 agnoscunt   secundum qᵘod dic
› tum est spiritalibus spiritalia
› comparantes   animalis autē
› homo non recipit quae sunt spi
› ritalia   stultitia enim est ei
20 sicut enim hominibus incognita
est erundinum uox ita et carna
les spiritalibus pro barbaris
sunt   haec autem quaedam si
militudine umbratili earum
25 quae uere sunt dicimus uolatiliū
et huiusmodi rerum sumentes
ab his quae uidentur exempla et
materiam colligentes quoniā

|| id est ad superiorem mundum, et    mai 246
ab hoc saeculo ad beatum et peren-    pl638
nem saeculum facilius volat
cum multa requie. Iam enim filii
dei excelsiores fiunt et superiores
sine ullo metu spirituum immundorum **et** feritatis **eorum**. Sicut
**enim** volatilia iam non timent
ferarum insidias. Ut **autem** nullus **est** hominum, **qui pecorum** loquellas intellegat, ita et linguam    pl639
spiritus **sancti** nemo hominum plenus
spirituum mundanorum agnoscit,
sed soli filii gratiae verba matris
agnoscunt, secundum quod dic-
tum est: *Spiritalibus spiritalia*    mai247
*comparantes; animalis autem*
*homo non recipit quae sunt spi-*
*ritalia: stultitia enim est ei.*
Sicut enim hominibus incognita
**est** hirundinum vox, ita et **carna-**
**les spiritalibus pro** barbaris
sunt. Haec **autem quadam si-**
**militudine umbratili** eorum,
quae vere sunt, dicimus, volatilium
et **huiusmodi rerum sumentes**
**ab** his, quae videntur, **exempla et**
**materiam colligentes**, quoniam

---

A ‖   **1** id *inc. mai* (frg. 13c; *cum fine* frg. 13b *lacuna interiecta coniungit*)

**13** spirituum mundanorum] *cf.* 1 Cor. 2,12   **16–19** 1 Cor. 2,13sq.

**2sq.** perenne *mai* ‖   **7** feritatis *mai*; feritatem *A* ‖   **10sq.** loquellam *mai* ("ita cod.") ‖   **14** gratiae] g *ex* r *A* ‖   **21** hirundinum *mai*; erundinum *A* ‖   **21sq.** carnalibus spiritales *magis graeco respondet* ‖   **23** quadam *mai*; quaedam *A* ‖   **24** eorum *mai*; earum *A*; earum rerum *fortasse melius* ‖   **25** vera *mai*

## C16,2,4–3,2 (80,16–82,1) fol. 12r

τουτέστιν ἀπὸ τοῦ κόσμου τούτου εἰς τὸν ἄνω κόσμον καὶ ἀπὸ τοῦ αἰῶνος τούτου εἰς (p. 23)
τὸν μακάριον καὶ ἄφθαρτον καὶ ἄπειρον αἰῶνα) εὐκόλως ὁ νοῦς ἵπταται ἐν πολλῇ
ἀμεριμνίᾳ καὶ ἀναπαύσει ὑπὸ τῶν πτερύγων τοῦ πνεύματος βασταζόμενος καὶ
ὁδηγούμενος «εἰς ὀπτασίας καὶ ἀποκαλύψεις» μυστηρίων ἐπουρανίων καὶ εἰς 5
θεωρίας πνευματικὰς ἀρρήτους, ἅσπερ γλῶσσα σαρκὸς λαλῆσαι οὐ δύναται. (5)
Λοιπὸν γὰρ τὰ τέκνα τοῦ θεοῦ ἀνώτερα καὶ ὑψηλότερα γίνονται τῆς κακίας ὑπὸ τοῦ
πνεύματος δυναμωθέντα καὶ εἰς οὐρανοὺς τὴν δίαιταν ἔχοντα, μηκέτι φοβούμενα
τὴν τῶν ἀκαθάρτων πνευμάτων ἀγριότητα. Ὃν τρόπον τὰ νοσσία ἀνδρωθέντα καὶ
τῶν πτερύγων τελείως αὐξηθέντων οὐκέτι δέδοικεν ἐπιβουλὴν θηρίων ἢ ἀνθρώπων 10
διὰ τὸ ἐν τῷ ἀέρι ὡς ἐπὶ τὸ πλεῖστον τὴν δίαιταν αὐτῶν εἶναι, καὶ ὥσπερ οὐδεὶς
ἀνθρώπων γινώσκει τὴν τῶν **πτηνῶν** ὁμιλίαν, οὕτω καὶ τὴν γλῶσσαν τοῦ πνεύματος
οὐδεὶς ἀνθρώπων τῶν πεπληρωμένων τοῦ πνεύματος «τοῦ κόσμου» ἐν δυνάμει
γινώσκει ἢ μόνον οἱ τοῦ πνεύματος τῆς χάριτος υἱοὶ γινώσκουσι τὴν λαλιὰν τῆς
μητρὸς αὐτῶν κατὰ τὸ εἰρη- 15
μένον ὑπὸ τοῦ ἀποστόλου· «Πνευματικοῖς πνευματικὰ
συγκρίνοντες. Ψυχικὸς δὲ
ἄνθρωπος οὐ δέχεται τὰ τοῦ πνεύματος τοῦ θεοῦ· μωρία γὰρ αὐτῷ ἐστιν».
Ὥσπερ γὰρ βάρβαρος τοῖς ἀνθρώποις 20
ἡ τῶν χελιδόνων καὶ τῶν λοιπῶν πετεινῶν φωνή, οὕτω καὶ τοῖς σαρκικοῖς οἱ τῶν πνευματικῶν λόγοι βάρβαροί
εἰσιν. Ὁμοίως δὲ καὶ τοῖς πνευματικοῖς οἱ τῶν σαρκικῶν λόγοι ἤγουν «ἡ σοφία τοῦ
κόσμου μωρία» ἐστὶ καὶ γνωρίζουσι μὲν αὐτοὺς ἀλλ' ἀποστρέφονται ὡς ληρωδίας καὶ
ματαιότητος κόσμου λόγους. (3,1) Ταῦτα πάντα διὰ τῶν φαινομένων πραγμάτων 25
ἱστόρηταί μοι διά τε ὀρνέων καὶ ζώων καὶ
πάντων τῶν ὁρωμένων
διὰ τὸ

---

2 τουτέστιν *inc. CRJ*

6 ἅσπερ *JR*; ἅπερ *C* ‖ 7 γὰρ *om. R* | καὶ ὑψηλότερα *om. R* ‖ 12 πτηνῶν] κτήνων *lat*; *cf.* πετεινῶν (21) ‖ 13 πνεύματος ... κόσμου] κοσμικοῦ πνεύματος *R*; *cf.* spirituum mundanorum ‖ 21 λοιπῶν *om. R* ‖ 23 ἤγουν *om. CJ* ‖ 24 καὶ¹ *om. CJ* ‖ 24sq. καὶ² ... λόγους *R*; ματαιότητος λόγου(ς.) κόσμου *CJ* (*uv.*) ‖ 26 ὀρέων *R*

spiritalia nullam interpretationem recipiunt, sicut et dominus locutus est in parabolis. Ait enim: *Aperiam os meum in parabolis.* Spiritalia enim **invisibilia** sunt et nec sermone humano possunt exponi, nisi spiritus ipse **obsecretur**, ut doceat. Spiritalem enim regenerationem, incrementum et perfectionem **noscere** non possumus, sed solummodo credere, quod ita ⟨deus⟩ **in** hominibus operetur, qui ei conversatione **sui** placere potuerunt. Ita et spiritalium loquella barbara est mundanis hominibus. Sicut enim pisces maris omnia, quae sunt in eo, norunt, semitas et profunditates, et homines vel ferae vel pecora non possunt agnoscere quod est ibi nec morari – pereunt enim –, ita **et** qui de illo saeculo non est natus quae illic sunt aut altitudines dei vel semitas non ⟨novit, nisi qui⟩ fuerint in eis versati et inde vivant et participes sint et in ipso gradiantur secundum apostoli dictum: *Nostra autem conversatio in caelis est*, et iterum ||

---

*A mai* ||   20 agnoscere *des. mai*

**2sq.** sicut...parabolis] *cf.* Mt. 13,34   **4** Mt. 13,35 (Ps. 77,2)   **23sq.** altitudines dei] *cf.* 1 Cor. 2,10   **27sq.** Phil. 3,20

**2** sicut et] sic etiam *A* (*ser*) ||   **12** deus *addidi iuxta graec*; *om. A mai* ||   **17** omnia *A hau*; omnes *mai*   **19** ferae *scripsi*; feras *A mai* ||   **24** novit ... qui *addidi*; *om. A* | eis *scripsi*; eius *A*

ἄλλως ῥηθῆναι τὰ πνευματικὰ ἢ ἑρμηνευθῆναι ἀδύνατον, καθὼς καὶ ὁ κύριος ἐν **fol. 12v**
παραβολαῖς τὰ πλεῖστα ἐλάλησεν ὑποδείγματα ἐκ τῶν ὁρωμένων λαμβάνων «κόκκῳ (p. 24)
σινάπεως» καὶ «ζύμῃ» καὶ «θησαυρῷ» τὴν βασιλεία παρεικάζων· «Ἀνοίξω» (γάρ
φησιν) «ἐν παραβολαῖς τὸ στόμα μου, ἐρεύξομαι κεκρυμμένα ἀπὸ καταβολῆς
κόσμου». **Ἄρρητα** γάρ ἐστι τὰ πνευματικὰ                                                           5
μὴ δυνάμενα λόγῳ ἀνθρωπίνῳ
φρασθῆναι, ἐὰν μὴ αὐτὸ τὸ πνεῦμα **πείρᾳ**
καὶ ἐνεργείᾳ διδάξῃ τὴν ἀξίαν καὶ πιστὴν ψυχήν. Τὴν γὰρ πνευματικὴν ἀνα-
γέννησιν καὶ τὴν αὔξησιν
καὶ τὴν τελείωσιν ὡς δεῖ εἰπεῖν ἀδύνατόν ἐστι **ῥηθῆναι**                                            10
ἢ μόνον πιστεύειν,
ὅτι ταῦτα οὕτω ποιεῖ ὁ θεὸς τοῖς ἀνθρώποις
τοῖς τὴν εὐάρεστον αὐτῷ ἐπανῃρημένοις πολιτείαν.
Οὕτως οὖν καὶ ἡ τῶν πνευματικῶν
ὁμιλία βάρβαρός ἐστι τοῖς τοῦ κόσμου                                                                 15
ἀνθρώποις. (2) Ὥσπερ γὰρ οἱ ἰχθύες τῆς θα-
λάσσης πάντα τὰ ἐν αὐτῇ οἴδασι,
τὰς τρίβους καὶ τὰ βάθη, καὶ οὐκ ἐγχωρεῖ ἄνθρωπον ἢ θηρία ἢ τὰ λοιπὰ ζῷα
τὰ ἐκεῖ γνωρίσαι                                                                                     20
ἢ ἐγχρονίσαι ἐνταῦθα, ἐπεὶ ἀπόλλυνται πνιγέντα, οὕτως
ἀδύνατόν ἐστι μὴ γεννηθέντα τινὰ ἐκ τοῦ ἁγίου πνεύματος ἐξ ἐκείνου τοῦ αἰῶνος
τὰ ἐκεῖ γνωρίσαι ὡς ἔστι «καὶ τὰ **βάθη**
τοῦ θεοῦ» καὶ τὰς τρίβους τοῦ πνεύματος τῆς βασιλείας εἰδέναι, εἰ μὴ οἱ ἐν αὐτῷ
τῷ πνεύματι ἀναστρεφόμενοι καὶ ἐξ αὐτοῦ ζῶντες καὶ μετ-                                              25
έχοντες καὶ ἐν αὐτῷ περιπατοῦντες κα-
τὰ τὸ εἰρημένον ὑπὸ τοῦ ἀποστόλου· «Ἡμῶν δὲ
τὸ πολίτευμα ἐν οὐρανοῖς ὑπάρχει», καὶ πάλιν

---

CRJ ‖   28 πάλιν des. CRJ

2   ὑποδείγματα ... λαμβάνων] cf. 12r,27: ab his quae videntur exempla et materiam sumentes
5 ἄρρητα] ἀόρατα lat ‖   21 ἐνταῦθα R; δύνασθαι CJ (uv.) lat

|| Ait Paulus scribens Corinthiis:
*Omnes autem nos revelata facie
gloriam dei **tamquam** per speculum
intuemur, in eandem imaginem
reformati de gloria in gloriam.*
Sicut enim aliquis regalia vestimenta, purpuram et diademam
et cetera similia inspicit et varietatem miratur, subtilitatem, gratiam, pulchritudinem pretiosarum lapidum et insatiabiliter a-
spiciens delectatur, vel quemammodum in aqua solem qui inspicit splendentem, ita et caelestem
imaginem Christi **ferventem** habentes in nobis et intellegentes pulchritudinem ineffabilis luminis
revelato animae vultu varietatem in se **habitantis luminis** intuentur, quemammodum re-
formantur *de gloria in gloriam*,
varietatem **et** pulchritudines
divinas, quae lingua carnali
narrari non possunt, immo nec
intellectu conprehenduntur,
**quanta sint**, quae fiunt in **hoc** mundo cum sanctis. **Ipsae** enim parabolae
imagines quaedam sunt: divina enim

---

*A* ||   **3** tamquam] -quam *inc. mai* (frg. 2)

**2–5** 2 Cor. 3,18   **21** 2 Cor. 3,18

**1** Chorinthis *A (ser)* ||   **3** quam *mai* ||   **5** gloriam *mai (cf. 21)*; gloria *A* ||   **7** diademam *A hau*; diadema *mai* ||   **10sq.** pretiosarum *mai*; praetiosam rum *A* ||   **13sq.** in ... ita] ... aspicit ... uo remota *mai* ||   **14** splendentem *scripsi iuxta graec*; splendorem *A* | caelestem *mai*; caeleste *A* ||   **15** ferventem] ferentes et lumen ineffabile *fortasse melius* ||   **15sq.** habentes *scripsi iuxta graec*; habentem *A mai* (habitantem *proposuit in app.*) ||   **16** nobis] se *exspectes* ||   **18sq.** revelato ... luminis *om. mai*   **23** divinas *scripsi iuxta graec*; diversas *A mai* ||   **26** fiunt] facit *fortasse melius*

## B10,3,1–5 (I 137,31–138,34)

(1) Φησὶν ὁ μακάριος Παῦλος γράφων Κορινθίοις· «Ἡμεῖς δὲ πάντες (p. 27) ἀνακεκαλυμμένῳ προσώπῳ τὴν δόξαν τοῦ θεοῦ (τουτέστι τὸ νοερὸν φῶς) κατοπτριζόμεθα τὴν αὐτὴν εἰκόνα ἀναμορφούμενοι ἀπὸ δόξης εἰς δόξαν». 5
Ὥσπερ γάρ τις βασιλικὰ ἐν-
δύματα, πορφυρίδα καὶ διάδημα
καὶ τὰ λοιπὰ ὁμοίως διάφορα καὶ ποικίλα ἐνδύματα, κατανοῶν θαυμάζει
τὴν ποικιλότητα, τὴν ὡραιότητα, τὴν τερπνό-
τητα, τὸ κάλλος τῶν τιμί- 10
ων λίθων, καὶ ἀκόρεστος αὐτῷ
γίνεται ἡ θέα τῆς τερπνότητος καὶ ὡραιότητος, ἢ ὥσπερ ἥλιον κατανοήσας τις ὁρᾷ τὰς μαρμαρυγὰς τῶν ἀκτίνων αὐτοῦ, ὅτι οἷον ζῶσι ποικίλην θέαν δεικνύουσιν ἑτέρα τῆς ἑτέρας κρείττονα, ἢ ὥσπερ ἐν ὕδατι κατανοήσας τις ὁρᾷ τὸν ἥλιον στίλβοντα ἐν τῷ ὕδατι καὶ μεθαλλόμενον καὶ μετακινούμενον ποικίλως· (2) οὕτω καὶ οἱ φοροῦντες 15
τὴν ἐπουράνιον εἰκόνα τοῦ Χριστοῦ καὶ τὸ φῶς τὸ ἄρρητον ἔχοντες ἐν ἑαυτοῖς καὶ ἐνδεδυμένοι τὴν πορφύραν τοῦ ἐπουρανίου βασιλέως (τουτέστιν ἐπουράνιον χαρὰν τοῦ πνεύματος) κατανοοῦντες τὸ κάλλος τοῦ ἐν αὐτοῖς ἀρρήτου φωτὸς «ἀνακεκαλυμμένῳ» τῆς ψυχῆς «προσώπῳ» ὁρῶσι τῆς ἀφθάρτου δόξης τὴν ἄρρητον ποικιλίαν, πῶς μετα- 20
μορφοῦται «ἀπὸ δόξης εἰς δόξαν»
καὶ εἰς πολυποίκιλα κάλλη
θεότητος, ἅπερ γλώσσῃ σαρκίνῃ
φρασθῆναι ἀδύνατον· ἀν-
εννόητα γάρ ἐστι 25
καὶ ἄρρητα, ἅπερ ποιεῖ μετὰ τῶν ἁγίων τῇ ἰδίᾳ ἀμέτρῳ χρηστότητι ὁ θεὸς ἔτι ἐν τῷ κόσμῳ **τούτων** ὄντων. (3) **Αὗται** γὰρ παραβολαὶ καὶ εἰκόνες εἰσὶ μερικῶς ἔμφασιν τοῖς συνιοῦσι παρέχουσαι. Τὰ γὰρ τοῦ θεοῦ

---

**2** φησὶν *inc. B b*

**12** ἡ θέα γίνεται *tr. b* ‖ **27** τούτων *B b*; τούτῳ *Klostermann lat* | αὗται *lat* ‖ **28** συνιοῦσι *b (pc.) N*; συνοῦσι *B b (ac.)*

**fol. 14v**
(p. 28)

ab his qui experti sunt agnoscuntur et ab his in quib· operatur cum ueritate aspiciuntur ita igitur debes intellegere aut audire quemadmodum dignum est de dō intellegere et audire id est ultra tuam scientiam ultra sensum tuū quamdiu res ipsa mysterii gratiae mentem tuam infundat haec enim purpura et regalia uestimenta lucrum nullum nec uitam tribuunt uidentib· praeter id solum quod delectantur aspectu diuina autem gloria et caelestis imaginis pulchritudo his qui eam speculantur et habent req⁹⁹ⁱē simul uitamquae prestat eternā caritatem ueram in cordis puritatem cibum caelestem q⁹ⁱ igitᵘr hoc intuentur lumen diuinum in sua corda splendificans nullis rebus occupantur terrenis sed prorsus conexi sunt illi pulchritudini sicut enim paruulus matrem suam aspiciens in manibus se gestantem gaudet et laetatur quoniam uitam lactis sumit ex ea et in eam aspicit ita et uerum lumen

ab his, qui experti sunt, agnoscuntur **et** ab his, in quibus operatur, cum veritate **aspiciuntur. Ita igitur debes intellegere aut audire, quemammodum** dignum est de deo intellegere et audire, **id est** ultra tuam scientiam, ultra sensum tuum, quamdiu res ipsa mysterii gratiae **mentem tuam infundat. Haec** enim purpura et regalia vestimenta lucrum nullum nec vitam tribuunt videntibus praeter id solum, quod delectantur aspectu. Divina autem gloria et caelestis imaginis pulchritudo his, qui eam speculantur et habent, requiem **simul** vitamque praestat aeternam, caritatem veram in cordis puritate, cibum caelestem. Qui igitur hoc intuentur lumen divinum in **sua** corda splendificans, nullis **rebus** occupantur terrenis, sed prorsus conexi sunt illi pulchritudini. Sicut enim parvulus matrem suam aspiciens in manibus se gestantem gaudet et laetatur, quoniam vitam lactis sumit ex ea, **et in eam aspicit,** ita et verum lumen

mai241

---

*A mai*

---

**18sq.** caritatem ... puritate] *cf.* 1 Tim. 1,5

---

**2** operatur] *sc.* deus | operatur cum] oportuit *mai* ‖ **5sq.** quemammodum ... audire *om. mai* ‖ **7** tuum *om. mai* ‖ **8sq.** gratiae] gratiam in *mai* ‖ **10** haec] et *mai* ‖ **14sq.** caelesti *mai* ‖ **15–17** his ... simul *om. mai* ‖ **17** vitamque] vitam *mai* ‖ **18** in *om. mai* ‖ **18sq.** puritate *scripsi*; puritatem *A mai*

τῇ πείρᾳ μόνῃ γινώσκε-
ται ἐξ ἀληθείας οἷς αὐτὰ τὰ μυστήρια τῶν πραγμάτων ἐνεργεῖται

ἀξίως. ἔστι τοῦ θεοῦ
ἀκοῦσαι λόγον καὶ νοεῖν ὑπὲρ
τὴν γνῶσίν σου, ὑπὲρ τὸν νοῦν σου
ὑπὲρ τὴν συνείδησίν σου, ἕως οὗ αὐτὰ τὰ πράγματα τῶν μυστηρίων τῆς χάριτος **γένηται ἐν σοί**.
(4) **Αὐτὴ** γὰρ ἡ ὁρωμένη πορφύρα καὶ τὰ ἐνδύματα τὰ βασιλικὰ οὐδὲν κέρδος ἢ ζω-
ὴν τοῖς ὁρῶσιν αὐτὰ παρέχουσιν ἢ
μόνον τῷ φαίνεσθαι τέρπου-
σιν. Ἡ δὲ θεϊκὴ δόξα καὶ τὸ κάλλος τῆς ἐπουρανίου εἰκόνος ταῖς κατ-
οπτριζομέναις ψυχαῖς καὶ ἐχούσαις αὐτὴν ἐν ἑαυταῖς ἀνάπαυσιν
καὶ ζωὴν αἰώνιον παρέχει,
ἀγάπην ἀληθινὴν ἐν καθαρότητι καρ
δίας, τροφὴν οὐράνιον, σύνεσιν, σοφίαν, χαρὰν πνεύματος ἀδιάλειπτον, τῇ δυνάμει
τῆς ἐνεργείας καὶ αὐτοὶ συνεξομοιούμενοι. Ὅσοι τοίνυν τοῖς ἔσωθεν ὀφθαλμοῖς τὸ
νοερὸν τοῦτο φῶς κατοπτριζόμενοι εἰσὶ λάμπον ἐν ταῖς καρδίαις, εἰς οὐδὲν
τῶν γηΐνων ἢ ὑλικῶν ἀπησχολημένοι εἰσίν, ἀλλὰ
τὸ ὅλον δέδενται εἰς ἐκεῖνο τὸ ἄρρητον κάλλος ἐξ ὅλου. (5) Ὥσπερ γὰρ ἐὰν ᾖ μαῖα καὶ ἄρῃ τὸ βρέφος
ἐν ταῖς ἀγκάλαις αὐτῆς, τὸ δὲ παιδίον θεωροῦν τὴν μητέρα
χαίρει καὶ ἀγαλλιᾷ,
ἐξ αὐτῆς λαμβάνον τὴν τροφὴν τοῦ γάλακτος,
οὕτω καὶ οἱ τὸ ἀληθινὸν φῶς τοῦ πνεύματος

---

*Bb*

---

**1sq.** γινώσκεται] καὶ add. lat ‖   **2–5** ἐνεργεῖται … ἔστι] θεωρεῖται οὕτως οὖν ὀφείλεις νοεῖν ἢ ἀκοῦσαι πῶς ἄξιόν ἐστι *lat* ‖   **9** γένηται] ἐγχέηται *lat* ‖   **10** αὐτὴ] αὕτη *lat*

habentes in se adtendentes ad hoc requiescunt et gaudent gaudio, quod non potest enarrari; ex ipso enim **indiscunt** immortalem escam et in ipso vivunt vitam veram **in saeculo**.

Explicit sermo V. Incipit VI.

Quam dispensationem habet Christi adventus? Primum ut mundam redderet naturam Adam et hereditatem caelestem donaret spiritus sancti. Magnum igitur beneficium generi dedit humano redimendo **nos** de carcere tenebrarum et demonstrando viam vitae et ianuam **docendo, qua de vinculis exiretur,** cum dicit: *Petite et dabitur vobis, pulsate et aperietur* **vobis**. Per hanc enim ianuam liberantur volentes **quaerere et pulsare, et in ipsa duplicem gratiam consequentur, quod et anima liberetur ex gravissimis vinculis mortis atque peccati et quod semetipsa** recipiat et cogitationes suas et caelestem regem Christum tamquam sponsum secum habitantem ⟨...⟩

pl633

---

*A mai* ‖ **8** sermo V *des. mai* | incipit *inc. mai* (frg. 3) ‖ **28sq.** habitantem *des. mai*

**2sq.** gaudent...enarrari] *cf.* 1 Petr. 1,8   **16sq.** redimendo...tenebrarum] *cf.* Col. 1,13   **18** viam...ianuam] *cf.* Mt. 7,13sq.   **20sq.** Mt. 7,7

**1** actendentes *A* (*ser*) ‖ **3** ex] in *roe* (*per errorem*) ‖ **4** indipiscunt *proposuerunt* FORCELLINI – FURLANETTO – DE VIT, *Lexicon, VI* 632 ‖ **5** vivent *mai* ‖ **6** saeculum *proposuit dor* ‖ **8** incipit] sermo *add. mai* ‖ **18sq.** docendo *coniecit mai*; dicendo *A* ‖ **23** ipsa *mai*; ipsam *A* ‖ **25** ex *scripsi*; et *A*; *om. mai* ‖ **28sq.** habitantem] *lacunam indicavi*

ἔχοντες ἐν ἑαυτοῖς καὶ τὸν Χριστὸν ἐνδεδυμένοι ἐνορῶντες
αὐτὸν ἀναπαύονται καὶ χαίρουσι «χαρᾷ
ἀνεκλαλήτῳ». Ἐξ αὐτοῦ
γὰρ **τρέφονται** τροφὴν
ἄφθαρτον καὶ ἐν αὐτῷ ζῶσι ζωὴν 5
ἀληθινήν.

## B61,1,1–9 (II 198,2–201,4)

(1) Τίς ἡ οἰκονομία τῆς παρουσίας τοῦ σωτῆρος;
Πρώτη μὲν καὶ μεγίστη ἡ τῆς καθαρᾶς φύσεως ἀποκατάστασις καὶ δωρεά.
Ἀπέδωκε γὰρ τὴν φύσιν τοῦ πρωτοπλάστου Ἀδὰμ τοῖς ἀνθρώποις καὶ
προσεδωρήσατο κληρονομίαν ἐπουράνιον τοῦ πνεύματος τοῦ ἁγίου.
Μεγάλην οὖν καὶ θαυμαστὴν χάριν ὁ θεὸς ᾠκο- 15
νόμησε τῷ γένει τῶν ἀνθρώπων ῥυσάμενος **αὐτοὺς**
ἐκ τῆς φυλακῆς τοῦ σκότους καὶ ὑπο-
δείξας ὁδὸν ζωῆς καὶ θύραν,
δι' ἧς κρούσαντες **εἰσέλθωμεν** εἰς τὴν βασιλείαν ἀπαλλαγέντες τῶν δεσμῶν τοῦ
διαβόλου. (2) Εἶπε γάρ· «Αἰτεῖτε καὶ δοθήσεται ὑμῖν· κρούετε 20
καὶ ἀνοιγήσεται». Διὰ ταύτης οὖν
τῆς θύρας δύναται ἀπολυτρώσεως τυχεῖν πᾶς ὁ βουλόμενος
φυγεῖν τὸ σκότος.
Εὑρίσκει γὰρ ἐκεῖ
τὴν ἐλευθερίαν τῆς ψυχῆς 25
καὶ ἀπολαμ-
βάνει τοὺς λογισμοὺς αὐτῆς καὶ κτᾶται τὸν ἐπουράνιον βασιλέα
Χριστὸν καὶ ἕξει αὐτὸν ὡς νυμφίον μεθ' ἑαυτῆς παραμένοντα ἐν τῇ τοῦ πνεύματος αὐτοῦ κοινωνίᾳ.

---

B b ‖ 6 ἀληθινήν des. B b ‖ 11 τίς inc. B b Y X

11 τοῦ σωτῆρος τῆς παρουσίας tr. Y ‖ 14 ἐδωρήσατο X ‖ 15sq. ᾠκονόμησεν ὁ θεὸς tr. X
17sq. ὑποδείξας] αὐτοὺς add. X ‖ 19 εἰσέλθω ... B; εἰσέλθωσιν ed (dubitanter); ἐξέλθωμεν fortasse
melius (cf. 15v,13sq. et 19 exiretur) ‖ 20 αἰτεῖτε BX; ζητεῖτε Y ‖ 21 ἀνοιγήσεται] ὑμῖν add. Y X lat
23 ἐκφυγεῖν Y X ‖ 23–26 φυγεῖν ... καὶ] ζητεῖν καὶ κρούειν καὶ αὐτῆς δισσῆς χάριτος τεύξεται, ὅτι ἡ
ψυχὴ ἐκ τῶν βαρυτάτων δεσμῶν τοῦ θανάτου καὶ τῆς ἁμαρτίας ῥύεται καὶ ὅτι ἑαυτὴν lat ‖ 23 τοῦ
σκότους Y ‖ 28 ὡς om. Y

fol. 15v (p. 30)

⟨...⟩ erga hominem, qui est secundum imaginem factus. **Sicut enim cum** regis a tyranno civitas occupatur vel a iudice malo in captivitatem – **ille** autem sibi aedificat altitudines turrium contra **eum** regem, qui verus est, domos fabricat et imagines levat proprii **regni** et leges proprias contra **verum** dat regem et pecuniam propriam figuravit et solidos, et **proprias** inducit legiones, per quas obtineat et custodiat **cives illius** civitatis, ne **possint** exire et sua elabi potestate, quo eos haberet subiectos et servos **et omnia** facientes, **quae iusserit**; deinde multo tempore revoluto venit rex **illam** habitantium civitatem et mittit ad eos et **commonet, quod sui sint servi, simul explorans, an velint secum servire, ut eam destruat civitatem, quam tyrannus fabricavit, et omnia eius monumenta, quae sunt in illa civitate, delere, id est imagines tyrannicas, et quidquid contra verum regem molitus est, reprobum nummum et leges, quas dedit saevus princeps in veri regis civitate;**

---

A

---

**1sq.** *cf.* Gen. 1,26

---

**2** imaginem] dei *vel* eius *addendum proponit ser* ‖ **3** regia *fortasse melius*; regalis *proposuit ser* ‖ **4** iudice *scripsi*; iudicem A | captivitatem] ducitur *vel sim. add. ser* ‖ **5–10r,13** ille ... placens] *parenthesis* ‖ **9** regem] r *ex* l A ‖ **24** delere] deleat *ser* ‖ **26** molitus *scripsi*; mollitus A

Ἴδε οὖν ἀγάπην δεσπότου καὶ χάριν πρὸς τὰ ἴδια τέκνα, πρὸς τὸν κατ' εἰκόνα αὐτοῦ γενόμενον ἄνθρωπον. (3) Καί μοι καιρὸς ἱστορῆσαι τὴν μεγίστην αὐτοῦ οἰκονομίαν δι' ὑποδείγματος καὶ ἀναλαβὼν τὸ πρόβλημα σαφέστερόν σοι παραστήσω τὸ εἰρημένον. Κείσθω σοι ἐν παραδείγματι σαφεῖ πόλις μεγίστη καὶ βασιλική, ἣν ἐπολιόρκησαν ἀλλόφυλοι ἢ τύραννος ἢ ἄδικος βασιλεύς, ὃς τὴν μὴ ἀνήκουσαν αὐτῷ βασιλείαν καὶ πόλιν ἐκβιασάμενος καὶ εἰσελθὼν τοὺς οἰκοῦντας βίᾳ κατεδούλωσεν, ὕψωσε δὲ ἑαυτῷ πύργων ὑψώματα καὶ τείχη ὀχυρὰ καὶ δυσκαταγώνιστα, ἀντιμαχόμενος τῷ νομίμῳ βασιλεῖ καὶ δεσπότῃ, καὶ ᾠκοδόμησεν οἰκίας καὶ ἔστησεν εἰκόνας ἑαυτοῦ καὶ νόμους ἰδίους ἀνθισταμένους τῷ **πρώτῳ** βασιλεῖ, καὶ νόμισμα καὶ ἀργύριον ἴδιον ἐχάραξεν
ἐν αὐτῇ καὶ εἰσήγαγε παρεμβολὰς ὁπλίτων ἐν τῇ πόλει,
ὅπως χειρώσηται τοὺς ἐνοικοῦντας καὶ ὅπως φυλάξῃ τὴν πόλιν, μήποτε ἀποδράσαντες αὐτοῦ
ἐξέλθωσι τῆς τούτου δεσποτείας, ἀλλ' ὅπως κατάσχῃ αὐτοὺς δούλους καὶ ὑποχειρίους
ποιοῦντας βίᾳ καὶ ἀνάγκῃ τὸ ἴδιον ἔργον. (4) Εἶτα
χρόνου πολλοῦ διεληλυθότος καὶ τούτων ἐν ἀσφαλείᾳ κατεχόντων
τὴν πόλιν καὶ τῶν ἐνοικούντων δουλαγωγουμένων ἔρχεται ὁ βασιλεύς,
ὁ δεσπότης τῶν πολιορκουμένων καὶ προαποστείλας φανερὰν αὐτοῖς
κατέστησε τὴν ἄφιξιν καὶ ἔγνω,
εἰ στέργουσι τὴν παρουσίαν καὶ τὴν ἐκδίκησιν
καὶ οὕτω γνοὺς αὐτῶν τὴν βουλὴν
ὄλεθρον φέρει τῷ ἀδίκῳ ἄρχοντι.
Καθεῖλε γὰρ παραγενόμενος τὰ ὑψηλὰ τείχη καὶ τὰ ὀχυρώματα, οἷς ἐπεποίθει,
καὶ τὰς εἰκόνας ἠφάνισε

καὶ τοὺς νόμους διεσκέδασε,

---

B b Y X ‖  2 ἄνθρωπον des. Y

4 σοι] μοι X | σαφὲς X | καὶ om. X ‖  4sq. ἣν ἐπολιόρκησαν] ἧς ἐπιβάλλοντες X ‖  6 καὶ²] αὐτὸς add. X | κατεδουλόσατο X ‖  7 ὀχυρὰ X; ὡραῖα B ‖  13 αὐτοῦ] ἑαυτοὺς b ‖  14 τούτου om. X  14–16 ἀλλ' ... ἔργον om. X ‖  18 ὁ βασιλεύς om. X ‖  23 φέρει] φέρων X

et uno sermone mores mutet et con-
suetudinem illam et imagines remove-
at, quas ille tyrannus constituit,
et iterum ⟨...⟩ civitatem
denuo aedificet muris et altitudi-
nibus caelum tangentibus, in quam
non possit tyrannus intrare; det etiam pacificas leges et imagines re-
gales, pecuniam probam et omnia
simulacra **prisci regis** constituat se-
curitatis pariter et quietis, **quo et
ipse** ⟨...⟩ in illa **civitate** habitet
et ⟨...⟩ suis famulis placens; –
ita ab initio passus est homo, quem
deus manibus finxit; dolo atque fallacia **malignus** serpens, veri regis
inimicus, per transgressionem man-
dati ingressus est in **eius pristinam**
civitatem et **tenuit eam,** in captivitatem
**eam** ⟨...⟩ duxit et omnia eius of-
ficia conversationis et eduxit ex ea
cogitationes pravas et fabricavit sibi
malitiae civitatem, sicut ait apostolus:
*Quis me liberabit de corpore mortis hu-
ius*? exaltavit **sibi** altitudines consiliorum
contra scientiam regis caelestis et aedifi-
cavit domos **vivendi** ⟨...⟩ perfi-
diae, cupiditatis, vanae gloriae, **desiderii,**
livoris, ⟨...⟩ domos iniquitatis plenas – tales
domos
aedificaverunt alienigenae in animas                mai246
**multorum, quas immundis**                           pl637
**spiritibus impleverunt,**

---

*A* ‖     **30** animas *inc. mai* (frg. 13a)

**24sq.** Rom. 7,24   **26** contra scientiam] *cf.* 2 Cor. 10,5   **29** domos...plenas] *cf.* Ps. 73,20

**2** imagines] rationes *A* (*ser*) ‖   **5** muris] moenib· *A* (*ser*) ‖   **9** pecuniam *scripsi*; pecunia *A* ‖   **10** si-
mulacra] similia *A* (*ser*) |   prisci] sancti *fortasse legendum*; pacifici *ser* ‖   **10sq.** securitatis pariter]
fecunda g ... pariter *A* (*ser*) ‖   **12** ipse] ipsemet in *A* (*ser*) ‖   **19** eam *scripsi*; ea *A ser* ‖   **24** liberabit
*scripsi*; liberavit *A ser* ‖   **27** vivendi] iniustitiae *vel* malitiae *exspectes* ‖   **28** cupiditatis] cupiditatum
*A* (*ser*) ‖   **29** livoris] amaritudinis *fortasse addendum* ‖   **30** quas] quasi *mai*

καὶ ἁπαξαπλῶς μετήλλαξε            fol. 10r
πάντα τὰ ἔθη                        (p. 19)
τὰ ὑπὸ τοῦ ἐχθροῦ ἐπεισαχθέντα
τῇ πόλει καὶ αὐτὸν δήσας διέφθειρε καὶ ᾠκοδόμησεν αὐτὴν
ἐκ δευτέρου καινὴν καὶ ἐποίησεν ὕψη καὶ τειχί-      5
σματα οὐρανομήκη πρὸς τὸ
μηκέτι δυνηθῆναι ἐπεισελθεῖν πάλιν ἐχθρὸν καὶ κατακυριεῦσαι αὐτῆς, καὶ νόμους
εἰρηνικοὺς ἔθετο ἐν αὐτῇ καὶ εἰκόνας βασι-
λικὰς καὶ ἀργύριον δεδοκιμασμένον ἐνεχάραξεν ἐν αὐτῇ, καὶ πάντα
τὰ προστάγματα εἰρηνικὰ            10
καὶ ἀναπαύσεως γέμοντα ποιήσας καὶ ποικίλως διακοσμήσας
ἐνῴκησεν ἐν αὐτῇ ἀρέσκων
καὶ ἀρεσκόμενος τοῖς εὐγνώμοσιν αὐτοῦ θεράπουσιν.
(5) Οὕτως ἐξ ἀρχῆς πέπονθεν ὁ ἄνθρωπος· ἔπλασε
γὰρ αὐτὸν ὁ θεὸς ταῖς ἰδίαις χερσὶ ζῷον ἔνδοξον, λογικόν, εἶτα δόλῳ καὶ ἀπά-     15
τῃ ὁ δεινὸς ὄφις καὶ ἐχθρὸς τοῦ ἀληθινοῦ
βασιλέως διὰ τῆς παρακοῆς
ἐπεισῆλθε τῇ πόλει τοῦ θεοῦ
καὶ ᾐχμαλώτισε τὴν
ψυχὴν καὶ πᾶν τὸ πολί-             20
τευμα τῶν λογισμῶν αὐτῆς ὑπέταξε καὶ ἐλατόμησεν αὐτῇ
λογισμοὺς ῥυπαροὺς καὶ ᾠκοδόμησεν αὐτῇ
πόλιν κακίας, περὶ ἧς λέγει ὁ ἀπόστολος·
«Τίς με ῥύσεται ἐκ τοῦ σώματος τοῦ θανάτου τούτου;» καὶ ὕψωσεν ὑψώματα λογισμῶν        25
«κατὰ τῆς γνώσεως» τοῦ ἐπουρανίου βασιλέως καὶ ᾠκοδό-
μησεν ὀχυρώματα ἐνθυμημάτων ἀδίκων λαλούντων κατὰ τοῦ ὑψίστου καὶ οἰκίας
ἀδίκους κατεσκεύασε μεστὰς ἀπιστίας, ἀδικίας, κενοδοξίας, ἐπιθυμίας, πονηρίας,
φθόνου, πικρίας, πορνείας. Ταῦτα οἶκοι ἀνομιῶν. (6) Τοιούτους
οἴκους
ᾠκοδόμησαν ἀλλόφυλοι εἰς ψυχήν,         30

---

*B b X*

**4sq.** αὐτὴν ... ἐποίησεν *om.* X ‖  **6** τειχώματα X; ὑψώματα *b* ‖  **7** τὸν ἐχθρὸν X ‖  **9** ἐχάραξεν X ‖ **11** γέμοντα ἀναπαύσεως *tr.* X | καὶ² ... διακοσμήσας *om.* X *lat* ‖  **19** ᾐχμαλώτευσεν X ‖  **21** ἐν αὐτῇ X ‖  **22** ἐν αὐτῇ X; ἑαυτῇ *lat* ‖  **25** ὕψωμα X ‖  **29** ταῦτα] οὗτοι X | ταῦτα ... ἀνομιῶν *om. lat* (*glossa?*) ‖  **30** οἱ ἀλλόφυλοι X | ψυχήν] πολλῶν, ἣν ἀκαθάρτοις πνεύμασιν ἐπλήρωσαν *add. lat*

sicut psalmus ait: **Quoniam** repleti sunt obscurati domibus iniquitatum – et posuit testamentum contra regem **verum,** legem peccati,
et imagines nebulosas **et** dolori-
bus plenas et nummum reprobum     pl638
spernendum signavit et malitiae
mores edocuit et legiones induxit
spiritus pravitatis, qui obtineat **animam,**
**qui** omnes cogitationes eius **teneat**
in compedibus solidatis et serris ferreis ad observandam eam, **ne exeat;**
et coegit eam facere opera eorum
secundum illorum arbitrium.
Et corruperunt eam et fornicati
sunt cum ea et coperuerunt tenebris oculos eius, ne videret dominum suum;
et in mola tenebrarum eam **mo-**
**lere** coegerunt, ut cogitaret carnalia **et mundana, sentiret** terrena et limosa; et excitavit in eam
fontem caenosum, iniquitatem
scatentem; et consilia malignitatis spirituum sparserunt **in ea** et in
captivitatem duxerunt populum
eius, **id est** multitudinem consiliorum; spoliaverunt eam gloriae vestimentum imposueruntque pannos

---

*A mai*

**1–3** Ps. 73,20   **27sq.** gloriae vestimentum] *cf.* Is. 52,1

**8** et *om. mai* ‖   **9** obtinent *mai* ‖   **10** qui ... teneat *om. mai* ‖   **11sq.** serris ferreis *mai*; serras ferreas *A* ‖   **16** cooperuerunt *mai* ‖   **18sq.** eam molere *A hau*; commolere *mai* ‖   **21** eam] ea *mai*   **22** iniquitatem *A mai*; iniquitate *fortasse melius* ‖   **27** eam *mai*; ea *A* ‖   **27sq.** vestimentis *mai*; vestimento *proposuit dor* ‖   **28** imposueruntque *A hau*; inieceruntque *mai*

καθὼς ὁ ψαλμωδὸς λέγει· «Ἐπλη-            **fol. 10v**
ρώθησαν οἱ ἐσκοτισμένοι τῆς γῆς οἴκων ἀνομι-     (p. 20)
ῶν», καὶ ἔθετο διαθήκην κα-
τὰ τοῦ βασιλέως, τὸν νόμον τῆς ἁμαρτίας
καὶ εἰκόνας γνοφερὰς ἔστησεν ἐκεῖ ὀδυ-             5
νῶν ποικίλων μεστὰς καὶ ἀργύριον ἀδόκιμον
καὶ βδελυκτὸν ἐχάραξεν ἐν αὐτῇ καὶ ἔθη
κακίας ἐδίδαξεν αὐτὴν καὶ εἰσήγαγεν εἰς αὐτὴν παρεμβολὰς ὄχλων καὶ
πνευμάτων πονηρῶν, ὅπως κρατήσῃ **αὐτῆς**
καὶ πάντων τῶν ἐν αὐτῇ λογισμῶν                  10
καὶ δήσῃ αὐτὴν δεσμοῖς ἀρρήκτοις
καὶ φυλάξῃ αὐτὴν μοχλοῖς σιδηροῖς καὶ πύλαις χαλκαῖς
καὶ καταναγκάσῃ αὐτὴν ποιεῖν τὸ ἔργον **αὐτοῦ**
καὶ κατὰ τὴν πονηρὰν αὐτοῦ βουλήν.
(7) Ἔφθειρε δὲ αὐτὴν καὶ ἐπόρνευσε                 15
μετ' αὐτῆς δεινὴν πορνείαν καὶ ἐπέθετο **κά-
λυμμα** τοῖς ὀφθαλμοῖς αὐτῆς, ὅπως μὴ ἴδῃ τὸν δεσπότην αὐτῆς,
καὶ ἐν μυλῶνι σκοτεινῷ **ἀλή-
θειαν** αὐτὴν κατηνάγκασεν, εἰς τὰς μερίμνας τοῦ βίου καὶ εἰς τὰ σαρκικὰ φρονήματα καὶ ὑλι-                                      20
κὰ καὶ χοϊκὰ κατασύρας καὶ ἐξήγαγεν αὐτῇ
πηγὴν βορβόρου ἀνομίας
βρύουσαν καὶ ἐνθυμημάτων αἰσχρῶν καὶ πνευμάτων
πονηρίας. Ἐσκόρπισαν καὶ κατεδούλωσαν τὸν λαὸν                          25
αὐτῆς, τὸν ὄχλον τῶν **ἐν αὐτῇ** λογισμῶν, καὶ ἐξέδυσαν αὐτὴν τὸ ἔνδυμα τῆς δόξης
καὶ περιέθηκαν αὐτῇ ῥάκη

---

*BbX*

---

**1** καθὼς] καὶ ὁ ψαλμὸς *add.* X ∥    **5** ἐκεῖ] καὶ *add.* X *lat* ∥    **7** ἔθη] ἤθη X ∥    **8** αὐτὴν[1]] ἐν αὐτῇ X
**9** αὐτῆς] ψυχῆς *lat* ∥    **14** καὶ *om.* X *lat* ∥    **18sq.** ἀλήθην X; ἀλήθειν *lat certe rectius* ∥    **19** κατ-
ηνάγκαζεν X | σαρκικὰ] καὶ κοσμικὰ *add. lat* ∥    **21** καὶ χοϊκὰ *om.* X ∥    **23** ἐνθυμημάτων ... καὶ[2]]
ἐνθυμήματα καὶ ἀνομίας X *lat* ∥    **24** ἐσκόρπισαν *cum praecedentibus iungit lat* ∥    **26** τῶν ὄχλων *b*;
τῶν ὄχλων X | ἐν αὐτῇ] *cf.* 24 in ea ∥    **27** καὶ *om.* X *lat* ∥    **28** αὐτῇ] αὐτὴν X

**fol. 11r** ignominiae et immunditiae ple-
(p. 21) nos amaritudine et felle et imple-
uerunt eam omnem immunditi-
ae   deinde postquam multa tem-
5  pora transierunt et ipsi consuetu-
dine tenebrarum potestate deten-
ti nullam memoriam sui regis habebant nec propriae libertatis
sed ita habebant ac si tales ab ini-
10 tio essent craeati   misit ergo $\overline{xps}$
rex caelestis et uerus primum
per sanctos profetas hominem com-
monens et in memoriam nobili-
tatis et propriae reuocans digni-
15 tatis id etiam memorans quam
aceruo quam subdolo teneret$^u$r
errore annuntians se ipsum u$\overline{e}$-
turum et liberaturum eam per se
ab his qui eam in captiuitate det$\overline{e}$-
20 tant et omnem dirrupturum ma-
litiae ciuitatem altitudines et ca$\underline{s}$-
tra cogitationum prauarum q$^u$as
contra scientiam dei concepe$\overline{ra}$t
leges mutaturum quas $\underline{contra}$ le-
25 ges diuinas posuerat et imagines
tenebris plenas deiceret et font$\overline{e}$
caeni immundarum cogitation$\overline{u}$
siccaret   et improbum adq· adulter$\overline{u}$

ignominiae et immunditiae, plenos amaritudine et felle, et impleverunt eam **omni immunditia.
Deinde, postquam** multa tempora **transierunt, et ipsi** consuetu-
dine **tenebrarum potestate deten-
ti** nullam memoriam sui regis habebant nec **propriae** libertatis,
sed **ita habebant**, ac si tales ab initio essent creati. Misit ergo Christus,
rex caelestis **et verus,** primum
per sanctos prophetas hominem com-
monens **et in memoriam** nobili-
tatis et propriae **revocans** digni-
tatis, **id** etiam memorans, quam
acerbo, **quam subdolo** teneretur
errore, annuntians **se ipsum** venturum et liberaturum **eam** per se
ab his, qui eam in captivitate detent-
tant, et omnem dirupturum malitiae civitatem, altitudines et castra cogitationum pravarum, quas
contra scientiam dei **conceperant**,
leges mutaturum, quas contra **leges divinas posuerant**, et imagines
tenebris plenas deiceret et fontem
caeni immundarum cogitationum
**siccaret et improbum atque adulterum**

---

*A mai* ‖   **19sq.** detentant *des. mai* ‖   **28** adulterum *inc. mai* (frg. 13b)

---

**21–23** altitudines...dei] *cf.* 2 Cor. 10,5

---

**3sq.** omni immunditia *mai*; omnem immunditiae *A hau ser* ‖   **6sq.** decenti *mai* ‖   **8** propriae] pristinae *fortasse melius iuxta graec* ‖   **9** ac] ut *mai* ‖   **14** et *om. mai* ‖   **16** acerbo *coniecit mai*; acervo *A* ‖   **18** eam *A hau*; eum *mai* ‖   **19** eam *A hau*; eum *mai* ‖   **19sq.** detentant *A hau*; detine-bant *mai* (deti- *legebat*) ‖   **25** posuerant *scripsi*; posuerat *A* ‖   **28** adulterii *mai*

ἀτιμίας καὶ ἀκαθαρσίας· ἐνέπλη-                fol. 11r
σαν αὐτὴν χολῆς καὶ πικρίας, καὶ              (p. 21)
διὰ τὴν μακρὰν <u>συνήθειαν</u>
καὶ <u>τὸν πολὺν</u> τοῦ ἐγκλεισμοῦ <u>χρόνον</u>
                                  5

<u>οὐκέτι ἐμνημόνευσε τοῦ ἰδίου βασιλέως</u>
<u>οὔτε τῆς **ἀρχαίας** ἐλευθερίας,</u>
ἀλλ' ἐνόμισε τοιαύτη γεγονέναι ἐξ ἀρ-
χῆς. (8) <u>Διὰ τοῦτο ἀπέστειλεν ὁ</u>                    10
ἐπουράνιος βασιλεὺς Χριστὸς πρῶτον
διὰ τῶν ἁγίων προφητῶν ὑπομιμνήσκων τὸν ἄνθρωπον
τὴν εὐγένειαν
καὶ τὸ ἴδιον ἀξίωμα διηγήσατο
καὶ ἐδίδαξεν **αὐτόν**, πῶς                        15
ἐν αὐχμηρᾷ καὶ **πικρᾷ** <u>δουλείᾳ διάγει,</u>
καὶ <u>εὐηγγελίσατο ἐλεύσε-</u>
<u>σθαι καὶ δι' ἑαυτοῦ λυτροῦσθαι τὴν ψυχὴν</u>
αὐτοῦ <u>ἀπὸ τῶν κατεχόντων αὐτὴν αἰχμαλωτιστῶν,</u>
καὶ πᾶσαν τὴν πόλιν τῆς κα-                     20
κίας καὶ <u>τὰ ὀχυρώματα καὶ τὰ ὑψώ-</u>
ματα τῶν πονηρῶν διαλογισμῶν τὰ ὄντα
κατὰ τῆς γνώσεως τοῦ θεοῦ
κατασκάψαι καὶ ἀφανίσαι καὶ <u>τοὺς νόμους</u> αὐτῆς <u>ἀλλάξαι</u> καὶ <u>τοὺς ὄντας</u> ἐν αὐτῇ
κατὰ τοῦ βασιλέως διαφθεῖραι <u>καὶ τὰς εἰκόνας</u>            25
τοῦ σκότους τὰς οὔσας ἐν αὐτῇ <u>ἐδαφίσαι καὶ τὴν πηγὴν</u>
τοῦ βορβόρου καὶ <u>τῶν ἀκαθάρτων λογισμῶν</u>

---

*B b X*

**2** καὶ²] ἐνέπλησαν αὐτὴν πᾶσαν ἀκαθαρσίας εἶτα *add. lat* ‖ **9** τοιαύτην X ‖ **9sq.** ἐξ ἀρχῆς γεγονέναι *tr. X lat* ‖ **11** ἐπουράνιος] καὶ ἀληθινὸς *add. lat* ‖ **12** ὑπομνήσκων X ‖ **15** αὐτόν] αὐτήν X; αὐτό *lat* (id) ‖ **18** λυτρώσασθαι X ‖ **27** λογισμῶν] ξηρᾶναι καὶ ἀδόκιμον καὶ νόθον ἀργύριον *add. lat*

**nummum** deleret et omnes **inimicos**, a quibus tenetur, extingueret. Et renovare eam promisit secundum arbitrium suum et legem pacificam dare **spiritus** et divinam et simul mores **antiquos**, qui erant in ea, malitiae commutare, tantum ut memor sui anima ad proprium confugiat dominum ei se tradens et **suam** commodans voluntatem et **ut** crederet **ei, quod facturus sit omnia,** quae promisit; et eum obsecret dies noctesque vociferans, ut a mala captivitate et acerba eam eruat servitute. Quando autem inlustravit bonitas salvatoris **nostri** Iesu Christi et promissionis consummata sunt tempora, **et** venit rex Christus ad redimendum et recipiendum hominem suum, quem multis temporibus **dira** servitus tenebat. Et quotquot in eum crediderunt et **ad eum** confugerunt, redempti sunt, et omnis anima, quae credidit et rogavit suam captivitatem agnoscens et inbecillitatem confitens, quod non per semet posset liberari et de servitute erui ‖

---

*A mai* ‖   28 erui *des. mai*

---

**12sq.** dies ... vociferans] *cf.* Lc. 18,7   **15–17** quando...Christi] *cf.* Tit. 3,4   **17sq.** et...tempora] *cf.* Gal. 4,4

**3** eam] eum *mai* ‖   **5** et²] ut *mai* ‖   **6** ea *scripsi*; eam *A*; eo *mai* ‖   **7** commutare *scripsi*; commutaret *A mai* ‖   **11** ei *om. mai* ‖   **14sq.** captivitate et acerba eam eruat servitute *scripsi*; captivitatem et acervam eam eruat servitutem *A*; captivitate et acerva (acerba *pl*) eruat servitute *mai* ‖   **16** salvatoris *A hau*; salutaris *mai* ‖   **24sq.** et ... credidit *om. mai* ‖   **26sq.** agnoscens et inbecillitatem *om. mai* **28** servitute *mai*; servitutem *A*

ἀφανίσαι καὶ πάντας
τοὺς κατεχόντας ἐξολοθρεῦσαι.
Ἐπηγγείλατο δὲ καὶ ἀνακαινίσαι αὐτὴν κατὰ τὸ ἴδιον θέλημα καὶ νόμον εἰρη-
νικὸν καὶ ἔνθεον θέσθαι αὐτῇ καὶ ἁπαξαπλῶς
τὰ ἔθη τῆς ἐν αὐτῇ
κακίας ἀλλάξαι, μόνον
εἰ μνησθεῖσα ἑαυτῆς ἡ ψυχὴ καὶ τοῦ ἰδίου
δεσπότου προσφύγῃ αὐτῷ καὶ ἅπαν αὐτῆς δῷ τὸ θέλημα καὶ
τὴν προαίρεσιν πᾶσαν αὐτῷ παραστήσῃ, καὶ πιστεύσῃ,
ἃ ἐπηγγείλατο αὐτῇ, καὶ παρακαλέσῃ
βοῶσα πρὸς αὐτὸν νυκτὸς καὶ ἡμέρας, ὅπως ῥυσθῇ ἀπὸ τῆς πονηρᾶς
καὶ αἰσχρᾶς δουλείας καὶ δεινῆς
αἰχμαλωσίας. (9) Ὅτε δὲ
ἐπεφάνη ἡ ἀγαθότης τοῦ σωτῆρος
Ἰησοῦ Χριστοῦ καὶ ἐπληρώθησαν
οἱ χρόνοι τῆς ἐπαγγελίας, ἦλθεν
ὁ βασιλεὺς Χριστὸς λυτρώσασθαι καὶ ἀπολα-
βεῖν τὸν ἴδιον ἄνθρωπον τὸν
κατασχεθέντα χρόνοις πολλοῖς καὶ **βίᾳ** δουλαγωγηθέντα
ὑπὸ αἰχμαλωτιστῶν πονηρῶν, καὶ ὅσοι ἐπίστευσαν αὐτῷ
καὶ προσέφυγον ἐλυθρώ-
θησαν καὶ πᾶσα δὲ ψυχὴ
πιστεύουσα καὶ δεομένη αὐτοῦ καὶ ἐπιγινώσκουσα
τὴν αἰχμαλωσίαν αὐτῆς, ἐὰν ὁμολογῇ
τὴν ἀσθένειαν αὐτῆς, ὅτι δι' ἑαυτῆς ἀ-
δύνατον ἀπολυτρώσεως τυχεῖν καὶ ἐκφυγεῖν τὴν δουλείαν τοῦ διαβόλου

---

*B b X* ‖    **28** διαβόλου *des. B b X*

**1** καὶ πάντας *om. X* ‖    **5** ἐν αὐτῇ *X* ‖    **6** ἔθη *b*; ἤθη *B (pc.) X* ‖    **9** προσφύγει *b X* ‖    **10** παραστήσει *b X* ‖    **10sq.** πιστεύσῃ] πιστεύσει *b* (-ει *mg.*); αὐτῷ ὅτι πάντα ποιήσει *add. lat* (*om. graec per homoiotel.*) ‖    **12** παρακαλέσει *b X* ‖    **14** αἰσχρᾶς] πικρᾶς *lat (uv.)* ‖    **21** δουλωθέντα *X* ‖    **22** τῶν πονηρῶν αἰχμαλωτιστῶν *tr. X* ‖    **23sq.** ἐλυτρώθησαν *melius* ‖    **27** ὅτι *om. X*

fol. 5r (p. 9)

et in immundis nec delectatur habitare in animas corruptas in intellegentia persistentem ueteris hominis malitiam iam nunc ergo sermonem exigat unusquis que ab anima sua diiudicans cogitationes proprias per praecepta diuina et probet in quibus sit deditus et a quib· detineatur et uideat si legib· dei concordet cor eius uel cogitationes eius si uero festinans concertetur unusquisq· in omni uirtute animae uel corporis ut quemammodum corpus exteriorem a fornicatione conseruat et a malitia et corruptione ueluti dī templum ita in interioribus animam et cogitationes custodiat a corruptione spuum malignorū ut non communicet cogitationibus eorum nec coinquinet ea quia est sponsa xpī sicuti enim corpus fornicatur ita et anima occultae communicans malignis uirtutib· in cogitationib· in peccatis inuisibilib· corrumpitur enim et fornicatur in desideriis in iracundiam in gulam uentris in uana gloria

|| et in immundis nec delectatur habitare in animis corruptis **in** intellegentia persistente veteris hominis malitia. Iam nunc ergo sermonem exigat unusquisque ab anima sua diiudicans cogitationes **proprias** per praecepta divina et probet, in quibus **sit deditus et a quibus detineatur**, et videat, si legibus dei concordet cor **eius** vel cogitationes **eius**. Si vero, festinans concertetur unusquisque in omni virtute animae vel corporis, ut, quemammodum corpus exteriorem a fornicatione conservat **et a malitia** et corruptione veluti dei templum, ita in interioribus animam et cogitationes custodiat a corruptione spirituum malignorum, ut non communicet cogitationibus eorum nec coinquinet eam, quia est sponsa Christi. Sicuti enim corpus fornicatur, ita et anima occulte communicans malignis virtutibus in cogitationibus, in peccatis invisibilibus: corrumpitur **enim** et fornicatur **in desideriis**, in iracundia, **in gula ventris**, in vana gloria,

mai244
pl635

---

A ||   4 iam] *inc. mai* (frg. 9a)

17 dei templum] *cf.* 1 Cor. 3,16

---

2 animis corruptis *scripsi*; animas corruptas A ||   3sq. persistente ... malitia *scripsi*; persistentem ... malitiam A ||   11 si vero A *hau*; sin vero *mai ser* ||   12 concertetur A *hau*; convertatur *mai* 14sq. exterius *coniecit mai*; ⟨in/ex⟩ exteriore/exterioribus *fortasse melius iuxta graec* ||   17 ita] sic *mai* ||   21 eam] se *mai* ||   22sq. corpus] communicans alteri corpori corrumpitur et *vel. sim. iuxta graec fortasse addendum* ||   23sq. occulte *mai*; occultae A ||   27 in[1] A *hau*; *non legit mai* (...) 27sq. in[2] ... ventris *non legit mai* (...) ||   27sq. iracundia *hau*; iracundiam A ||   28 gula *scripsi*; gulam A; gurl[am] *hau*

## B54,2,4–3,5 (II 152,28–155,1) fol. 5r

οὐκ εὐδοκεῖ γὰρ ὁ θεὸς ἐν πόρνοις οἰκεῖν καὶ ἀχρείοις καὶ μιαροῖς <u>καὶ ἀσελγέσι, καὶ</u> (p. 9)
οὐκ εὐδοκεῖ κατοικεῖν ἐν ψυχαῖς φθειρομέναις ἑκουσίως <u>τὰ νοήματα</u> ἐν τοῖς ἀοράτοις
πάθεσιν ὑπὸ <u>τῆς συνούσης κακίας</u> τοῦ πονηροῦ καὶ <u>παλαιοῦ ἀνθρώπου</u>. (5) Τὸ λοιπὸν
λόγον ἀπαιτείτω ἕκασ-   5
τος παρὰ τῆς ἑαυτοῦ ψυχῆς, ἀνακρίνων τοὺς λογισμοὺς **ἀπὸ θείων γρα-
φῶν**, καὶ δοκιμαζέτω ἐν τίσιν **ἑκουσίως
κεκράτηται**, καὶ βλεπέτω,
εἰ συμφωνεῖ τοῖς νόμοις τοῦ θεοῦ ἡ καρδία καὶ οἱ δια-   10
λογισμοί, καὶ <u>εἰ μὴ</u> συμφωνεῖ, <u>σπουδαζέτω</u>
καὶ ἀγωνιζέσθω ἕκαστος πάσῃ
δυνάμει ψυχῆς καὶ σώματος, ἵνα
ὥσπερ τὸ σῶμα ἔξω-
θεν φυλάσσει ἀπὸ πορνείας   15
καὶ φθορᾶς ὡς
ναὸν θεοῦ, οὕτως ἔνδοθεν καὶ <u>τὴν ψυχὴν καὶ τοὺς διαλογισμοὺς φυλάξῃ</u>
ἀπὸ φθορᾶς τῶν πονηρῶν πνευμάτων,
τοῦ μὴ κοινωνεῖν τοῖς διαλογισ-   20
μοῖς αὐτῶν καὶ μιαίνεσθαι αὐτὴν ὡς
νύμφην οὖσαν Χριστοῦ. (6) Ὥσπερ γὰρ τὸ σῶ-
μα κοινωνοῦν ἑτέρῳ σώματι φθείρεται καὶ <u>πορνεύει</u>, οὕτω καὶ ἡ ψυχὴ κρυπτῶς κοινωνοῦσα πονηραῖς δυνά-
μεσιν ἐν διαλογισμοῖς φθείρεται   25
καὶ πορνεύει ἐν ἀοράτοις ἁμαρτήμασιν,
ἐν ἀπιστίᾳ, ἐν δόλῳ,
ἐν κενοδοξίᾳ, ἐν ὀργῇ.

---

**2** οὐκ inc. B b A x (= X J)   N (lectiones selectae)

---

**3** φθειρομέναις A x; φθειρούσαις B | ἀοράτοις b (pc.) N J; ὁρατοῖς B A X ‖   **4** πονηροῦ καὶ om. A x lat ‖
**9** κεκράτηται] καὶ ἀπὸ τίνων κατέχεται add. lat ‖   **10sq.** διαλογισμοί] εἰ συμφωνεῖ add. A; ἢ οὐ
συμφωνεῖ add. X ‖   **12** ἀγωνιζέτω A ‖   **15** πορνείας] καὶ πονηρίας add. lat ‖   **17** καὶ om. A x lat ‖
**18** λογισμοὺς A | φυλάσσειν A x ‖   **19** διαφθορᾶς J | τῶν om. X ‖   **21sq.** ὡς ... Χριστοῦ om. J ‖
**22** οὖσαν om. A X ‖   **23** φθείρεται post σῶμα tr. X | ἢ om. A ‖   **27** ἀπιστίᾳ] ἐπιθυμίᾳ lat

in invidia, **in rapina**. Ubi enim communicat anima, illic et ministrat **et servit; si autem divino spiritui communicat, ipsi et ministrat; si vero tenebrosis et malignis spiritibus, illis similiter ministrat et servit**. Sicut ait: *Hominum enim corrupta mens*; et iterum: *Coinquinata est eorum mens et conscientia*; et iterum: *Timeo* **enim** *ne sicut serpens Evam fefellit astutia sua, ita corrumpantur sensus vestri*. Est igitur **fornicatio visibilis; est et** invisibilis fornicatio per cogitationes iniquas. In lege enim mysterium **aliquod** sanctus spiritus demonstrans animae quadrupedia immunda separabat a mundis; munda enim mundos **necesse est** pariant fructus. Ita debent animae cogitationes naturae propriae esse mundae per scientiam verbi a cohabitante peccato **et ab** immundis cogitationibus, ut anima naturae propriae cogitationes verbi notitia mundas pariat, non consentiens nec communicans malitiae **fructus** immundae scientiae tamquam naturales per ignorantiam pariat.

pl636

---

*A mai* ‖ **28** pariat *des. mai*

---

**7sq.** 1 Tim. 6,5; 2 Tim. 3,8  **8sq.** Tit. 1,15  **10–12** 2 Cor. 11,3  **15** in lege] *cf.* Lev. 11

**3** spiritui *A* (*ser*); spiritu *mai* ‖  **6** illis *scripsi*; illic (*cf. l. 2*) *A mai* | ministrat et *A* (*at sl.*) *mai*
**9** eorum mens *A hau*; mens eorum *tr. mai* ‖  **21sq.** scientiam *mai*; scientia *A* ‖  **27** immundi *mai*
**27sq.** scientiae tamquam] scientia ea quam *mai* ‖  **28** naturales per] natural... *mai* | pariet *mai*

ἐν φθόνῳ, ἐν ζήλῳ, ἐν ἔριδι. Ἔνθα γὰρ κοινωνεῖ ψυχή, ἐκεῖ καὶ διακονεῖ.

«Ἀνθρώπων, γάρ φησιν, διεφθαρμένων
τὸν νοῦν», καὶ πάλιν· «Μεμίανται
αὐτῶν καὶ ὁ νοῦς καὶ ἡ συνείδησις»,
καὶ πάλιν· «Φοβοῦμαι μήπως ὡς ὁ ὄ-
φις Εὔαν ἐξηπάτησεν ἐν τῇ πανουργίᾳ αὐτοῦ, οὕτω
φθαρῇ τὰ νοήματα ὑμῶν ἀπὸ τῆς ἁπλότητος τῆς εἰς Χριστόν».
(7) Ὥστε ἔστι πορνεία
καὶ φθορὰ κρυπτῶς ἐν ψυχῇ διὰ πονηρῶν
λογισμῶν ἐπιτελουμένη καὶ γὰρ ἐν τῷ νόμῳ μυστήριον
περὶ ψυχῆς ἐμφαῖνον τὸ πνεῦμα τὸ ἅγιον
τὰ καθαρὰ τετράποδα καὶ τὰ καθαρὰ πετεινὰ ἀπὸ τῶν ἀκαθάρτων
διώρισε, τὰ δὲ καθαρὰ καθα-
ροὺς καρποὺς τίκτει,
οὕτως ὀφείλουσι τῆς ψυχῆς οἱ
καθαροὶ τῆς ἰδίας φύσεως λογισμοὶ **κεχωρίσθαι** τῇ γνώ-
σει τοῦ λόγου διὰ πολλῆς σπουδῆς καὶ ἀγῶνος ἀπὸ τῶν τῆς ἐνοχλούσης ἁμαρτίας
ἀκαθάρτων λογισμῶν, ἵνα ἡ ψυ-
χὴ τοὺς τῆς ἰδίας φύσεως καθαροὺς λογισμοὺς
διὰ τῆς τοῦ λόγου γνώσεως καθαροὺς ἀποτίκτῃ, καὶ μὴ συν-
αίνουσα καὶ κοινωνοῦσα τῇ **συνούσῃ** κακί-
ᾳ ἀκαθάρτους ἐννοίας ὡς
φυσικοὺς δι' ἄγνοιαν ἀποκυΐσκῃ

---

B b A x (= X J)   N

2 ψυχή] ἡ ψυχή b (pc.) N | διακονεῖ] καὶ δουλεύει. Εἰ δὲ τῷ πνεύματι θείῳ κοινωνεῖ, αὐτῷ καὶ διακονεῖ· εἰ δὲ σκοτεινοῖς καὶ πονηροῖς πνεύμασι, ἐκεῖ/αὐτοῖς ὁμοίως δουλεύει καὶ διακονεῖ add. lat
9 καὶ[1] B; φησι καὶ A X; φησιν J ‖ 13 πορνεία] ὁρατῶς καὶ ἔστι πορνεία add. lat ‖ 14 ἐν] τῇ add. J
19 τίκτει] τίκτειν δεῖ lat ‖ 23–28 ἵνα ... ἀποκυΐσκῃ om. B

**fol. 4r** fissam enim habentes ungulam et ru-
(p. 7) migantia animalia fissmunda esse lex
praecepit hoc est enim necessariū
duplicem se intelligere hominem
5 contradicentem et non concordan-
tem coinhabitanti peccato   oportet
autem animam primum separari
cum cogitationibus suis et diiudicare per uerbum et segregari a commu-
10 nicatione peccati et tunc d̄s̄ in ueritate discernit et separat animam a malis spiritibus qui sunt cogitationum
radices   sicut enim agricola utiliter
terrae agens curam primum renouat
15 eam et mundat spinas et tribulos et
tunc semina mittit ut opportunae
fructus restituat   ita oportet place-
re d̄ō uolentem et semen gratiae spe-
rantem accipere mundare et reno-
20 uare et omni uirtute ornare ex se
ipsum terram cordis sui ut semen
s̄p̄s̄ cadens in corde bonae terrae fructum s̄c̄ī s̄p̄s̄ reddat multiplicem
uel quemammodum artifex qui di-
25 ligentius operatur pelles animaliū
quae dicuntur pergamena nisi primo auferat ab eis pilum et superflu-
am pinguedinem carnis uel nigrorem
sanguinis

Fissam **enim** habentes ungulam et ru- mai243
migantia **animalia** munda **esse lex** pl634
**praecepit**. Hoc est **enim** necessarium
duplicem se intelligere hominem,
contradicentem et non concordan-
tem coinhabitanti **peccato**. Oportet
autem animam primum separari
cum cogitationibus suis et diiudicari per verbum **et segregari** a commu-
nicatione peccati. Et tunc **deus** in veritate- pl635
te discernit **et separat animam** a ma-
lis spiritibus, qui sunt cogitationum
radices. Sicut enim agricola utiliter
terrae agens curam primum renovat
eam et mundat spinas et tribulos et
tunc semina mittit, ut opportune
fructus restituat, ita oportet place-
re deo volentem et semen gratiae spe-
rantem accipere mundare et renovare et omni virtute ornare ex se
ipso terram cordis sui, ut semen
spiritus cadens in corde bonae terrae fructum **sancti spiritus** reddat multiplicem.
Vel quemammodum artifex, qui diligentius operatur pelles animalium,
quae dicuntur pergamena, nisi primo auferat ab eis pilum et superflu-
am pinguedinem carnis vel nigrorem
sanguinis

---

*A* ‖   **1** fissam *inc. mai* (frg. 8)

---

**1–3** fissam...praecepit] *cf.* Lev. 11,3   **15** spinas...tribulos] *cf.* Gen. 3,18; Hebr. 6,8

---

**2** munda *A hau*; comedenda *mai* (*uncinis inclusum*); mu *ex* fiss *A* ‖   **7** primum *om. mai* ‖   **8sq.** diiudicari *dor*; diiudicare *A mai* ‖   **9** segregari *A pl hau*; segretari *mai* ‖   **10sq.** in veritate] inversa te *mai* ‖   **15** spinis et tribulis *mai* ‖   **16** opportune *mai* ‖   **19** accipere] recipere *mai* ‖   **21** ipso *scripsi iuxta graec*; ipsum *A*; ipsam *mai* ‖   **25** operatur *A mai* (operatus *legebat*) *hau*

Διχηλοῦντά φησι καὶ μη-            fol. 4r
ρυκώμενα ταῦτα καθαρὰ τυγχάνει,            (p. 7)
τουτέστιν **ὅτι** δεῖ
ἕκαστον διχῶς ἑαυτὸν ὁρᾶν
ἀντιλέγοντα καὶ μὴ συμφωνοῦν-            5
τα τῇ συνούσῃ κακίᾳ τῶν παθῶν. (3,1) Χρὴ
τοίνυν τὴν ψυχὴν πρότερον
ἐν τοῖς λογισμοῖς αὐτῆς διορίζειν καὶ διακρί-
νειν ἑαυτὴν διὰ τοῦ λόγου ἀπὸ τῆς κοινω-
νίας τῆς ἁμαρτίας. Τότε γὰρ ἐξ ἀλη-            10
θείας διορίζεται διὰ τῆς δυνάμεως τοῦ πνεύματος ἀπὸ τῶν **τῆς πονηρίας** πνευμάτων, ἅ ἐστι ῥίζαι
τῶν διαλογισμῶν. (2) Ὥσπερ γὰρ ἀνὴρ γεωργὸς καλῶς
ἐπιμελούμενος τῆς γῆς πρότερον ἀνανεοῖ
αὐτὴν καὶ καθαίρει τὰς ἀκάνθας καὶ τριβόλους, καὶ            15
οὕτω σπόρον καταβάλλει πρὸς τὸ ἐπιτηδείους
καὶ ἐντελεῖς δοῦναι τοὺς καρπούς, οὕτω χρὴ
τὸν βουλόμενον εὐαρεστῆσαι κυρίῳ καὶ τὸν σπόρον τῆς χάριτος
λαβεῖν προσδοκῶντα προκαθαίρειν καὶ ἀνανε-
οῦν καὶ προευτρεπίζειν ὅσῃ δύναμις ἐξ ἑ-            20
αυτοῦ τὴν γῆν τῆς καρδίας αὐτοῦ, ἵνα ὁ σπόρος
πεσὼν τοῦ πνεύματος ἐν τῇ καλῇ τῆς καρδίας γῇ
πολυπλασίονας καρποὺς καὶ ἐντελεῖς ἀποδώσει.
(3) Ἢ ὥσπερ τεχνίτης ἐπι-
τηδείως ἐργαζόμενος τὰ δέρματα τῶν ζῴων,            25
τὰ λεγόμενα **σωμάτια, {τοὺς βεμβράνους}**. Ἐὰν μὴ πρότερον ἄρῃ ἐξ αὐτῶν τὰς τρίχας καὶ τὰ περισσὰ τῶν σαρκῶν πάχη καὶ τὴν τοῦ αἵματος
μελανίαν

---

*B b A x (= X J)*    *N* ‖    **6** χρὴ *inc. Y* ‖    **23** ἀποδώσει *des. Y*

**1** δηλοῦντα *J* ‖    **1sq.** μαρυκώμενα *X*    **4** ἕκαστον διχῶς *B*; ἑκάστῳ (ἑκάστωτε *XJ*) δυσὶ προσώποις *A x* | ἑνορᾶν *A X J* (*uv.*) *lat* ‖    **8** ἐν *B*; σὺν *A Y x lat* ‖    **9** ἑαυτὴν *om. A Y x lat* | διὰ ... λόγου *om. Y* | ἀπὸ] τοῦ λόγου *add. A* ‖    **10** τότε γάρ] καὶ τότε *A Y x lat* ‖    **11** διορίζεται] διορίζει *A lat*; διορίσει *Y*; διορύσσει *X*; διωρήσει *J*; τὴν ψυχὴν *add. A Y lat* ‖    **12** ἐστι *A Y x*; εἰσὶ *B* | ῥίζα *Y* ‖    **16** τὸν σπόρον *X* **17** χρὴ] πρότερον *add. x* ‖    **18** τῷ κυρίῳ *X* ‖    **22** τοῦ πνεύματος πεσὼν *tr. x lat* ‖    **23** τοὺς καρποὺς *A Y x* ‖    **24** τεχνίτης] ὁ *add. A X* ‖    **26** τοὺς βεμβράνους *B*; *om. A x lat*; τὰς μεμβράνας *N* (*cf.* 2 Tim. 4,13)

**fol. 4v**
(p. 8)

et reliquam immunditiam, **ut** diligenter munda et limpida ea perficiat,
non **potest** in eis lex domini scribi.
Sicut ergo artifex sapiens, quemammodum oportet, omnia superflua
auferet mundans et nitorem prae-
stans, **et** tunc **ibi** scribuntur dei leges,
et tunc erunt scripturae **spiritales**,
eandem **igitur** similitudinem **et** hii,
qui volunt et qui sperant leges spiritus **sancti**
in suo sensu vel anima scribi et caelestem vitae imaginem Christi induere,
omni sollicitudine et diligentia cor
suum sicut artifices **mundum exhibeant** emundantes se ab omni agrestis istius saeculi pinguedine et **a
sollicitudine** carnis et sanguinis –
et **ab omni** terreno vinculo separari
et a terrenarum rerum distensione,
quae est **veluti** nigror sanguinis,
hunc emundent – **et** sic emundantes
et praeparantes sensum proprium
et cor, scribat ibi deus spiritus proprias leges
secundum suam promissionem:
*Dans leges in corde et in sensibus eorum
scribens, et erunt populus **eius**. Sicuti
et apostolus dicit: Has habentes pro-
missiones mundemus nos ab omni carnis* ||

---

*A mai* || **28** carnis *des. mai*

---

**11–17** caelestem ... induere ... a sollicitudine] *cf*. Rom. 13,14   **23sq.** scribat...promissionem] *cf*. Ier. 31 (38 LXX),33; Hebr. 10,16   **25sq.** dans...eius] Ier. 31(38 LXX),33; Hebr. 10,16: διδοὺς νόμους μου ἐπὶ καρδίας αὐτῶν καὶ ἐπὶ τὴν διάνοιαν αὐτῶν ἐπιγράψω αὐτούς; *cf*. VL ad locum   **27sq.** 2 Cor. 7,1

**1** reliquam immunditiam *mai*; reliqua immunditia *A hau* ||   **5** oporteat *mai* ||   **9** eadem igitur similitudine *mai* | ii *mai* ||   **10** leges *mai*; lege *A* ||   **11** anima *mai*; animam *A* ||   **14** mundum *mai*; modum *A* ||   **16sq.** pinguedine ... sollicitudine *mai*; pinguedinem ... sollicitudinem *A* ||   **18** separati *mai* ||   **19** distensione *mai*; distensionem *A hau* ||   **21** hunc] hoc *coniecit mai* | et] ut *mai* | emendantes *mai* ||   **23** spiritus *scripsi iuxta graec*; sui *A ser*; sanctus *mai* ||   **26** et] et ero eorum deus *fortasse praemittendum iuxta graec*

καὶ τὴν λοιπὴν ἀκαθαρσίαν **καὶ** ἐπιτη-                                                             **fol. 4v**
δείως καθαρὰ καὶ λαμπρὰ αὐτὰ ἀπεργάσηται,                                              (p. 8)
οὐ γράφουσιν ἐν αὐτοῖς τοὺς νόμους τοῦ θεοῦ.
(4) Ἐπὰν δὲ ὁ σοφὸς τεχνίτης καθ᾽
ὃν δεῖ τρόπον πάντα τὰ περισσὰ                                                                           5
περιαιρήσας καὶ καθαρίσας λαμπρύ-
νῃ, τότε γράφονται οἱ τοῦ θεοῦ νόμοι
καὶ τότε εἰσὶ γραφαί.
Τὸν αὐτὸν τρόπον οἱ
βουλόμενοι καὶ ἐλπίζοντες τοὺς νόμους τοῦ πνεύματος                     10
ἐν τῇ ἑαυτῶν διανοίᾳ καὶ ψυχῇ ἐγγραφῆναι καὶ τὴν ἐπ-
ουράνιον εἰκόνα τοῦ Χριστοῦ τῆς ζωῆς ἐνδύσασθαι
ἐπιποθοῦντες πάσῃ σπουδῇ καὶ ἐπιμελείᾳ τὴν
ἑαυτῶν καρδίαν ὡς ἐπιτήδειοι τεχνῖται **ἐργαζέσθω-**
**σαν** καὶ καθαριζέτωσαν αὐτὴν ἀπὸ πάσης ὑλι-                                          15
κῆς τοῦ αἰῶνος τούτου παχύτητος καὶ
σαρκῶν καὶ αἱμάτων
(τουτέστι φροντίδων καὶ δεσμῶν γηΐνων). ἐκτὸς εἶναι
αὐτὴν καταρτιζέτωσαν καὶ ἀπὸ σαρκικῶν ὕλης περισπασμῶν
(ἅ ἐστι τοῦ αἵματος μελανία)                                                                                    20
ταύτην καθαριζέτωσαν, **ἵν᾽** οὕτω προευτρεπισάντων
καὶ προκαθαράντων τὸν νοῦν ἑαυτῶν
καὶ τὴν καρδίαν ἐγγράψῃ ὁ θεὸς ἐκεῖ τοὺς ἰδίους νόμους
τοῦ πνεύματος κατὰ τὴν ἐπαγγελίαν αὐτοῦ.
(5) Φησὶ γάρ· «Διδοὺς νόμους μου ἐν καρδίᾳ αὐτῶν καὶ ἐπὶ ταῖς διανοίαις αὐτῶν   25
ἐπιγράψω αὐτούς. Καὶ ἔσομαι αὐτῶν θεὸς καὶ αὐτοὶ ἔσονταί μοι λαός»,
καὶ **ἐπάγει** ὁ ἀπόστολος· «Ταύτας οὖν ἔχοντες τὰς ἐπαγγελίας, ἀγαπητοί, καθαρίσωμεν ἑαυτοὺς ἀπὸ παντὸς μολυσμοῦ σαρκὸς

---

*B b A x (=X J)*    *N* ‖    **21** ἵν᾽ *inc. Y* ‖    **28** σαρκὸς *des. B b A Y x (=X J)*    *N*

**1** καὶ] ἵνα καὶ (*om. X*) χρησίμως *praem. x*; ἵνα *lat* ‖    **4** δὲ] δὴ *A*; χρὴ *J X* (*tr. post* 5 τρόπον) ‖    **6** καὶ *om. X* ‖    **8** τότε] τὸ *X* ‖    **9** τρόπον] καὶ *add. x lat* ‖    **10** βουλόμενοι καὶ *om. X* ‖    **12** τοῦ Χριστοῦ εἰκόνα *tr. x* ‖    **16** καὶ] σπουδῆς *add. lat* ‖    **18** τουτέστι *A x*; *om. B lat* | ἐκτὸς εἶναι *cum praecedentibus coniungit lat* ‖    **19** αὐτὴν καταρτιζέτωσαν *falso additum ex* ταύτην καθαριζέτωσαν (21) *ideoque delendum, deest in lat* ‖    **21sq.** προευτρεπίσαντες καὶ προετοιμάσαντες καὶ προκαθάραντες *A Y x*; *cf. lat* ‖    **23** ἐκεῖ ὁ θεὸς *tr. x lat* | ἰδίους *A Y x*; *om. B* ‖    **25** φησὶ γάρ *B*; τὸ *A Y x lat* ‖    **26** ἐπιγράψων *lat* | μοι] μου *J*

**fol. 6r**
(p. 11)

neq· audit aut loquitur aut inmer
gitur in peccati tenebras quoniā
a uitiis est eruta   etenim mens
quae uixit in tenebris et non est
5 mortificata ab eo sed adhuc ani
mam habens in tenebris et ab ipsis
pascetur   haec de x̄p̄i corpore non
est non est de corpore luminis sed
socia est tenebrarum et portio
10 et iterum quorum animae caeles
te lumine inluminatae sunt et
effecti sunt portio luminis   sed di
cit aliquis quemammodum corpus
tenebrarum est diaboli anima
15 quae non est craeatura eius   hic res
piciens itaq· recte intellege   sicut
enim indumentum quod uteris al
ter confecit uel texuit et eum in
dueris   similiter domum alter fa
20 bricauit et constituit ut habita
ret in ea   ipsam ergo similitudinē
et adam praeceptum praeuaricans
et malignum serpentem obaudiens
et d̄i praecepta s̄c̄a contemnens
25 distractus est uendens se uirtutib·
nequitiae et subdidit sibi\`nicus
animam quam d̄s bonam fecerat
suae himaginis proprium habiculū

|| neque audit aut loquitur aut inmer-
gitur in peccati tenebras, quoniam
**a vitiis est eruta**. Etenim mens,
quae vixit in tenebris et non est
mortificata ab eo, sed adhuc animam habens **in** tenebris et ab **ipsis**
pascetur, **haec** de Christi corpore non
est, non est de corpore luminis, sed
**socia** est tenebrarum et portio.
Et iterum, quorum animae **caelesti lumine inluminatae sunt, et**
effecti sunt portio luminis. Sed dicit aliquis: "Quemammodum corpus
tenebrarum est **diaboli** anima,
quae non est creatura eius?" Hic respiciens itaque recte **intellege**. Sicut
**enim** indumentum, quod uteris, alter confecit vel texuit et eum indueris, similiter domum alter fabricavit et constituit, **ut** habitares tu in ea, ipsam **ergo** similitudinem
et Adam praeceptum praevaricans
et malignum **serpentem** obaudiens
et dei **praecepta sancta** contemnens
distractus est vendens se **virtutibus
nequitiae**, et subdidit sibi iniquus
animam, quam deus bonam fecerat,
suae imaginis **proprium habitaculum**.

mai244
pl636

---

*A* ‖   **1** neque *inc. mai* (frg. 9b) ‖   **5** mortificata *des. mai* ‖   **7** haec *inc. mai* (frg. 9b)

**22–26** Adam…nequitiae] *cf.* Ambrosiast. in Rom. 8,13,1: Adam enim praevaricans vendidit se peccato   **27** quam…fecerat] *cf.* 1 Tim. 4,4

---

**5** mortificata *A hau*; morti nata *mai* ‖   **5–7** ab … pascetur] *non legit mai* (…) ‖   **7** pascitur *fortasse melius* ‖   **10sq.** caelesti *scripsi*; caeleste *A mai* („ita cod.") ‖   **12sq.** dicet *mai* (*fortasse melius iuxta graec*) ‖   **14** diaboli] *glossam esse putat ser* ‖   **15** hic] sic *fortasse melius iuxta graec* ‖   **18** et] tu *fortasse addendum iuxta graec* ‖   **20sq.** habitares tu *scripsi*; habitaret *A*; habitares *mai* ‖   **21** ipsa ergo similitudine *coniecit mai* ‖   **26** sibi iniquus *scripsi*; sibiinicus *A* (i³ *sl.*); inimico *coniecit mai* (sibi nicos *legebat*); sibi inimicus *ser* ‖   **28** habitaculum *mai*; habiculum *A*

## B9,2,6–10 (I 129,6–130,18)

καὶ οὐκέτι ἀκούει καὶ οὐ λαλεῖ καὶ οὐ πολιτεύεται ἐν τῷ σκότει τῆς ἁμαρτίας· ὅτι διὰ (p. 11)
τῆς χάριτος ἐξέρχεται ὥσπερ ψυχὴ καὶ ζωὴ αὐτῆς ἡ πονηρία τῶν παθῶν. Ὡς καὶ ὁ
ἀπόστολος βοᾷ λέγων· «Ὁ κόσμος ἐμοὶ ἐσταύρωται κἀγὼ τῷ κόσμῳ». Ψυχὴ γὰρ ἡ
ἀκμὴν ζῶσα ἐν τῷ κόσμῳ καὶ τῷ σκότει τῆς ἁμαρτίας καὶ μὴ θανατωθεῖσα ὑπ' αὐτοῦ, 5
ἀλλ' ἔτι τὴν ψυχὴν τῆς κακίας (τουτέστι τὴν ἐνέργειαν τοῦ σκότους τῶν παθῶν τῆς
πονηρίας) ἐν ἑαυτῇ ἔχουσα καὶ ὑπ' αὐτῆς ποιμαινομένη καὶ ὑπακούουσα, οὐκ ἔστι
τοῦ σώματος τοῦ Χριστοῦ, οὐκ ἔστι τοῦ σώματος τοῦ φωτός, ἀλλ' ἔστι **σῶμα** τοῦ
σκότους καὶ ἐκ τῆς μερίδος τοῦ σκότους ἀκμήν ἐστι. Ὥσπερ καὶ πάλιν οἱ ἔχοντες τὴν
ψυχὴν 10
τοῦ φωτός (τουτέστι τὴν δύναμιν τοῦ ἁγίου πνεύματος)
ἐκ τῆς μερίδος τοῦ φωτός εἰσιν. (7) Ἀλλ' ἐ-
ρεῖ τις· „Πῶς σῶμα
τοῦ σκότους λέγεις τὴν ψυχὴν
μὴ οὖσαν αὐτοῦ κτίσμα;" Ὧδε προσ- 15
εχόντως καὶ καλῶς καὶ ὀρθῶς ἐν διακρίσει **ἄκουσον**. Ὥσπερ
ἔνδυμα ἢ ἱμάτιον ὃ φορεῖς ἕ-
τερος κατεσκεύασε καὶ ἐποίησε καὶ σὺ τοῦτο ἐν-
δέδυσαι· ὁμοίως καὶ οἶκον ἕτερος ἔ-
κτισε καὶ ᾠκοδόμησε καὶ σὺ οἰ- 20
κεῖς ἐν αὐτῷ, τὸν αὐτὸν τρόπον
καὶ ὁ Ἀδὰμ παραβὰς τὴν ἐντολὴν
καὶ ἀκούσας τοῦ πονηροῦ
καὶ παρακούσας τοῦ θεοῦ
ἐπράθη καὶ ἐπώλησεν ἑαυτὸν τῷ δια- 25
βόλῳ, καὶ ἐνεδύσατο τὴν ψυχὴν ὁ πονηρός,
τὸ καλὸν κτίσμα, ὃ κατεσκεύασεν ὁ θεὸς πρὸς τὴν
ἑαυτοῦ εἰκόνα, ... Διὰ τοῦτο γὰρ καὶ ἡ ἔλευσις τοῦ κυρίου γεγένηται, ἵνα γυμνώσῃ
αὐτοὺς καὶ ἀπολάβῃ τὸν ἴδιον οἶκον καὶ ναόν, τὸν ἄνθρωπον.

---

**2** καὶ¹ inc. β = B b Y x (= X C L J)  |  η (H1,6–8 [7,141–9,182]) = K M D¹ F Pˢ Pᶜ G  ‖  **4** κόσμῳ des. Y

---

**2** οὐκέτι] οὔτε add. η | καὶ οὐ¹ BYX; ἢ CLJ lat; οὔτε η | καὶ οὐ²] οὔτε η | σκότει] τῷ add. M ‖ **3** ψυχῆς Pˢ | καὶ ζωὴ om. η (exc. F); καὶ ἡ ζωὴ Y | ὡς om. η ‖ **4** ἐβόα x | ὁ ... ἐμοὶ] ἐμοὶ κόσμος CLJη; κόσμος ἐμοὶ Yx ‖ **5** καὶ¹] ἐν CLJ | ὑπ' BxFPˢ; ἀπ' η ‖ **6** ἔτι Bedη; ἐπὶ X; ἔτι ἐπὶ CLJ | τουτέστι post ψυχὴν tr. CLJ ‖ **7** πονηρίας] ἁμαρτίας η | αὕτη FPˢ | καὶ ὑπακούουσα om. η lat ‖ **8** τοῦ σώματος¹] σῶμα X τοῦ² ... σώματος² om. x ‖ **9** ὥσπερ] γὰρ add. η (exc. MD¹ G) ‖ **12** εἰσί (ἐστὶ G) τοῦ φωτός tr. η **14** τοῦ om. X | σκότους] τοῦ διαβόλου add. lat | λέγει XCL ‖ **15** πλάσμα Pᶜ | ὡς δὲ x ‖ **16** καὶ καλῶς om. η lat | ἐν ... ἄκουσον] νόησον η lat ‖ **17** ἢ om. η; τι praem. x ‖ **17sq.** ἄλλος η ‖ **18** καὶ ἐποίησε om. MD¹ | αὐτὸ η (τὸ G) ‖ **18sq.** ἐνδύσεαι η; φορεῖς (?) Pᶜ ‖ **19sq.** ᾠκοδόμησε καὶ ἔκτισε tr. η lat (uv.) ‖ **22** ἐντολὴν] τοῦ θεοῦ add. Lη ‖ **23** καὶ om. x ‖ **24** καὶ ... θεοῦ] ὄφεως η (cf. lat) | παρακούσας] τὰς ἁγίας ἐντολὰς add. lat ‖ **28** αὐτοῦ η (exc. Pᶜ) | γυμνώσῃ] ἐκβάλῃ η (ἐκβάλλῃ D¹)

**fol. 6v**
(p. 12)

Propterea enim anima corpus efficitur tenebrarum nequitiae, quamdiu in peccatis est, quia in isdem vivet **et** iugiter et **ipsis est mixta;** sic iterum anima credens, quae est redempta, **et** accipiet de vita et **de** lumine spiritus sancti et in eodem conversatur ibique ambulat; conmixta enim est deifico lumini. Neque enim ex natura deitatis est anima neque de natura tenebrarum peccati, sed est aliqua pulchrior et mirabilis creatura et similitudo et imago dei **pretiosa,** sed **potius** propter **praecepti** praevaricationem ingressa est in eam tenebrarum nequitia. Deinde **cui parti commiscetur** anima vel consentit: Si in dei lumine **requiescet, et** vivet in **eodem** lumine; quodsi rursus in peccatis habitet tenebrarum, **in ipsis et detinebitur.** Volens enim vivere anima et requiem aeterne **frui,** oportet **eam** appropinquare Christo principi sacerdotum et immolari et pristinae vitae **vel** nequitiae mori et transferri ad alteram vitam, **hoc est sancti spiritus.** Sicut **enim** si aliquis in civitate moriatur, neque vocem ‖

---

*A mai* ‖   3 est *des. mai*

**1sq.** dicitur *fortasse melius iuxta graec* ‖   **3** est] etc. *add. mai* ‖   **3sq.** vivit *fortasse melius iuxta graec* ‖   **6** accipiet] accipit *fortasse melius* ‖   **9** lumini *scripsi monente dor*; lumine *A* ‖   **11** peccati] nequitiae *fortasse melius iuxta graec, sed cf. l. 2 et 16* ‖   **12** pulchrior *scripsi*; pulchior *A* ‖   **15** praevaricationem *scripsi*; praevaricatione *A* ‖   **16** eam *scripsi*; ea *A*

(8) Τούτου τοίνυν ἕνεκεν σῶμα λέγεται ἡ ψυχὴ **fol. 6v**
τοῦ σκότους τῆς πονηρίας, ἕως (p. 12)
οὗ ἔστιν ἐν αὐτῇ τὸ σκότος τῆς ἁμαρτίας, ὅτι ἐκεῖ ζῇ
εἰς τὸν αἰῶνα τὸν πονηρὸν τοῦ σκότους καὶ **ἐκεῖ κρατεῖται**,
ὡς καὶ Παῦλος σῶμα ἁμαρτίας καὶ σῶμα θανάτου καλῶν λέγει· «Ἵνα καταργηθῇ τὸ 5
σῶμα τῆς ἁμαρτίας», καὶ πάλιν· «Τίς με ῥύσεται ἐκ τοῦ σώματος τοῦ θανάτου»;
ὁμοίως πάλιν ἡ πιστεύσασα τῷ θεῷ ψυχὴ καὶ ἐκ τῆς ἁμαρτίας ῥυσθεῖσα καὶ
θανατωθεῖσα ἐκ τῆς ζωῆς τοῦ σκότους καὶ φῶς τοῦ ἁγίου πνεύματος ὥσπερ ψυχὴν
λαβοῦσα καὶ ζήσασα ἐκεῖ τὸ λοιπὸν ζῇ κἀκεῖ διατρίβει, ὅτι ἐκεῖ **κεκράτηται** τῷ φωτὶ
τῆς θεότητος. Οὔτε γὰρ φύσεως τῆς θεότητός ἐστιν ἡ ψυχὴ οὔτε φύ- 10
σεως τοῦ σκότους **τῆς πονηρίας**, ἀλλὰ ἔστι
κτίσμα τι νοερὸν καὶ ὡραῖον καὶ θαυμαστὸν
καὶ μέγα καὶ καλόν, ὁμοίωμα καὶ εἰκὼν θεοῦ,
καὶ διὰ τὴν
παράβασιν εἰσῆλθεν 15
εἰς αὐτὴν ἡ πονηρία τῶν παθῶν τοῦ σκότους. (9) Τὸ λοιπὸν
εἰ **συγκεκράτηται** καὶ συνήνωται ἡ ψυχὴ
τοῖς θελήμασιν· ἤτοι τὸ φῶς τοῦ θεοῦ ἐν αὐτῇ ἔχει,
ἐν αὐτῷ ζῶσα ἐν πάσαις ἀρεταῖς τοῦ φωτὸς τῆς ἀναπαύσεώς ἐστι,
πάλιν δὲ τὸ σκότος τῆς ἁμαρτίας ἐὰν ἔχῃ 20
ἐν αὐτῇ, ζῶσα ἐν τοῖς ἁμαρτήμασι τοῦ σκότους τῆς κατακρίσεως τυγχάνει. Ψυχὴν
γὰρ τὴν θέλουσαν ζῆσαι παρὰ θεῷ καὶ ἐν ἀπολαύσει καὶ ἀναπαύσει καὶ φωτὶ αἰωνίῳ προσελθεῖν δεῖ, ὡς προείρηται, τῷ ἀληθινῷ
ἀρχιερεῖ Χριστῷ καὶ τυ-
θῆναι καὶ ἀποθανεῖν τῷ κόσμῳ καὶ τῇ προτέρᾳ ζωῇ τοῦ σκότους τῆς πονη- 25
ρίας καὶ μετατεθῆναι ἐν ἑτέρᾳ
ζωῇ καὶ ἀναστροφῇ θείᾳ. (10) Καὶ ὥσπερ ἐάν τις
ἀποθάνῃ ἐν πόλει, οὔτε τῆς φωνῆς

---

$β = Bbx(=XCLJ)$ | $η = KMD^1FP^sP^cG$ ‖ **28** φωνῆς des. $β = Bbx(=XCLJ)$ | $η = KMD^1FP^sP^cG$

---

**1** ἕνεκεν om. $FP^s$ | σῶμα om. B ‖ **2sq.** τῆς ... σκότος om. X ‖ **3** ὅτι] καὶ $P^s$; ὁ F ‖ **4** κεκράτηται η **5** καθὼς η | ὁ Παῦλος J ‖ **6** θανάτου] τούτου add. Lη ‖ **7sq.** τὴν πιστεύσασαν ... ψυχήν ... ῥυσθεῖσαν. θανατωθεῖσαν x ‖ **8** τὸ φῶς CLJη | ψυχήν] ζωήν η ‖ **9** λαβοῦσαν καὶ ζήσασαν x; λαβοῦσα καὶ ζήσασαν X | καὶ ἐκεῖθεν add. η | τὸ ... κἀκεῖ λοιπὸν η | ἐκεῖ² om. x lat | κέκραται lat (cf. 4 et 17) **10** θεότητος] αὐτοῦ add. L ‖ **10sq.** τοῦ σκότους τῆς πονηρίας ἔστιν ἡ ψυχὴ οὔτε φύσεως τῆς θεότητος tr. $P^c$ ‖ **11** ἀλλ' η ‖ **12sq.** ὡραῖον καὶ μέγα καὶ (om. G) θαυμαστὸν tr. x η (μέγα καὶ ὡραῖον καὶ θαυμαστὸν tr. $P^s$) ‖ **13** καλόν] καὶ μέγα add. CLJ ‖ **16** εἰς αὐτὴν om. x | τοῦ σκότους τῶν παθῶν tr. J ‖ **17** εἰ B; ᾧ Xη lat; ὡς CLJ | συγκέκραται xη (συγκίρναται F; sl. $P^s$) lat ‖ **18** τοῖς] ἐν praem. xη ἤτοι] οὖν add. η; εἰ lat | ἑαυτῇ $CJP^s$ | ἔχει] ἔχουσα καὶ η ‖ **19** ἑαυτῷ J | πάσαις] ταῖς add. η | ἐστιν η **20** πάλιν δὲ] ἤτοι η; ἤτοι πάλιν x | ἐὰν om. x ‖ **20sq.** ἐὰν ... σκότους om. η ‖ **20** ἔχει x ‖ **21** αὐτῷ XCL; ἑαυτῷ J ‖ **22** καὶ¹ om. x | καὶ¹ ... καὶ²] ἐν η | ἐν ἀναπαύσει x ‖ **23** εἴρηται B (ac.) | ἀληθινῷ om. J lat ‖ **25–27** τοῦ ... ζωῇ om. L ‖ **26** ἐν om. X ‖ **27** καὶ² om. xη | ὥσπερ] ὡς x ‖ **28** τῆς om. η

|| oleum laetitiae **prae consortibus tuis**, et multam et variam escam spiritalem et caelestem, **incorruptam, glorificam**, et vestem caelestis luminis habens a deo. In his **enim** vita est, non in corpore. Qui **autem** remanserit in propria natura **sine gratia spiritus sancti**, corrumpetur et morietur. Et vae animae **illi**, quando in sola propria natura remanserit et non participaverit divinae **naturae, id est gratiae! Morte aeterna** remorietur **in poenis**, quia digna non est effecta aeternae vitae **particeps esse**. Sicut enim, infirmantis corpus cum escam non poterit accipere vel potum, desperantes de eo plangent **eum** omnes proximi **vel** carissimi amici vel dilecti **eius**, sic deus deflet animas, quae vitam de eius spiritu non **habent** et caelestem **vitam non** vivent nec **fructum afferent spiritus.** Haec **omnia** non sunt per se verba narranda, sed **sunt** opera vitae, opera veritatis. Anima **igitur**, quae **nunc** digna effecta ⟨...⟩

---

*A* ∥   **1** oleum *inc. mai* (frg. 7a) ∥   **21** eius *des. mai*

**1sq.** oleum...tuis] *cf.* Ps. 44,8   **13–16** morte...esse] *cf.* 1 Petr. 3,22

**2** et²] ac *mai* ∥   **3sq.** incorruptam glorificam *glossam esse putat ser* ∥   **5** habens a deo *non legit mai* (...) ∥   **6** est *om. mai* ∥   **8** sine ... sancti] *non legit mai* (...); sine gratia *rur(sus) hau* ∥   **9sq.** et vae animae illi *A hau*; ... anima *mai* ∥   **10sq.** sola propria natura *mai*; solam propriam naturam *A hau*   **14** remorietur *A hau*; emorietur *A* (*ser*); morietur *mai* ∥   **19** de eo *mai*; deo *A* ∥   **21** sic *scripsi dubitanter iuxta graec*; haec (*ex* ταῦτα *pro* οὕτω?) *A* ∥   **22** spiritu *scripsi*; spiritum *A* ∥   **26** sunt] spiritalia *fortasse melius iuxta graec* ∥   **28** effecta *scripsi*; efficta fidelis *A* (*uv.*); es thronus dei *add. A* (*ser*); *lacuna subesse videtur*

### B9,3,6–9 (I 132,23–133,26)

«ἀγαλλιάσεως ἔλαιον» καὶ παμπόλλην καὶ πολυποίκιλον τροφὴν οὐράνιον καὶ πνευματικὴν
καὶ ἐνδύματα
φωτὸς οὐράνια ἐκ τοῦ πνεύματος τοῦ θεοῦ τυγχάνοντα·
ἐν τούτοις ἐστὶν ἡ αἰώνιος ζωὴ τῆς ψυχῆς. (7) **Οὐαὶ** τῷ σώματι ὁπόταν εἰς τὴν ἑ-
αυτοῦ φύσιν ἔστηκεν, ὅτι διαφθείρεται καὶ ἀποθνῄσκει· καὶ οὐαὶ
δὲ καὶ τῇ ψυχῇ, ὁπόταν εἰς τὴν ἑαυτῆς φύσιν μόνον ἔστηκε καὶ
εἰς τὰ ἑαυτῆς ἔργα μόνον πέποιθε, μὴ ἔχουσα θείου πνεύματος κοινωνίαν,
ὅτι
ἀποθνῄσκει ζωῆς αἰωνίου θεότητος
μὴ καταξιουμένη.
Ὥσπερ γὰρ ἐπὶ τῶν ἀσθε-
νούντων, ἐπὰν μὴ δύνηται τὸ σῶμα
λαβεῖν τροφὴν ἢ πόσιν, ἀπ-
ελπιστέος ἐστὶ ὁ ἄνθρωπος, καὶ κλαίουσιν ἐπ' αὐτῷ πάντες οἱ γνήσιοι φίλοι, συγγενεῖς
καὶ ἀγαπητοί, οὕτω κλαίει ὁ θεὸς
καὶ οἱ ἅγιοι ἄγγελοι ψυχὰς τὰς μὴ τρεφομένας
τροφὴν οὐράνιον τοῦ πνεύματος αὐτοῦ
καὶ ἐν ἀφθαρσίᾳ ζώσας.
Ταῦτα δὲ οὐκ εἰσὶν ἁπλῶς λό-
γοι λαλούμενοι, ἀλλ' ἔργον πνευματικὸν ζωῆς,
ἔργον ἀληθείας,
εἰς τὴν ἀξίαν καὶ πιστὴν ψυχὴν γινόμενον. (8) Εἰ τοίνυν ἐγένου θρόνος τοῦ θεοῦ

---

**2** ἀγαλλιάσεως *inc.* β = Bbx(= XCLJ) | η (H1,11sq. [12,244–13,273]) = KMD¹ FPˢ Pᶜ ZG

---

**2** παμπόλλην ... πολυποίκιλον] παμποίκιλον Jη ‖ **3** οὐράνιον ... πνευματικὴν] οὐρανίου πνεύματος J η | πνευματικὴν] ἄφθαρτον συνδοξαζομένην *add. lat* ‖ **5** τοῦ πνεύματος *om.* Jη ‖ **6** οὐαὶ] οὐκ ἐν *lat* | τῷ *om.* x η (δὲ Pˢ) ‖ **7sq.** ἑαυτοῦ] μόνου *add.* Pˢ ‖ **8** ἔστηκεν] χωρὶς χάριτος τοῦ ἁγίου πνεύμα-τος *add. lat* ‖ **10** δὲ καὶ τῇ *om.* x η | ὁπόταν] εἰ η ‖ **11** ἔστηκε μόνον *tr.* M ‖ **12** αὐτῆς FPˢ | θείου πνεύματος] θείας φύσεως τουτέστιν χάριτος *lat* ‖ **14** ἀποθνῄσκει] αἰωνίῳ θανάτῳ ἐν τιμωρίᾳ *add. lat* ‖ **15** καταξιωθεῖσα Jη ‖ **16sq.** ἀσθενῶν x ‖ **17** ἐπὰν] δὲ *add.* X | μὴ ... σῶμα] μηκέτι τὸ σῶμα (τὸ μήκετι σῶμα *tr.* FPˢ Pᶜ) δύνηται η | δύναται Bx ‖ **18** ἢ πόσιν *om.* η ‖ **18sq.** ἀφελπίστεον CLJ **18sq.** ἀπελπιστέος ... ἄνθρωπος] ἀπελπίζουσιν η *lat* (*uv.*) ‖ **19** ὁ ἄνθρωπος *om.* x | ἐπ' αὐτῷ *om.* η **20** οἱ *om.* x η | φίλοι γνήσιοι *tr.* Pˢ ‖ **21** κλαίοι G ‖ **22** ἅγιοι *om.* β (*ac.* L) Z | ψυχὰς] τὰς *praem.* η **23** αὐτοῦ *om.* η ‖ **24** ζώσας] ζησάσας η; μηδὲ καρπὸν ἐκφερούσας τοῦ πνεύματος *add. lat* ‖ **25** δὲ] καὶ πάλιν φημί *add.* η; πάντα *add. lat* (cf. B11,1,8: ταῦτα δὲ πάντα τύποι καὶ σκιαὶ τῶν ἀληθινῶν πραγμάτων ἐγένοντο; B18,6,11) | οὐκ εἰσίν η ‖ **26** λαλούμενοι] μόνον *add.* XLJ | πνευματικῆς η ζωῆς *om.* x ‖ **28** γιγνόμενον η | τοῦ *om.* FPˢ | θεοῦ] κυρίου x

et ascendet **enim** super te caelestis agitator et fiet anima tua tota oculus et tota lumen. Et si cibum sumpsisti spiritalem et si vitae potum potata es et si indumentum ineffabilis luminis induta es, **ut possis adversus machinamenta resistere diaboli** – si interior homo his omnibus per probationem confirmatus est, †**aut si**† vita vivet aeterna in domino requiescens. Si autem haec **omnia** non accepisti nec possides, **nunc** in veritate contristare deflens, quod **tantarum** non sis particeps divitiarum et tantam necdum acceperis vitam. Itaque dolorem paupertatis tuae habeto **et inopiae**, eo quod in **propria** peccatorum **tuorum** adhuc remanseris inopia. Si ergo quis habens dolorem propter inopiam propriam et nondum satiatus in securitate ambulat – quia **autem** dolorem habens deprecatur petens dominum, velocius percipet redemptionem et caelestes divitias, secundum quod dominus dicebat de iudice iniquitatis. De vidua sermo narrans edocuit ||

---

*A* || 1 ascendet *inc. mai* (frg. 7b) || 29 edocuit *des. mai*

4 vitae potum] *cf.* Io. 4,10    6–8 induta...diaboli] *cf.* Eph. 6,11    26–29 secundum...edocuit] *cf.* Lc. 18,6–8

1 et *om. mai* ||    3sq. sumpsisti *scripsi*; sumsit si *A*; sumpsit *mai* ||    4 spiritalem *mai*; spiritale *A*    5 es *mai*; est *A* ||    9 probationem *mai*; probatione *A* ||    10 aut si] *ecce fortasse melius iuxta graec*    12 recepisti *mai* | nunc] non *mai* ||    13 contristare *scripsi*; contristari *A mai* | debes *coniecit mai*    18–20 propria ... inopia *mai*; propriam ... inopiam *A* ||    20–23 si ... ambulat] *anacoluthon*    23 quia *scripsi iuxta graec*; qui *A* ||    24 habens *scripsi iuxta graec*; habent *A*; habet *mai* ||    25 percipet *A hau*; percipiet *mai* ||    27 iudice *coniecit mai*; iudicem *A*

καὶ ἐπιβέβηκεν ἐπὶ σὲ ὁ οὐράνιος  
ἡνίοχος καὶ ἐγένετο ἡ ψυχή σου ὅλη ὀφθαλ-  
μὸς πνευματικὸς καὶ ὅλη φῶς, καὶ εἰ ἐτράφης {ἐξ}ἐκείνης  
τὴν τοῦ πνεύματος τροφῆς καὶ εἰ ἐποτίσθης ἐκ τοῦ ὕδατος τοῦ ζῶντος καὶ τοῦ  
ἐνθέου καὶ πνευματικοῦ οἴνου εὐφραίνοντος καρδίαν καὶ εἰ ἐνδέδυσαι τῇ ψυχῇ τὰ 5  
τοῦ ἀρρήτου φωτὸς ἐνδύματα,

εἰ πάντων τούτων ὁ ἔσω σου ἄνθρωπος  
ἐν πείρᾳ καὶ πληροφορίᾳ καθέστηκεν,  
**ἰδοὺ** ζῇς τὴν ὄντως αἰώνιον ζωὴν ἀπὸ τοῦ νῦν μετὰ τοῦ κυρίου ἀνα- 10  
παυομένης τῆς ψυχῆς σου. Εἰ δὲ  
οὐκ ἐκτήσω καὶ ἔλαβες ταῦτα παρὰ τοῦ θεοῦ  
ἐν ἀληθείᾳ, ἵνα ζῇς ζωὴν ἀληθινήν, κλαῖε καὶ λυποῦ καὶ ὀδύρου,  
ὅτι τοῦ αἰωνίου καὶ πνευματικοῦ πλούτου ἀκμὴν οὐδέπω τετύχηκας  
καὶ οἵαν ζωὴν ἀκμὴν οὐδέπω 15  
ἐδέξω. (9) Πόνον δὲ ἀεὶ  
ἔχε περὶ τῆς πτωχείας σου δεόμενος τοῦ κυρίου,  
ὅτι εἰς τὴν δεινὴν πενίαν τῆς ἁμαρ-  
τίας ἔτι ἕστηκας.  
Εἴθε δὲ κἂν πό- 20  
νον τις κέκτηται διὰ τὴν ἑαυτοῦ πτωχείαν,  
καὶ μὴ ὥσπερ κεκορεσμένος ἐν ἀμεριμνίᾳ  
διάγῃ. Ὅτι ὁ πόνον  
ἔχων καὶ ζητῶν καὶ αἰτῶν τὸν κύριον  
ἀδιαλείπτως ταχέως τεύξηται τῆς λυτρώσεως 25  
καὶ τοῦ πλούτου τοῦ οὐρανίου, καθὼς  
καὶ ὁ κύριος ἔλεγε περὶ τοῦ ἀδίκου κρι-  
τοῦ καὶ τῆς χήρας διεξερχόμενος τὸν λόγον·

---

β = B b x (= X C L J)  |  η = K M D¹ F Pˢ Pᶜ Z G  ‖  **28** λόγον des. β = B b x (= X C L J)  |  η = K M D¹ F Pˢ Pᶜ Z G

---

**1** καὶ] εἰ add. x  ‖  **2** καὶ] εἰ add. C L J | ὅλη om. X C L  ‖  **3sq.** ἐξ (om. Y) ἐκείνης τῆς τοῦ πνεύματος τροφῆς B Y; ἐκείνην τὴν τοῦ πνεύματος τροφὴν x η  ‖  **4** εἰ om. X | ποτίζῃ (-ει) β (codd.) | ζῶντος ὕδατος η | τοῦ ζῶντος om. x | καὶ² om. C L J  ‖  **4sq.** καὶ² ... καρδίαν om. η lat  ‖  **4** τοῦ⁴ om. Y X  **5** οἴνου] τοῦ ὄντως add. C L J | ἐνδέδυσαι ... ψυχῇ] ἐνεδύσω η lat  ‖  **6** ἐνδύματα] πρὸς τὸ δύνασθαι σὲ ἀντιστῆναι πρὸς τὰς μεθοδείας τοῦ διαβόλου (cf. Eph. 6,11; cf. B50,4,5,6) add. lat  ‖  **8** τούτων ἁπάντων η | σου om. F Pˢ lat  ‖  **10** ζῇς] καὶ add. η | τὴν ... αἰώνιον] αἰώνιον καὶ ὄντως Y | τοῦ¹ om. X  **11sq.** εἰ ... ἐκτήσω] ἰδοὺ κέκτησαι η  ‖  **12** καὶ ἔλαβες post θεοῦ tr. x | ταῦτα ante ἐν tr. G | παρὰ] πάντα lat | τοῦ om. x Pˢ Pᶜ G | θεοῦ] κυρίου η  ‖  **13** ζήσῃς L J; ζήσεις C | ἀληθινήν] εἰ δὲ μηδὲν τούτων σύνοιδας σεαυτῷ add. η  ‖  **14** τοῦ B; ὁποίου καὶ Y; ὁποίου x lat  |  καὶ πνευματικοῦ om. x lat  **14sq.** τετύχηκας ... οὐδέπω om. Y Z  ‖  **15** οἵαν] ποίαν x lat; τὴν ὄντως η | ἀκμὴν om. x lat  ‖  **16** δὲ ἀεὶ] οὖν η lat; ἀεὶ x  ‖  **17** κυρίου] θεοῦ M Z; νυκτὸς καὶ ἡμέρας add. η  ‖  **19** ἔτι om. Y x  ‖  **21** τις πόνον tr. x | ἐκέκτητο η | πτωχείαν] ψυχὴν L  ‖  **22** ὡς x | κεκορεσμένοι η  ‖  **23** διήγομεν η; τυγχάνει Y  ‖  **24** αἰτῶν καὶ ζητῶν tr. C L J; ζητῶν καὶ ποθῶντα Y | τὸν κύριον post ζητῶν tr. Pᶜ  ‖  **25** τεύξεται η | ἀπολυτρώσεως x η  ‖  **26** ἐπουρανίου πλούτου η  ‖  **27** καὶ om. Y (uv.) η lat

| **fol. 1r** secundum exteriore uero homi-
| (p. 1) ne ita ut ceteri sunt sed saecula-
| res sensum et uoluntatem alibi
| habent operantem in eis seduc-
5 tionis s̄p̄ū ut quae terrena sunt
| sapiant nam et x̄p̄iani aliam
| habent uoluntatem alterum
| sensum saeculi alterius ciuita-
| tis alterius spiritui enim d̄ī c̄ō-
10 municat anima eorum et con-
| culcant inimicum scribtum est
| enim nouissime inimica destru-
| etur mors etenim d̄n̄m̄ diliḡe-
| tes d̄n̄ī omnium sunt contem-
15 nentem ignem gladium et aqᵘaṃ
| et daemones patientium sunt
| d̄n̄ī iterum remissi peccato-
| res omnium horum serui sunt
| et ignis eos comburet et lapis
20 seu gladius interficet eos
| daemones etiam eis dominan-
| tur expl omilia xxuiii

| inc omilia xxuiiii
25 interrogatio seniorum quorundam si
| uere in resurrectione omnia mem-
| bra resurgunt responsio

‖ **secundum exteriorem vero hominem ita, ut ceteri sunt, sed** saeculares sensum **et voluntatem** alibi
habent operante **in eis** seductionis spiritu, ut quae terrena sunt
sapiant. **Nam** et Christiani aliam
habent voluntatem, alterum
sensum, saeculi alterius, civitatis alterius; spiritui enim dei communicat anima eorum et con-
culcant inimicum. Scriptum est
enim: *Novissime inimica destruetur mors.* Etenim dominum diligen-
tes domini omnium sunt. Contemnentes ignem, gladium et aquam
et daemones patientium sunt
domini. Iterum remissi peccato-
res omnium horum servi sunt,
et ignis eos comburet et lapis
seu gladius interficet **eos**,
daemones **etiam eis** dominan-
tur.     Explicit omilia XXVIII.

Incipit omilia XXVIIII.                                      mai241
Interrogatio **seniorum quorundam**: Si    pl633
vere in resurrectione omnia mem-
bra resurgunt? Responsio:

---

*A* ‖   **19** et¹ *inc. hau* (p. 441) ‖   **20** eos *des. hau* ‖   **24** incipit *inc. mai* (frg. 4)

**4sq.** seductionis spiritu] *cf.* 1 Io. 4,6   **5sq.** ut…sapiant] *cf.* Phil. 3,19   **12sq.** 1 Cor. 15,26

**1sq.** exteriorem … hominem *scripsi*; exteriore … homine *A*  ‖    **4** operante *scripsi*; operantem *A*
**8** alterius] sunt *fortasse addendum iuxta graec* ‖    **14sq.** contemnentes *scripsi*; contemnentem *A*
**20** interficet *A hau*; interficiet *mai* ‖   **24** XXVIIII] XXIIII *mai*

## B45,1,4 (II 81,4–11)

καὶ αὐτοὶ κατὰ τὸν ἔσω ἄνθρωπον λαλοῦσι μετὰ τοῦ θεοῦ. (4) Ἄλλην οὖν ἔχουσι (p. 1)
προαίρεσιν οἱ κοσμικοὶ
ἐνεργούμενοι ὑπὸ τοῦ πνεύματος τῆς πλά-
νης τοῦ φρονεῖν τὰ ἐπίγεια. 5
Καὶ οἱ Χριστιανοὶ ἄλλην
ἔχουσι προαίρεσιν, ἄλλον
νοῦν, ἄλλου αἰῶνός εἰσιν, ἄλλης
πόλεως· πνεῦμα γὰρ θεοῦ κοινωνεῖ τῇ ψυχῇ αὐτῶν καὶ κατα- 10
πατοῦσι τὸν ἀντικείμενον. Γέγραπται
γάρ· «Ἔσχατος ἐχθρὸς καταργεῖται ὁ θάνατος». Οἱ γὰρ θεοσε-
βεῖς πάντων εἰσὶ δεσπόται,
καὶ πυρὸς καταφρονοῦσι καὶ ξίφους καὶ ὑδάτων, 15
καὶ δαιμόνων καὶ παθῶν εἰσι
δεσπόται. Πάλιν δὲ οἱ χαῦνοι καὶ ἁμαρτω-
λοὶ ὅλων εἰσὶ δοῦλοι,
καὶ πῦρ αὐτοὺς καίει καὶ λίθος
ἢ τὸ ξίφος ἀποκτείνει – 20
καὶ δαίμονες κατακυριεύου-
σιν.

## B32,1,1 (II 18,2–14)

(1) Ἐρώτησις. Εἰ 25
ἆρα ἐν τῇ ἀναστάσει ὅλα τὰ σώματα ἀνίστανται;   Ἀπόκρισις.

---

**2** καὶ inc. β = BbAYC | η (H15,8sq. [132,121–130]) = KMDFPᶜG ‖   **21sq.** κατακυριεύουσιν des. β = BbAYC | η = KMDFPᶜG ‖   **25** ἐρώτησις inc. β = Bb | η (H15,10 [132,131–133,144]) = KMDF PᶜZG

---

**2** καὶ αὐτοὶ] αὐτοὶ δὲ η | θεοῦ] καὶ κατὰ τὸν ἔξω ἄνθρωπον φαίνονται τοῖς ἀνθρώποις ὡς θεωροῦντες τὰ ἐν τῷ (om. F) κόσμῳ γινόμενα add. η (cf. secundum exteriorem vero hominem) | ἄλλην] ἀλλὰ ἀλλαχοῦ lat ‖   **2–4** ἔχουσι ... ἐνεργούμενοι] ἔχουσιν οἱ κοσμικοὶ ἐνέργειαν η ‖   **5sq.** γήϊνα οἱ δὲ η ‖ **10** ταῖς ψυχαῖς η ‖   **14** πάντες F ‖   **15–17** καὶ¹ ... δεσπόται om. η (exc. Pᶜ G) ‖   **15** πῦρ φρονοῦσι Pᶜ ‖ **16** πάντων εἰσί Pᶜ G ‖   **17** χαῦνοι] τῇ πίστει καὶ add. η ‖   **17sq.** οἱ ἁμαρτωλοὶ A ‖   **20** ἢ τὸ] καὶ η ἀποκτένει η ‖   **21** καὶ] τελευταῖον add. η | δαίμονες] αὐτῶν add. η lat
**26** ἆρα om. η ‖   **26sq.** σώματα] μέλη η (exc. Pᶜ) lat

**fol. 1v**
(p. 2)

| | |
|---|---|
| deo omnia sunt possibilia et ita pro | deo omnia sunt possibilia, et ita pro- |
| misit hominis autem infirmitas | misit; hominis autem infirmitas |
| et cogitatio quasi impossibile hu | et cogitatio: **quasi** impossibile hu- |
| ic apparet   quemammodum enī | ic apparet. Quemammodum enim |
| 5  de limo terrae accipiens et quasi | de limo terrae accipiens et quasi |
| quandam aliam construxit natu | quandam aliam construxit natu- |
| ram dissimile a terra et plurima | ram dissimilem a terra et plurima |
| faciens genera utpote capillos | faciens genera utpote capillos |
| et pellem et ossa et nervos | et pellem et ossa et nervos –; |
| 10  quemammodum autem acus in | quemammodum autem acus ⟨si⟩ in |
| igne mittitur mutat colore et trans | ignem mittitur, mutat colorem **et trans-** |
| figuratur et ignis efficitur et li | **figuratur** et ignis efficitur, et li- |
| cet natura ferri quamvis solva | cet natura ferri quamvis solva- |
| tur, tamen stabilis est   ita in resur | tur, tamen stabilis est, ita in resur- |
| 15  rectione omnia membra resur | rectione omnia membra resur- |
| gunt et capilli non disperient | gunt et capilli non disperient, |
| iuxta quod scribtum est et omnia | iuxta quod scriptum est, et omnia |
| efficiuntur lucida   et omnia in | efficiuntur lucida **et** omnia in |
| igne et in lumine tinguntur et | igne et **in** lumine tinguntur et |
| 20  transfigurantur   sed non sicut | transfigurantur; sed non, sicut |
| quidam dicunt quod solvatur et ig | quidam dicunt, **quod** solvatur et ig- |
| nis efficiatur et iam et non stabit | nis efficiatur et iam et non stabit |
| natura   petrus enim petrus est | natura. Petrus enim Petrus est |
| et paulus paulus et filippus filip | et Paulus Paulus et Filippus Filip- |
| 25  pus   et unusquisq· in propria na | pus, **et** unusquisque in propria **na-** |
| tura et substantia permanet | **tura et** substantia permanet, |
| sicut et in plenitudine s̄p̄s̄  si autem | **sicut** et in plenitudine spiritus. **Si** autem ‖ |

---

*A mai* ‖   27 autem *des. mai*

---

**1** deo...possibilia] *cf.* Mt. 19,26; Mc. 10,27; Lc. 18,27   **5** de...accipiens] *cf.* Gen. 2,7   **16sq.** capilli... est] *cf.* Lc. 21,18

---

**7** dissimilem *mai*; dissimile *A* ‖   **8** utpote] ut ... *mai* ‖   **10** si *addidi*; *om. A mai* ‖   **11** ignem *mai*; igne *A* | colorem *mai*; colore *A* ‖   **12sq.** et¹ ... ferri *non legit mai* (...) ‖   **21sq.** solvantur et ignis efficiantur etiam *mai*

Τῷ θεῷ πάντα εὔκολά ἐστι, καὶ οὕτως ἐπ-                         **fol. 1v**
ηγγείλατο, ἀνθρωπίνῃ δὲ ἀσθενείᾳ                                   (p. 2)
καὶ λογισμῷ ἀδύνατον τοῦ-
το καταφαίνεται. Ὥσπερ γὰρ
ἀπὸ τοῦ χοὸς καὶ τῆς γῆς λαβὼν ὀλίγον                              5
ἄλλην τινὰ φύσιν κατ-
εσκεύασε τὴν τοῦ σώματος, μὴ ἐοικυῖαν τῇ γῇ, καὶ γένη
πολλὰ ἐποίησεν οἷον τρίχας
καὶ δέρματα καὶ ὀστέα καὶ νεῦρα,
οὕτω πάλιν ἀπὸ τῆς γῆς ἀναστήσει πάντα. Ὃν δὲ τρόπον ῥαφὶς      10
βαλλομένη εἰς πῦρ ἀλλάσσει τὴν χρόαν καὶ
γίνεται πῦρ – οὐ μέντοι δὲ
ἡ φύσις τοῦ σιδήρου ἀνελύ-
θη, ἀλλ' ὑφέστηκεν –, οὕτω καὶ ἐν τῇ ἀναστά-
σει ὅλα τὰ μέλη ἀνίσταν-                                                     15
ται καὶ θρὶξ οὐκ ἀπόλλυται,
καθὼς γέγραπται, καὶ ὅλα
γίνεται φωτοειδῆ, ὅλα εἰς
**πῦρ καὶ φῶς** βάπτεται καὶ
μεταβάλλεται· ἀλλ' οὐχ, ὥς                                                     20
τινες λέγουσιν, ἀναλύεται καὶ
γίνεται πῦρ καὶ οὐκέτι ὑφέστηκεν
ἡ φύσις. Πέτρος γὰρ Πέτρος ἐστὶ
καὶ Παῦλος Παῦλος καὶ Φίλιππος Φίλιπ-
πος, ἕκαστος ἐν τῇ ἰδίᾳ                                                          25
ὑποστάσει μένων
καὶ πεπληρωμένος ἐν τῷ πνεύματι. Κακῶς δὲ λέγεις, ὅτι ἀνελύθη ἡ φύσις

---

$\beta = Bb$ | $\eta = KMDFP^cZG$ ‖ **14** τῇ des. $P^c$ ‖ **27** φύσις des. $\beta = Bb$ | $\eta = KMDFZG$

**1** εἰσι $F$ ‖ **3** λογισμῷ] ὥσπερ add. η lat ‖ **5** ὀλίγον] ὁ θεὸς ὡς η ‖ **9** δέρμα η lat | νεῦρα δέρμα καὶ ὀστέα $Z$ ‖ **10** οὕτω ... πάντα om. η lat | ὃν δὲ] καὶ ὃν η ‖ **10sq.** βαλλομένη ῥαφὶς tr. η ‖ **12** γίνεται] μεταβάλλεται εἰς η; μεταβάλλεται καὶ γίνεται lat | οὐ μέντοι δὲ] μέντοι γε η lat ‖ **13sq.** ἀνελύθη ... οὕτω] οὐκ ἀνῃρέθη ἀλλὰ συνέστηκεν οὕτως η ‖ **18** γίγνονται η ‖ **19** φῶς καὶ πῦρ tr. η ‖ **19sq.** βάπτονται καὶ μεταβάλλονται η ‖ **25** ἰδίᾳ] φύσει καὶ add. η lat ‖ **26sq.** μένων καὶ] μένει η lat ‖ **27** ἐν ... κακῶς] τοῦ πνεύματος εἰ η lat

|| ad imperatorem praefecti vel comites sub magno timore **et tremore** sunt, quemammodum **ad interrogata** respondeant, aut ne in **aliquo** offendant verbo et incidant in periculum. Rustici autem et ignavi, qui numquam iudicem **penitus** viderunt, in securitate transigunt. Et **in** hoc saeculo ab imperatore usque ad pauperem securitatem **videntur** sub caelo habere et nemo **tam facile** diem iudicii memoratur. Qui autem ingrediuntur ante tribunal Christi et ante ipsum sunt, semper sub timore et tremore sunt **positi. Nam** et divites terrae, quando copiosum fructum in horreis reconderint, rursus operantur per singulos dies, ut adquirant; sin vero in reconditis sint praesumentes et ea, quae in horreis sunt reposita, neglexerint, **statim** in inopia et **in** infelicitate ruunt. Idcirco laborare **fortiter** debent et recondere **potius**. **Et** christianitas **ita** est, ut unusquisque gratiam dei gustet. Scriptum est enim: *Gustate et videte, quoniam suavis* **est** *dominus*.

---

A ‖  **1** ad *inc. mai* (frg. 11) *chat* ‖  **29** dominus *des. chat*

---

**16sq.** divites terrae] *cf.* Ps. 21,30  **28sq.** Ps. 33,9

---

**1** ad] vocati *praem. mai* | imperatorem *coniecit mai*; imperatore *A chat* ‖  **6** periculum *coniecit mai*; periculo *A chat* ‖  **6sq.** ignavi] ignari *fortasse melius* ‖  **10** securitatem *mai chat*; securitate *A chat* **11–13** et ... memoratur *om. mai* ‖  **14sq.** et ... sunt] *non legit mai*(...) ‖  **14** ante[2]] ad *chat* **17** quando *coniecit mai*; quanto *A chat* ‖  **21sq.** et ... neglexerint] *perperam lat* ‖  **23** in inopiam et in infelicitatem *coniecit mai* ‖  **27** scriptum *om. mai*

---

**2** εἰς *inc.* β = B b  |  η (H15,19–21 [138,257–140,291]) = K M D F G

### B32,8,2–6 (II 21,29–22,21)   fol. 8r

εἰς τὸν βασιλέα κόμητες ἢ ἔπαρ- (p. 15)
χοι ὑπὸ φόβον πολύν εἰσι, πῶς τὰς
ἀποκρίσεις δώσουσι, καὶ μὴ ἐν τῇ ἀπολογίᾳ
πταίσωσιν εἰς λόγον καὶ τιμωρίᾳ 5
ὑποβληθῶσιν· οἱ χωρικοὶ δὲ καὶ ἰδιῶται οἱ μηδέποτε θεασάμενοι
ἄρχοντα ἐν ἀμεριμνίᾳ διάγουσι
καὶ ὁ κόσμος οὗτος ἀπὸ βασιλέως
ἕως πτωχῶν τὴν μέριμναν 10
ὑποκάτω τοῦ οὐρανοῦ ἔχει καὶ οὐ
μέμνηται τῆς ἡμέρας τῆς κρίσεως.
Οἱ δὲ εἰσερχό-
μενοι εἰς τὸν θρόνον τοῦ βήματος τοῦ Χριστοῦ κατέναντι
αὐτοῦ ὄντες πάντοτε ὑπὸ φόβον 15
καὶ τρόμον εἰσίν. (3) Οἱ πλού-
σιοι τῆς γῆς ὅταν πολλοὺς καρποὺς εἰσενέγκωσιν εἰς τὰς ἀποθήκας, πάλιν ὀφείλουσιν ἐργάσασθαι καθ' ἑκάστην ἡμέραν, ἵνα
ἐπευπορήσωσιν. Ἐὰν δὲ 20
θαρροῦντες τῷ πλούτῳ τῷ ἐν
ταῖς ἀποθήκαις ἀποκειμένῳ ἀμελήσωσιν,
**οὗτοι** εἰς πενίαν καὶ ταλαιπωρίαν
ἔρχονται· ὅθεν προσοδευόμενοι καὶ εἰσφέροντες ὀφείλουσι
κάμνειν καὶ ἐμπονεῖν. 25
(4) Ὁ Χριστιανισμὸς **οὗτός** ἐστι, τὸ γεύσασθαί τινα
τῆς χάριτος τοῦ θεοῦ. Γέγραπται γάρ·
«Γεύσασθε καὶ ἴδετε, ὅτι χρηστὸς
ὁ κύριος».

---

**2** κόμητες] μὲν ὄντες *add. η* ‖ **3** φόβον] καὶ τρόμον *add. lat (cf.* 16) ‖ **4** δώσουσι] ποιήσουσι K (*ac.*) ‖ **5** πταίσαντες η | τιμωρίαν η ‖ **6** οἱ χωρικοὶ] ἄγροικοι η (ἄγρικοι K) ‖ **6sq.** ἰδιῶται] ὄντες *add. η* ‖ **8** διάγουσι] διάγουσιν οὕτω δὴ η ‖ **9** οὗτος] ὁ ὑπὸ τὸν οὐρανὸν *add. η* | βασιλέων η (*exc.* M) ‖ **10** πτωχῶν] τὴν τοῦ Χριστοῦ δόξαν ἀγνοοῦντες *add. η* | μέριμναν] ἀμεριμνίαν *lat* ‖ **11** ὑποκάτω ... οὐ] ἔχουσι περὶ τῶν βιωτικῶν πραγμάτων· οὐ ταχέως δέ τις η (*cf.* nemo tam facile) **13sq.** εἰσερχόμενοι] τῷ λογισμῷ *add. η* ‖ **14** τὸν ... βήματος] τὸ βῆμα η *lat* | Χριστοῦ] ὅπου ἐστὶν ὁ θρόνος αὐτοῦ καὶ *add. η* ‖ **15** ὄντες πάντοτε] διὰ παντὸς ὄντες η ‖ **16** εἰσίν] ἀεὶ τοῦ μή τι σφαλῆναι περὶ τὰς ἁγίας αὐτοῦ ἐντολάς. Καὶ ὥσπερ *add. η* (ὑπὸ ... σφαλῆναι *om. ac. D*) ‖ **18** ἀποθήκας] αὐτῶν *add. η* ‖ **19** ὀφείλουσιν ἐργάσασθαι] ἐργάζονται η *lat* | ἡμέραν] πλεῖον *add. η* ‖ **20–22** εὐπορῶσι καὶ μὴ ἐλλείπωνται εἰ δὲ θαρρήσουσι (θησαυρίσουσι F) τῷ ἐναποκειμένῳ ταῖς ἀποθήκαις πλούτῳ καὶ ἀμελήσουσι η ‖ **23** οὗτοι] μὴ ἐπισυνάγοντες ἕτερον, ἀλλὰ καταναλίσκοντες (καταναλίσκουσι M) τὰ ἀποκείμενα ταχέως η (*cf.* statim) ‖ **23sq.** πτωχείαν ἐμπίπτουσιν η *lat* ‖ **25sq.** ἐμπονεῖν ... ἐστι] ἐπισυνάγειν ἵνα μὴ ὑστερηθῶσιν οὕτως ἐστὶν ἐν τῷ Χριστιανισμῷ η (*cf. lat*) ‖ **27sq.** γεύσασθε γάρ φησι η ‖ **28** Χριστός *D G*

**fol. 8v**
(p. 16)

Est igitur gustum operationis in plenitudine virtutis spiritus **sancti gratia** ministrante in corde. Quotquot enim luminis et regni sunt filii vel ministri novi testamenti in spiritu, isti ab hominibus non docentur, **sed** a deo sunt docti: **ipsa autem gratia scribit legem spiritus in cordibus eorum**. Non enim in scripturis tantummodo debent instrui, quae atramento sunt scriptae, sed in latitudine cordis, gratia dei **et** leges spiritus et caelestia mysteria scribantur **in corda eorum.** Cor enim dominatur et regnat in toto homine, et cum obtinuerit leges cordis gratia, regnat omnibus cogitationibus et **omnibus** membris – **ibi** est enim sensus et omnes cordis cogitationes – et in omnibus transit membris. Sic iterum, quotquot filii fuerint tenebrarum, regnat peccatum cordibus **eorum** et in universa membra pertransit. *Ex corde enim procedunt cogitationes malae* et diffunduntur et obscurant hominem. Qui autem dicunt non esse malum coaevum et concrescentem ||

---

*A mai* ‖   14 scribantur *des. mai*

---

5 ministri...spiritu] *cf.* 2 Cor. 3,6   7 a...docti] *cf.* Io. 6,45; Eph. 4,21; 1 Thess. 4,9   7–9 ipsa...eorum] *cf.* Hebr. 10,16   11 atramento...scriptae] *cf.* 2 Cor. 3,3   12 in...cordis] *cf.* Prov. 7,1   22sq. regnat... eorum] *cf.* Rom. 6,12   **24sq.** Mt. 15,19

---

**1** gustus *mai* ‖   **7** edocti *mai* ‖   **7sq.** ipse autem scribens *mai* ‖   **8** scribit] scribens *A (ac.)* | spiritus *om. mai* ‖   **12** gratia *mai*; gratiam *A* ‖   **13** leges *scripsi iuxta graec*; lege *A*; legis *mai* ‖   **14** scribantur] etc. *add. mai*

Ἔστιν οὖν γεῦσις ἐνεργητικὴ ἐν
πληροφορίᾳ δύναμις πνεύματος
διακονοῦσα ἐν τῇ καρδίᾳ. Ὅσοι
γὰρ υἱοί εἰσι τοῦ φωτὸς καὶ τῆς βασιλείας καὶ
διάκονοι τῆς καινῆς διαθήκης τῆς ἐν πνεύματι,
οὗτοι παρὰ ἀνθρώπων οὐ μανθάνουσι·
θεοδίδακτοι γάρ εἰσιν.

Οὐκ ὀφείλουσι γὰρ εἰς τὰς γραφὰς μόνον τὰς διὰ
μέλανος γεγραμμένας πληροφορεῖσθαι,
ἀλλ' εἰς τὰς πλάκας τῆς καρδίας ἡ χάρις
τοῦ θεοῦ τοὺς νόμους τοῦ πνεύματος καὶ τὰ ἐπουράνια μυστήρια
ἐνέγραψεν. (5) Ἡ καρδία γὰρ
ἡγεμονεύει καὶ βασιλεύει ὅλου τοῦ ὀργά-
νου, καὶ ἐπὰν κατάσχῃ τὰς νομὰς τῆς καρδίας
ἡ χάρις, βασιλεύει ὅλων τῶν λογισμῶν καὶ τῶν μελῶν – **ἐπεὶ** γάρ ἐστιν
ὁ νοῦς καὶ ὅλοι οἱ λογισμοὶ τῆς ψυχῆς –
καὶ διέρχεται εἰς ὅλα τὰ μέλη
οὕτως πάλιν ὅσοι εἰσὶν υἱοὶ
τοῦ σκότους, βασιλεύει τῆς καρδίας
ἡ ἁμαρτία καὶ διέρχεται εἰς ὅλα τὰ μέλη – «ἐκ γὰρ τῆς καρδίας
ἐξέρχονται πονηροὶ διαλογισμοί» –
καὶ οὕτως ὑπερχυνομένη σκοτίζει
τὸν ἄνθρωπον. (6) Οἱ δὲ μὴ λέγοντες
εἶναι τὸ κακὸν σύντροφον καὶ συναυξά-
νον τῷ ἀνθρώπῳ μὴ μεριμνήσωσι περὶ τῆς αὔριον μηδὲ ἐπιθυμήσωσιν.

fol. 8v
(p. 16)

5

10

15

20

25

---

β = B b  |  η = K M D F G  ‖  **29** ἐπιθυμήσωσιν des. β = B b  |  η = K M D F G

**1** ἔστι δὲ ἡ γεῦσις αὕτη η ‖  **3** τῇ om. η ‖  **4** τοῦ om. F ‖  **4sq.** βασιλείας ... διάκονοι] διακονίας η ‖ **5** τῆς ἐν πνεύματι] ἐν τῷ πνεύματι τῷ ἁγίῳ η ‖  **6** οὐ] οὐδὲν η ‖  **7** εἰσιν] αὐτὴ γὰρ (om. D) ἡ χάρις ἐπιγράφει ἐν ταῖς καρδίαις αὐτῶν τοὺς νόμους τοῦ πνεύματος add. η lat ‖  **9** γάρ] οὖν η ‖  **11** γεγραμμένας om. F ‖  **12** ἀλλ'] ἀλλὰ καὶ η ‖  **13** θεοῦ] ἐγγράφει add. η ‖  **14** ἐνέγραψεν om. η; ἐν καρδίᾳ αὐτῶν add. lat | γὰρ καρδία tr. η ‖  **15** τοῦ] σωματικοῦ add. η ‖  **16** τοὺς νόμους lat **17sq.** μελῶν καὶ τῶν λογισμῶν tr. η ‖  **18** ἐπεὶ] ἐκεῖ η lat ‖  **19** ψυχῆς] καὶ ἡ προσδοκία αὐτῆς διὸ add. η ‖  **20** διέρχεται] ἡ χάρις add. η | μέλη] τοῦ σώματος add. η ‖  **21–24** οὕτως ... μέλη om. β (codd.) ‖  **25** διαλογισμοὶ πονηροὶ tr. η ‖  **26** ὑπεκχεομένη η ‖  **29** μὴ] μήτε η | μηδὲ] μήτε η

**fol. 7r** mundialem honores uel diuitias
(p. 13) isti enim ipsum dnm sibi adquisi
erunt creatorem omnium habē
tes eum in interiorem hominem
5 possessionem non transeuntē
sed in saecula permanentem
xp̄iani enim neq· in tribulatio
num negotiis angent uel contris
tantur si uexentur in pauperta
10 te in malo situ in necessitate
taediari non debent sed gratu
lari potius et honorare pauperta
tem pro diuitiis ieiunium pro de
liciis indignitatem pro gloriam
15 et iterum cum caeciderint in deli
ciis uel in causis gloriosis huius sae
culi quae ortatur eos uenire in
re in requiem et in gloriam non de
bent nec requiescere sed fugere
20 potius ueluti ab igne praetiosa
est enim anima super omnia ope
ra solus enim homo secundum ima
ginem et similitudinem di factus
est ecce enim caelum istud quan
25 tam habet magnitudinem uel
terra et quam praetiosa silua
craeaturae ipse uero homo ab om
nib· praetiosior est creaturis

|| mundialem, honores vel divitias.
Isti **enim** ipsum dominum sibi adquisi-
erunt creatorem omnium haben-
tes eum in interiore homine
possessionem non transeuntem,
sed in saecula permanentem.
Christiani enim neque in tribulationum negotiis angent vel contris-
tantur. Si vexentur in pauperta-
te, **in** malo situ, in necessitate,
taediari non debent, sed gratu-
lari potius et honorare pauperta-
tem pro divitiis, ieiunium pro deliciis, indignitatem pro gloria.
Et iterum, cum ceciderint in deliciis vel in causis gloriosis huius saeculi, quae hortantur eos venire in
re in requiem et **in** gloriam, non debent **nec** requiescere, sed fugere
potius veluti ab igne. Pretiosa
est enim anima super omnia opera. Solus enim homo secundum imaginem et similitudinem dei factus
est. Ecce enim caelum istud quan-
tam habet magnitudinem vel
terra **et** quam pretiosa silva
creaturae! **Ipse** vero homo ab omnibus pretiosior est creaturis,

---

*A*

---

**22–24** solus...est] *cf.* Gen. 1,26

**4** interiore homine *scripsi*; interiorem hominem *A* ‖   **14** gloria *scripsi*; gloriam *A* ‖   **17** hortantur *scripsi*; ortatur *A* ‖   **19** nec] gaudere nec *fortasse addendum iuxta graec* ‖   **24** istud] vide *A* (*ser*)   **28** creaturis] *sequitur spatium 3 fere litt. A*

**2** μήτε *inc.* β = *BbAYCRJ* | η(H15,43 [152,602–605]) = *KMDFG* ‖   **6** ἀμήν *des.* β = *BbAYCRJ* | η = *KMDFG* ‖   **9** οἱ *inc.* β = *BbACR*β$_1$ (B32,8,16 [25,10–16]) = $B_1 b_1 A_1$ | η(H15,29 [144,405–412]; 43 [152,606–612]; 22 [140,311–313]; 43sq. [152,612–153,623]) = *KMDFG* ‖   **20** πυρός *des.* β$_1$ = $B_1 b_1 A_1$ | τιμία *inc. Y* ‖   **23sq.** ἐγένετο *des. AY*

## B45,4,4 (II 83,24–26)

(4) μήτε εἰς δόξαν κοσμικὴν ἢ ἀξιώματα ἢ πλοῦτον – ἐκεῖνο ἐκτήσαντο, αὐτὸν τὸν (p. 13)
κύριον τὸν κτίστην πάντων ἔχον-
τες ἐν τῷ ἐνδοτάτῳ ἀνθρώπῳ,
κτῆμα τὸ μὴ παρερχόμενον,
ἀλλὰ παραμένον εἰς τοὺς αἰῶνας. Ἀμήν.

## B4,28–29,2 (I 64,24–65,23)

(1) οἱ γὰρ Χριστιανοὶ οὐδὲ ἐν τοῖς θλιβεροῖς πράγμασιν ἄχθονται ἢ λυποῦνται. Ἐὰν
ἐξετασθῶσιν ἐν πενίᾳ καὶ κακουχίᾳ ἢ ἐν ἀστοχήμασιν,
οὐκ ὀφείλουσιν ἀηδίζεσθαι, ἀλλὰ μᾶλλον
χαίρειν καὶ προτιμᾶν τὴν πενί-
αν ἀντὶ πλούτου, τὴν νηστείαν ἀντὶ τρυ-
φῆς, τὴν ἀδοξίαν ἀντὶ δόξης.
Καὶ πάλιν ὅταν ἐμπέσωσιν εἰς πράγματα τρυφηλὰ καὶ ἔνδοξα τοῦ βίου τού-
του, ἅπερ προτρέπεται αὐτοὺς εἰς ἀνάπαυσιν ἐλθεῖν
τὴν φαινομένην ἢ δόξαν ἢ πλοῦτον ἢ τρυφήν, οὐκ ὀφείλουσιν ἥδεσθαι ἐν τούτοις καὶ ἐπαναπαύεσθαι, ἀλλὰ μᾶλλον
ἀποφεύγειν ὡς ἀπὸ πυρός. (29,1) Τιμία
γάρ ἐστιν ἡ ψυχὴ ὑπὲρ ὅλα τὰ δημιουργήματα. Μόνος γὰρ ὁ ἄνθρωπος κατ' εἰκόνα καὶ ὁμοίωσιν θεοῦ ἐγένε-
το. Ἰδοὺ γὰρ ὁ οὐρανὸς οὗτος πόσος ἐστὶν ὑπερμεγέθης καὶ
ἡ γῆ, ὡς τίμια σκεύη
τῶν κτισμάτων, ἀλλ' ὁ ἄνθρωπος παρὰ πάντα κτίσματα τίμιός ἐστιν,

---

2 ἢ¹] καὶ η | πλοῦτον] οἷον add. η; καὶ add. R | ἐκείνω C; ἐκεῖνοι η; ἐκεῖνοι γὰρ lat | αὐτὸν om. η
3 τὸν] καὶ η ‖ 6 εἰς τοὺς αἰῶνας ἀμήν om. A Y C R J η
9 γὰρ om. R; δὲ A₁; οὖν η | οὐδὲ om. η; οὔτε A C R | τοῖς om. R | πράγμασιν] οὐκ add. η ‖ 10 ἐξετα-
σθῶσιν ... ἀστοχήμασιν] ἐν πενίᾳ ἢ (καὶ β₁) κακουχίᾳ (καὶ κινδύνῳ add. β₁) ἐξετασθῶσιν β₁ η | καὶ ... ἢ
B A C; ἢ ... οὔτε R ‖ 11 οὐκ om. R | ἀηδίζεσθαι] ξενίζεσθαι β₁ η ‖ 12–14 χαίρειν ... ἀδοξίαν] συνήδε-
σθαι τῇ πενίᾳ ... τῇ νηστείᾳ ...τῇ ἀτιμίᾳ καὶ ἀδοξίᾳ β₁; συνηδύνεσθαι τῇ πτωχείᾳ καὶ ἡγεῖσθαι ἀντὶ
πλούτου ...τὴν ἀτιμίαν καὶ ἀδοξίαν η ‖ 15 καὶ ... ὅταν] πάλιν δὲ ἐὰν β₁ η ‖ 15sq. τρυφηλὰ καὶ om.
η; καὶ τρυφηλὰ ὡς β₁ ‖ 16 ἔνδοξα om. β₁ ‖ 16sq. τοῦ ... τούτου] ἐν (om. D) τῷ βίῳ τούτῳ β₁ η
17sq. ἐλθεῖν ... πλοῦτον] ἢ πλοῦτον ἢ δόξαν β₁ η ‖ 18sq. οὐκ ... μᾶλλον] ἀηδίζεσθαι ὀφείλει καὶ β₁;
ὀφείλουσι μὴ συνηδύνεσθαι (συνήδεσθαι D) τούτοις καὶ ἐπαναπαύεσθαι ἀλλ' η ‖ 20sq. τιμία ...
ψυχή] οἱ γὰρ Χριστιανοὶ τιμίαν οἴδασι τὴν ψυχὴν η ‖ 21 ἐστιν] ἦν C R | πάντα η lat ‖ 24 γὰρ om. η
24sq. οὗτος πόσος] οὗτος πῶς C R; πόσον η ‖ 26 ὡς τίμια] καὶ τὰ ἐν αὐτοῖς κτίσματα τίμια καὶ
μεγάλα η | τὰ σκεύη C R ‖ 27 τῶν κτισμάτων] αὐτῶν η (om. F) | ἀλλ' ὁ] καὶ αὐτὸς ὁ C R; ὁ δὲ η lat
παρὰ] ὑπὲρ η ‖ 28 τὰ κτίσματα C R; τὰ σκεύη η | ἐστιν om. F

**fol. 7v**
(p. 14)

eo quod in eum complacuit dominus.
**Nam** cyti maris seu montes et bestiae visibiliter grandes sunt ab eo, **sed ratione minores sunt. Neque enim de Gabriel aut Michael dixit:** *Faciamus secundum imaginem et similitudinem nostram,* **nisi tantum de homine.** Vide igitur honorem tuum, quemammodum sis pretiosus ab angelis, quomodo **deus** per se ipsum pro tua legatione vel redemptione in terram venerit. Deus ergo et angeli pro tua redemptione et salute venerunt. Rex, filius regis, fecit consilium et veniens in crucem posuit animam suam. Tanta enim est caritas dei ad hominem, **ut** immortalis pro te cruci affigeretur, **sicut scriptum est:** *Sic enim dilexit deus mundum, ut filium suum unicum daret* pro eo. *Quomodo* **ergo** *non omnia cum ipso nobis donabit?* Et alibi: *Amen, dico vobis, quoniam super omnia sua constituet eum.* **Dicit enim alibi:** *Minister sanctorum.* Cum Elisseus esset in montem et venissent ad eum allophyli, dicebat puer: *Multi sunt* ∥

mai244
pl636

mai245

---

A ∥   1 eo *inc. chat* ∥   2 nam *inc. hau* (p. 442) ∥   4 sunt *des. hau* | neque *inc. mai* (frg. 10)
29 sunt *des. mai chat*

5–7 Gen. 1,26   16sq. posuit…suam] *cf.* Io. 15,13; 1 Io. 3,16   20sq. Io. 3,16   21–23 Rom. 8,32
23–25 Mt. 24,47   26 Hebr. 8,2   26–29 cum…sunt] *cf.* 4 Reg. 6,14–17

5 et *mai* ∥   13sq. tua … salute *mai*; tuam redemptionem et salutem *A chat* ∥   15 consilium *A chat hau*; confilium *mai* („ita schedae … nisi mendum meum est") ∥   20 deus dilexit *tr. mai* ∥   23 donabit *scripsi*; donavit *A mai chat* ∥   27 monte *mai chat*

β = B b C R  |  η = K M D F G ∥   29 ἔρχονται *des.* β = B b C R  |  η = K M D F G

ἐπειδὴ εἰς αὐτὸν μόνον εὐδόκησεν ὁ κύριος,     **fol. 7v**
εἰ καὶ τὰ κήτη τῆς θαλάσσης καὶ τὰ ὄρη καὶ τὰ θη-     (p. 14)
ρία εἰς τὸ φαινόμενον μείζω αὐτοῦ εἰσι.

«Ποιήσω-     5
μεν, γάρ φησιν ὁ θεός, ἄνθρωπον κατ' εἰκόνα καὶ ὁμοίωσιν ἡμετέραν».
Βλέπε οὖν σοῦ τὸ ἀξίωμα,
πῶς εἰ τί-
μιος καὶ παρ' ἀγγέλους, ὁπότε **αὐτὸς** δι'     10
ἑαυτοῦ εἰς σὴν πρεσβείαν καὶ λύ-
τρωσιν παρεγένετο ἐπὶ τῆς γῆς.
(2) Ὁ θεὸς οὖν καὶ οἱ ἄγγελοι εἰς τὴν σὴν λύτρω-
σιν καὶ σωτηρίαν ἦλθον.
Βασιλεὺς υἱὸς βασιλέως συμβούλιον ἐποιήσατο καὶ     15
ἐλθὼν ἔθηκε τὴν ψυχὴν αὐτοῦ ἐπὶ τοῦ σταυροῦ.
Καὶ τοσαύτη ἐστὶν ἀγάπη θεοῦ
πρὸς ἄνθρωπον, ὅτι ὁ ἀθάνατος σταυ-
ροῦται διὰ σέ.
«Οὕτω γὰρ ἠγάπησεν ὁ θεὸς τὸν κόσμον,     20
ὅτι τὸν υἱὸν αὐτοῦ μονογενῆ ἔδωκεν» ὑπὲρ
αὐτοῦ· «πῶς οὐχὶ καὶ σὺν αὐτῷ
πάντα ἡμῖν χαρίσηται»; καὶ ἀλλαχοῦ πάλιν λέγει· «Ἀμὴν ἀμὴν
λέγω ὑμῖν ὅτι ἐπὶ πᾶσι
τοῖς ὑπάρχουσιν αὐτοῦ καταστήσει αὐτόν».     25
Καὶ γὰρ Ἐλισσαῖος
ὅτε ἦν εἰς τὸ ὄρος καὶ ἦλθον κατ'
αὐτοῦ οἱ ἀλλόφυλοι, τὸ παιδίον ἔλεγε· „Πολλοὶ
ἔρχονται … ·"

---

**2** εἰ om. CRη lat | κήτη] δὲ add. η; μὲν add. C | καὶ³ om. M ‖ **3** μεῖζον C; μείζονα Rη | αὐτοῦ εἰσι] εἰσι τοῦ ἀνθρώπου η | εἰσι] ἀλλὰ κατὰ τὸν νοῦν μείω εἰσι add. lat; οὔτε γὰρ (καὶ οὔτε R) περὶ Γαβριὴλ ἢ Μιχαὴλ add. CRlat; cf. H15,22(140,311–313) et B32,8,8(23,8–10) ‖ **5–7** ποιήσωμεν … ἡμετέραν om. η ‖ **6** γάρ … ἄνθρωπον om. Clat ‖ **7** ἡμετέραν] εἰ μὴ περὶ τοῦ ἀνθρώπου add. CRlat ‖ **8** σύ B ‖ **10** καὶ … ὁπότε] ὅτι ὑπὲρ ἀγγέλους ἐποίησέ σε ὁ θεὸς ὁπότε καὶ η ‖ **13** τὴν σὴν] τὴν F (σὴν ac.) ‖ **13sq.** λύτρωσιν καὶ om. η ‖ **15** βασιλεὺς] γὰρ add. η ‖ **15sq.** καὶ ἐλθὼν] μετὰ τοῦ πατρὸς αὐτοῦ … ἵνα … σώσῃ (σωθῇ D) η ‖ **16** τὴν … αὐτοῦ post σταυροῦ tr. Mlat ‖ **17** καὶ om. η lat | ἐστὶν om. η | ἡ ἀγάπη CR | τοῦ θεοῦ Rη; ἐστι add. η ‖ **18** τὸν ἄνθρωπον η; τοὺς (om. C) ἀνθρώπους CR ὅτι] ᾑρετίσατο η ‖ **18sq.** σταυρωθῆναι η ‖ **19** σέ] καθὼς γέγραπται add. lat ‖ **20** οὕτω … θεός] βλέπε οὖν πῶς ὁ θεὸς ἠγάπησε η ‖ **21** μονογενῆ υἱὸν αὐτοῦ tr. η | αὐτοῦ] τὸν add. CR ‖ **22** αὐτοῦ] αὐτῶν η | καὶ om. CRη lat ‖ **23** τὰ πάντα CRη | χαρίσεται Rη | καὶ πάλιν ἀλλαχοῦ tr. B; καθὼς αὐτός CR | ἀμὴν² om. η lat ‖ **24** ὅτι om. CRη ‖ **25** αὐτόν] καὶ ἀλλαχοῦ λέγει· λειτουργὸς τῶν ἁγίων (cf. Hebr. 8,2) add. CR lat; δείκνυσι δὲ καὶ ἀλλαχοῦ τοὺς ἀγγέλους λειτουργοὺς εἶναι τῶν ἁγίων add. η ‖ **26** Ἠλίας η (exc. F) ‖ **27** ἦν] ἦλθεν CR ‖ **28sq.** πολλοὶ ἔρχονται om. B

**fol. 2r** secundum domini voluntatem.
(p. 3) Qui ergo loquitur, nisi ductus interprete a lumine caelesti et sapientia, non potest perficere unumquemque sensum, quoniam diversae sunt voluntates, aliae in pugna et aliae in requie. Quemammodum, si sit civitas deserta **aut diruta** et voluerit quis restaurare eam, prius ea, quae remanserunt vel quae conruerant, destruet **ea** ad purum et sic incipit ponere fundamenta et erigere fabricam – et tamen domus necdum est **perfecta –, similiter** et qui paradisum **voluerit** fabricare in locis desertis et **abditis**, primum incipit mundare et saepem circumdare et aquales distinguere, **deinde** plantare, ut post multum tempus afferat fructus paradisus, ita et voluntas hominum ⟨post⟩ praevaricationem exasperata et deserta **et** spinosa **facta** est. Dixit enim ei deus: *Spinas et tribulos proferet tibi terra.* Oportet igitur, ut quis labore et opere multo requirat et ponat fundamentum,

mai242
pl633

---

*A* ‖ **7sq.** quemammodum *inc. mai* (frg. 5)

**25sq.** Gen. 3,18

**2sq.** interprete *scripsi dubitanter*; interpraetet *A ser* ‖ **10** eam *mai*; ea *A* | remanserant *coniecit mai* ‖ **11** quae *om. mai* | destruet] destruit *proposuit dor* ‖ **12** ea *om. mai* ‖ **23** post praevaricationem *scripsi iuxta graec*; praevaricationem *A*; praevaricatione *mai* ‖ **27** labore *scripsi*; laboret *A*

## B4,29,21-22 (I 69,22-70,6)

καθὼς ὁ κύριος θέλει πολυτρόπως. Ὁ οὖν λαλῶν, ἐὰν μὴ ᾖ ὁδηγού- (p. 3)
μενος ὑπὸ φωτὸς οὐρανίου καὶ σο-
φίας, οὐ δύναται πληροφορεῖν τὸν ἑ-
κάστου νοῦν, ἐπειδὴ πολ-
λαί εἰσιν αἱ προαιρέσεις, αἱ μὲν ἐν πολέ- 5
μῳ, ἄλλαι ἐν ἀναπαύσει. (22) Ὥσ-
περ ἵνα ᾖ πόλις ἠρημωμένη,
καὶ θέλῃ τις ταύτην ἀνακτίσαι,
εὐθέως τὰ ὑπεκρεύσαντα 10
καὶ καταπεσόντα τελείως καταβάλλει, καὶ οὕτως ἄρχεται σκάπ-
τειν καὶ προβάλλεσθαι τὴν οἰκο-
δομήν· οὔπω δέ ἐστιν ἡ οἰκία.
Ἢ ὥσπερ τις παράδει- 15
σον οἰκοδομεῖ εἰς τόπους
ἐρήμους καὶ δυσώδεις, πρῶτον ἄρχεται καθαρίζειν καὶ φραγμὸν περι-
τιθέναι καὶ ἑτοιμάζειν ὀχετοὺς
καὶ φυτεύειν, ἵνα μετὰ πολὺν 20
χρόνον ἐξενέγκῃ καρποὺς ὁ παράδεισος, – οὕτω καὶ αἱ προαιρέσεις τῶν ἀνθρώπων
μετὰ τὴν παράβασιν κεχερσωμέναι εἰσίν,
ἠρημωμέναι, ἀκανθώδεις·
εἶπε γὰρ αὐτῷ ὁ θεός· «Τριβόλους καὶ ἀκάν- 25
θας ἀνατελεῖ σοι ἡ γῆ». Χρεία
οὖν καμάτου καὶ κόπου
πολλοῦ, ἵνα τις ζητήσῃ καὶ θῇ{σῃ} τὸν θεμέλιον,

---

**2** καθὼς *inc. β = BbACR* | *η* (H15,52sq. [157,746–762]) = *KMDFG*

---

**2** ἐάν] εἰ *η* ‖ **3** τοῦ φωτὸς τοῦ οὐρανοῦ *ACR* ‖ **4sq.** ἕκαστον *lat* ‖ **6** αἱ²] οἱ *ACRη* ‖ **6sq.** πολέμῳ] πόνῳ *CR* ‖ **7** ἄλλοι *ACRη*; αἱ δὲ *b* ‖ **8** ἵνα] ὅταν *η lat* | ἠρημωμένη πόλις *tr. D* ‖ **9** θελήσῃ *A CRη*; θέλει *B (ac.) F* ‖ **10** ὑπορεύσαντα *C*; καταρρεύσαντα *η* ‖ **11** πεσόντα *Cη* ‖ **12sq.** σκάπτειν] καὶ ἐν τῷ σκάμματι τοὺς θεμελίους τιθέναι *add. η (cf. ponere fundamenta)* ‖ **14** οὔπω οὐδέπω *η*; οὕτω *A* | οὔπω ... οἰκία *om. B*; ὡσαύτως καὶ ἐπὶ οἰκίας *R* | ἡ *om. A* ‖ **15sq.** ἢ ... οἰκοδομεῖ] καὶ ὁ θέλων παράδεισον ποιῆσαι *η lat* ‖ **15** τις *om. A*; εἰ *B* ‖ **16** οἰκοδομῶν *R* ‖ **17** πρότερον *A* ‖ **20** φυτεύειν] οὕτως φυτεύει καὶ αὔξονται τὰ φυτά *η* | ἵνα] οὕτως *add. η* ‖ **20–22** μετὰ ... οὕτω *om. F* ‖ **21** ἐνέγκῃ *η* | καρπὸν *R* ‖ **22** οὕτως *η* | τῶν ἀνθρώπων αἱ προαιρέσεις *tr. CR* ‖ **23** εἰσίν] εἰσὶ καὶ *η lat* ‖ **24** ἠρημωμέναι] καὶ *add. η lat* ‖ **25** αὐτῷ *om. η* | θεός] τῷ ἀνθρώπῳ *add. η* ‖ **25sq.** ἀκάνθας καὶ τριβόλους *tr. η lat* ‖ **28** θῇ *CR*; ἀποθῆται *η*

| | |
|---|---|
| **fol. 2v** (p. 4) | donec ueniat in cor eius ignis caelestis et mundet omnes spinas tunc demum incipiet sc̄ificari |
| 5 | expl omilia xxxiii inc xxxiiii |
| | omnes rationabiles craeaturae dico autem angelos animas et |
| 10 | daemones integrae et simplices a craeatore craeatae sunt q$^u$ae quidam ex eis in mala conuersae sunt per liberi arbitrii uolū tate fecerunt haec   uoluntate |
| 15 | enim propria auersi sunt a sc̄o et integro cogitatu   hoc enim intellegimus quia a fabricatore malum nihil constat esse craea tum  iudicem itaque dicimus d̄m̄ |
| 20 | mittentem satanam in ignem. sunt enim quidam hereticorū discentium esse materia sine ini tium et materiae radicem et uir tutem radicis unius esse uirtu |
| 25 | tis  aduersus haec habes rationabilem responsionem quae est uirtus quae uincit neces se est quia d̄ī  deinde ergo non est |

donec veniat in cor **eius** ignis caelestis et mundet **omnes** spinas. Tunc demum incipiet sanctificari.

Explicit omilia XXXIII. Incipit XXXIIII.

Omnes rationabiles creaturae (dico autem angelos, animas et daemones) integrae et simplices a creatore creatae sunt: quod quaedam ex eis in mala conversae sunt, per liberi arbitrii voluntatem fecerunt haec. Voluntate enim propria aversi sunt a **sancto et** integro cogitatu. **Hoc enim intellegimus**, quia a fabricatore malum **nihil constat** esse creatum. Iudicem **itaque** dicimus deum mittentem satanam in ignem. Sunt enim quidam haereticorum dicentium **esse** materiam sine initio et materiae radicem et virtutem radicis unius **esse** virtutis. Adversus haec habes rationabilem responsionem: "Quae est virtus, quae vincit? necesse est, quia dei. Deinde ergo non est" ‖

pl634

---

*A mai* ‖   **5** XXXIII *des. mai* (frg. 5) | incipit *inc. mai* (frg. 6) ‖   **26** responsionem *des. mai*

---

**17–19** quia … creatum] *cf.* 1 Tim. 4,4   **21** quidam haereticorum] *sc.* Manichaeorum

---

**5** incipit] omilia *add. mai* ‖   **11sq.** quod quaedam *scripsi*; quae quidam *A mai ser* ‖   **13sq.** voluntatem fecerunt *scripsi*; voluntate fecerunt *A*; voluntates et erunt *mai* („sic legebam") ‖   **22** dicentium *coniecit mai*; discentium *A* | materiam *scripsi iuxta graec*; materia *A*; materias *mai* ‖   **22sq.** initio *coniecit mai*; initium *A*

ἕως οὗ ἔλθῃ εἰς τὰς καρδίας τὸ ἐπουράνιον  fol. 2v
πῦρ καὶ ἄρξηται περικαθαίρειν τὰς ἀκάνθας –  (p. 4)
καὶ οὕτως ἄρχονται ἁγιάζεσθαι.

## B46,1,1sq. (II 84,2–10)

(1) Πᾶσαι αἱ νοεραὶ οὐσίαι,
λέγω δὴ ἀγγέλων καὶ ψυχῶν καὶ
δαιμόνων, ἀκέραιαι καὶ ἁπλαῖ
ὑπὸ τοῦ δημιουργοῦ ἐκτίσθησαν. Τὸ δέ
τινα αὐτῶν τραπῆναι εἰς τὸ κακὸν
ἐκ τοῦ αὐτεξουσί-
ου προσεγένετο αὐτοῖς, ἰδίῳ
γὰρ θελήματι ἐξετράπησαν ἐκ τοῦ
προσήκοντος λογισμοῦ. Εἰ δέ φαμεν
οὕτως ὑπὸ τοῦ δημιουργοῦ
ἐκτίσθαι, ἄδικον
κριτὴν λέγομεν τὸν θεὸν
πέμποντα εἰς γέενναν τὸν σατανᾶν.
Εἰσὶ γάρ τινες τῶν αἱρετικῶν
λέγοντες ὕλην ἄναρ-
χον καὶ ὕλην ῥίζαν καὶ ῥίζαν
δύναμιν καὶ ἰσοδυνα-
μίαν. (2) Πρὸς τοῦτο οὖν ἔχεις εὐ-
λόγως ἀντιθεῖναι ὅτι,
„ποία ἐστὶν ἡ νικῶσα δύναμις;" Ἀνάγ-
κη δὲ εἰπεῖν, **ὅτι „ἡ τοῦ θεοῦ."** Ἀποκρίνου· „Λοιπόν, οὐκέτι ἐστὶν ἰσόχρονος

---

$\beta = BbACR$ | $\eta = KMDFG$ ‖ **3** ἁγιάζεσθαι des. $\beta = BbACR$ | $\eta = KMDFG$ ‖ **8** πᾶσαι inc. $\beta = BbA$ | $\eta$ (H16,1 [157,2–158,10]) = $KMDFZG$ ‖ **28** ἰσόχρονος des. $\beta = BbA$ | $\eta = KMDFZG$

---

**1** οὗ] ὅτε $\eta$ | τὴν καρδίαν $R$ lat | τὸ οὐράνιον $CR$; τῶν ἀνθρώπων $\eta$ ‖ **2** ἄρχονται $D$ ‖ **3** ἄρχεται $R$ lat ἁγιάζεσθαι] ἀγωνίζεσθαι $R$; δοξάζοντες πατέρα καὶ υἱὸν καὶ ἅγιον πνεῦμα εἰς τοὺς αἰῶνας ἀμήν add. $CR\eta$
**8** ἐξουσίαι $F$ ‖ **10** ἀκέραιοι $\eta$ | ἁπλούστατοι $\eta$ (ἁπλούσταται $ZG$) ‖ **12** τινας ἐξ $\eta$ lat ‖ **15** ἐκ om. $\eta$ **16sq.** εἰ ... οὕτως] εἰλήφαμεν οὐδέν lat ‖ **18** κτισθῆναι $\eta$ | ἄδικον cum praecedentibus coniungit lat ‖ **20** γέενναν] πῦρ $\eta$ lat ‖ **22sq.** ἄναρχον] εἶναι add. $\eta$ ($Z$) lat ‖ **23** ὕλης lat | ῥίζαν²] ῥίζας lat **27** ἐστὶν] ἐστὶ λοιπὸν $\eta$ ‖ **28** εἰπεῖν om. $\eta$ lat | ἡ om. $\eta$ (ac. $D$) | ἀποκρίνου om. $\eta$ lat; ἀποκρίνεται $A$

| gratia et existimaverunt se quod iam omnia superarint vitia et sint Christiani perfecti. Ego autem ita dico esse negotia. Quemammodum si sit sol in caelo sereno et nubes tenebrosae supervenientes operire eum et inpinguent aerem – ipse vero quid laesus est, cum sit interior de lumine vel de substantia sua? –, ita sunt qui ad perfectum non sunt emundati: in dei quidem gratia sunt, sed adhuc tenentur in profundo peccati habentes naturalem motionem et cogitationes sanas ad dominum, eo quod sint et aliquanto non bonae. Sic iterum, qui obtinentur in altitudine a bonitate in parte (gratiae dico), adhuc sunt servi et subditi cogitationibus et parti malitiae. Multa igitur discretio opus est, ut per experimentum agnoscas haec talem habere similitudinem. Dico autem tibi, quoniam et apostolos habentes paracletum securos penitus in omnibus non fuisse. Aderat enim in eis gaudium et laetitia, timor et tremor ex ipsa gratia; non enim de parte malitiae.

---

*A* ‖   **23** dico *inc. mai* (frg. 12)

---

**2** superarint *scripsi*; supererint *A* ‖   **7** aerem *scripsi*; aere *A* ‖   **15** sint] *lacunam ante vel post* sint *statuit ser* |  aliquanto *scripsi*; aliquando *A ser* ‖   **17** altitudine *scripsi*; altitudinem *A* | bonitate *scripsi*; bonitatem *A* ‖   **17sq.** parte *scripsi*; partem *A*

## H17,6–8 (170,86–171,116)

Οἱ γὰρ ἄπειροι τῶν πραγμάτων, μικρόν τι ἐνεργησάσης εἰς αὐτοὺς <u>τῆς χάριτος,</u> (p. 17)
νομίζουσιν ὅτι ἤδη ἐνίκησαν καί εἰσι Χριστιανοὶ τέλειοι. Ἐγὼ δὲ οὕτως φη-
μὶ τὰ πράγματα εἶναι, ὥσπερ
ὅταν ᾖ ἐν οὐρανῷ ἥλιος ἐν <u>καθαρῷ</u> ἀέρι καταλάμπων, <u>καὶ ἔλθωσι</u>   5
περὶ αὐτὸν <u>νεφέλαι καὶ καλύπτωσιν</u>
αὐτὸν καὶ παχύνωσι τὸν ἀέρα, οὐδὲν
ἠδίκηται αὐτὸς ἐνδότερος ὢν ἐκ
τοῦ φωτὸς αὐτοῦ <u>καὶ τῆς ἰδίας ὑποστάσεως,</u> – οὕτως
εἰσὶν οἱ μὴ τελείως καθαρισθέν-   10
τες· ὄντες δὲ ἐν τῇ τοῦ θεοῦ χάριτι καὶ
κατεχόμενοι ἐν βάθει ὑπὸ <u>τῆς ἁμαρ-</u>
<u>τίας</u> ἔχουσι τὰ φυσικὰ κινή-
ματα καὶ τοὺς λογισμοὺς αὐτοὺς <u>ἐρρωμένους πρὸς τὸν θεόν,</u>
καίτοι μὴ ὄντες τοῦ ἀγαθοῦ **ὁλοτελῶς**.   15
(7) Οὕτως πάλιν οἱ κατεχόμενοι ἐν
βάθει ὑπὸ τοῦ ἀγαθοῦ μέ-
ρους (τῆς χάριτος λέγω) ἔτι εἰσὶ δοῦλοι
καὶ ὑποχείριοι τοῖς πονηροῖς <u>λογισμοῖς καὶ τῷ μέρει</u>
<u>τῆς κακίας</u>. Πολλῆς οὖν χρεία διακρίσεως,   20
ἵνα διὰ πείρας τις γνῷ
ταῦτα τοῦτον ἔχειν τὸν τρόπον. Λέγω δέ σοι, ὅτι
καὶ οἱ ἀπόστολοι ἔχοντες τὸν παράκλητον
<u>ὁλοτελῶς</u> οὐκ ἦσαν ἀμέριμνοι·   25
<u>συνῆν γὰρ τῇ χαρᾷ</u>
<u>καὶ τῇ ἀγαλλιάσει φόβος καὶ τρόμος ἐξ αὐτῆς</u>
<u>τῆς χάριτος, οὐ τοῦ μέρους τῆς κακίας.</u>

---

2 οἱ inc. β (B16,1,10–2,3 [I 180,20–181,20]) = BbAx (= XCLJ)   |   η = KMDFZG

---

2 οἱ γὰρ] καὶ οἱ β ‖   2sq. ἐνεργησάσης ... ὅτι] κίνημα πνευματικὸν ἔχοντες λέγουσιν β ‖   3 ἐνίκησαν ἤδη tr. M | ἐνικήσαμεν β | εἰσι ... τέλειοι] Χριστιανοί ἐσμεν β | οὕτω β ‖   4–9 τὰ ... ὑποστάσεως] εἶναι τὰ πράγματα ὥσπερ (B; ὅταν Ax) ὄντος ᾖ ἐν οὐρανῷ τοῦ ἡλίου καθαροῦ καὶ μὴ ἐπισκιαζομένου (ἐπισκοτιζομένου Ax) ὑπὸ νεφῶν ἄφνω ἐπιδραμὼν ἀὴρ σκοτεινὸς ἢ ὁμίχλη σκοτοῦσι τὴν λαμπρότητα τοῦ ἡλίου β ‖   5 ὁ ἥλιος M | λάμπων D (ac.) ‖   10 τέλεον β ‖   10sq. καθαρθέντες β ‖   12 τῷ βάθει β ‖   13 ἔχουσι] γὰρ add. B | φυσικὰ om. β ‖   14 διαλογισμοὺς Z | αὐτοὺς αὐτῶν β (post κινήματα tr. B) | ἐρρωμένους om. J ‖   15 καίτοι καὶ β | μὴ ὄντες] μένουσιν B; μένοντες A | τοῦ ... ὁλοτελῶς] ἐν ἀγαθοῖς καὶ ὥσπερ (ὡς καὶ Ax) ὁ ἥλιος ἔνδον ὢν τῶν νεφῶν ὁ αὐτὸς διαμένει β ‖   16 οὕτω β | πάλιν] καὶ β ‖   17 ὑπὸ om. β ‖   18 λέγω om. F ‖   19 ὑπόχρειοι β (exc. x) ‖   20 χρεία om. C; δεῖ XLJ ‖   21 ἵνα] ὅπως β | γνοίη (γνῷ Ax) τις β ‖   22 ταῦτα] τὰ τοιαῦτα M ‖   26 συνῆν γὰρ ἀλλὰ συνῆν β ‖   27 τῇ om. β (exc. x)

| fol. 9v  
(p. 18) | sed gratia ipsa custodiebat eos ne uel in modico auerterentur quemammodum si sit aliquis iactans lapidem in muro quid laesus aut commotus est murus aut ueluti sagitta in homine tecto clibanū mittatur quid aut corpus aut ferrum nocuit inpingens et cadens ita et pars aliqua malitiae etiamsi adproximauit eis in aliquo in nullo tamen nocuit eos quoniam induti erant perfectam xpī uirtutem et ipsi perfecti cum essent habebāt libertatem operandi iustitiam quoniam dicunt quidam quod cū gratia sit animae securitas  d̄s etiam a pertis animae uoluntatem requiret in ministerio sp̄s ut consentiant et honorent   dicit enim apostolus sp̄m ne extincxeritis in ipsis quidam erant nolentes grauare alios alii uero sufficientes sibi alii uero accipientes a saecularib· tribuebant pauperib· hoc superius est cum quidam gratiam habentes de se tantummodo cogitantes alii uero et alias animas iuuare festinant plurimum laborantes in ipsis |

Sed gratia ipsa custodiebat eos, ne vel in modico averterentur. Quemammodum si **sit** aliquis iactans lapidem in murum: quid laesus aut commotus est murus? aut veluti sagitta in hominem tectum clibano mittatur: quid aut corpus aut ferrum nocuit inpingens et cadens? ita et pars aliqua malitiae, etiamsi approximavit **eis in aliquo**, **in nullo tamen** nocuit eos, quoniam induti erant perfectam Christi virtutem. Et ipsi, perfecti cum essent, habebant libertatem operandi iustitiam. Quoniam dicunt quidam, quod cum gratia sit animae securitas, deus etiam a perfectis animae voluntatem requiret in ministerio spiritus, ut consentiant **et honorent**. Dicit enim apostolus: *Spiritum ne extinxeritis.* In ipsis quidam erant nolentes gravare alios, alii vero sufficientes sibi, alii vero accipientes a saecularibus tribuebant pauperibus; hoc superius est. **Cum** quidam gratiam habentes de se tantummodo cogitantes, alii vero et alias animas iuvare festinant, plurimum laborantes in ipsis ||

---

*A mai* ‖   16 securitas *des. mai*

18 in...spiritus] *cf.* 2 Cor. 3,8   20 1 Thess. 5,19

4 murum *coniecit mai*; muro *A* ‖   6 hominem tectum clibano *coniecit mai* (homine tectum clibano *legebat*); homine tecto clibanum *A hau* ‖   9 et *A hau*; om. *mai* ‖   14 quidem *mai* ‖   17 perfectis *scripsi*; pertis *A*

Ἀλλ' αὐτὴ ἡ χάρις ἠσφαλίζετο αὐτούς, ἵνα μὴ           fol. 9v
κἂν εἰς μικρόν τι ἐκτραπῶσιν.                          (p. 18)
Ὥσπερ γὰρ εἴ τις βιζάκιον
λίθου ῥίψας εἰς τεῖχος, οὐδὲν ἔβλαψεν
ἢ παρεκίνησε τὸ τεῖχος· ἢ ὥσπερ                        5
βέλος ἀποστελλόμενον κατὰ τοῦ φοροῦντος κλίβανον
οὐδὲν ἠδίκησεν ἢ τὸν σίδηρον ἢ τὸ σῶμα
(ἀντικρούει γὰρ καὶ ἀντιπίπτει), –
οὕτως εἰ καὶ προσήγγιζέ τι μέρος κακίας
τοῖς ἀποστόλοις, οὐκ                                    10
ἔβλαπτεν αὐτούς, ἐπειδὴ ἦσαν ἐνδεδυ-
μένοι τὴν τελείαν δύναμιν τοῦ Χριστοῦ.
Καὶ οὗτοι δὲ αὐτοὶ τέλειοι ὄντες εἶχον
τὴν ἐλευθερίαν τοῦ ἐπεργάσασθαι τὰς δικαιοσύνας.
(8) Ἐπειδὴ οὖν τινες λέγουσιν, ὅτι μετὰ                15
τὴν χάριν ἀμεριμνία ἐστὶ τῆς ψυχῆς, ὁ θεὸς καὶ
ἐν τοῖς τελείοις ἐπιζητεῖ τὸ θέλημα
τῆς ψυχῆς, εἰς διακονίαν τοῦ πνεύματος, ὅπως συμ-
φωνήσωσι· λέγει γὰρ
ὁ ἀπόστολος· «Τὸ πνεῦμα μὴ σβέννυτε».                  20
Τινὲς μὲν οὖν ἐν αὐτοῖς οὐκ ἤθελον ἐπι-
βαρεῖς ἄλλοις γίνεσθαι, τινὲς δὲ ἑαυτοῖς ἐστοίχουν,
ἄλλοι δὲ λαμβάνοντες παρὰ κοσμικῶν
διεδίδοσαν τοῖς πτωχοῖς· τοῦτο δὲ ἀξιώτερόν
ἐστιν. Οἱ μὲν γὰρ ἔχοντες τὴν χάριν                    25
τὸ ἑαυτῶν μόνον μεριμνῶσιν, ἄλλοι
δὲ καὶ ἑτέρας ψυχὰς ὠφελῆσαι σπουδά-
ζουσιν· **οὗτοι** πολλῷ ἐκείνων **ὑπερέχουσιν**.

---

β = B b A x (= X C L J)  |  η = K M D F Z G ‖  **28** ὑπερέχουσιν des. β = B b A x (= X C L J)  |  η = K M D F Z G

---

**1** ἀλλὰ αὐτή MD; αὐτὴ (αὐτῆ x) γὰρ β ‖   **1sq.** μὴ κἂν εἰς] μηδὲ β (εἰς add. x) ‖   **3–11** καὶ ὥσπερ τις νέος (ῥίψας add. Ax) ψηφίδα λαβὼν (om. Ax) μικρὰν καὶ πατάξας εἰς τεῖχος οὐδὲν ἤνυσεν ἢ ὥσπερ τόξευμα ἀσθενὲς οὐδὲν ἀδικεῖ κλίβανον ἰσχυρόν (ἰσχυράν CLJ), ἀλλὰ τῇ (ἀλλ' ἢ τῇ XCL) ἀντιτυπίᾳ εἰς τὰ ὀπίσω (τοὐπίσω CLJ) ἀκοντίζεται οὕτω μέρος τι τῆς κακίας προσεγγίζον αὐτοῖς οὐδὲν (cf. eis ... in nullo) ἔβλαπτεν β  ‖   **4** εἰς om. x  ‖   **6** κλίβανον] θώρακα K (vl. mg.) D (mg. ac.); θώραξ χαλκοῦν Z   **7** οὐδὲν ἠδίκησεν om. M ‖   **11sq.** ἐνδεδυμένοι om. A ‖   **13** καὶ ... αὐτοὶ] πλὴν καὶ (δὲ Ax) β   **14** τὴν] ἐκ (om. x) τοῦ αὐτεξουσίου add. β | τοῦ om. β | ἀπεργάσασθαι β (exc. Ax)F(uv.)Z ‖   **15** ἐπειδήπερ β | ὅτι om. Ax ‖   **16** τὴν om. x (ac. X) | λοιπὸν ἐστὶ τῇ ψυχῇ ἀλλ' β (exc. x); ἀλλ' add. x ‖   **17** ζητεῖ x ‖   **18sq.** συμφωνήσωσι] τῷ θεῷ B; καὶ τιμήσωσιν add. β lat ‖   **21** ἐν ἑαυτοῖς (αὐτοῖς Ax) οἱ μὲν οὖν (οὖν οἱ μὲν tr. Ax) β ‖   **22sq.** ἄλλοις ... ἄλλοι] γενέσθαι ἀλλ' ἑαυτοῖς ἐπήρκουν ἕτεροι β   **24sq.** διεδίδοσαν ... γὰρ] πτωχοῖς διεδίδοσαν καὶ τοῦτο ἐκείνου τοῦ μέτρου ἀνώτερόν ἐστιν καὶ οἱ μὲν β ‖   **26** μόνον τὸ ἑαυτῶν tr. β | μεριμνῶσιν] πῶς συμφωνήσωσι (AJ; συμφωνήσουσι BCX; L lacuna) τῷ θεῷ add. β | ἄλλοι] οἱ β ‖   **27** ἑτέρας] ἄλλας β ‖   **27sq.** σπεύδουσι Ax; καὶ κάματον εἰς αὐτὰς ὑφίστανται add. β (cf. lat) ‖   **28** πάλιν οὖν (om. X) καὶ οὗτοι ἐκείνων εἰσὶν (καὶ add. A) ἀνώτεροι β

|| legitimum deo et perfectis spiritalibus manifestum. **Quae est ista substantia et susceptio?** Prae omnibus enim creaturis pretiosa est anima hominis. Etenim exterior homo nascitur velut animal **vivens** de terris, senescit **et** moritur; interior vero homo, id est **haec** anima, secundum imaginem et similitudinem dei est et huic conmiscetur. **Is** est enim sponsa regis. Sicuti enim congaudet sponsus in sponsa, sic **et** dominus laetabitur in **te; similiter et** in adoptionem filiorum vocatus es: *Quotquot enim spiritu dei aguntur, hii filii sunt dei*, fratres et sodales sponsi. Sicuti enim, quando dominus ascendit in montem, **et** transfiguravit semetipsum in gloriam deitatis, ita **et** animae ex hoc inluminantur et glorificantur. In **illa** autem die etiam et corpora clarificabuntur. Ait enim scriptura: *Tunc fulgebunt iusti ut sol in regno patris eorum*. Vides, quia filii sunt et gaudent gaudium, qui non praeterit, et iam **laetitia** eorum non recipit tristitiam.

---

A

**1** legitimum] *cf.* 2 Tim. 2,21  **8–10** interior...est] *cf.* Gen. 1,26  **12–14** sicuti...te] *cf.* Is. 62,5  **14sq.** in[2]...filiorum] *cf.* Eph. 1,5  **16sq.** Rom. 8,14  **18–20** dominus...deitatis] *cf.* Mt. 17,1sq.  **24sq.** Mt. 13,43

**22** illa] ultima *fortasse melius iuxta graec* ||  **27** qui] quod *fortasse melius*

### B18,7,2sq. (I 207,11–31)

σκεῦος τίμιον, μόνῳ θεῷ καὶ τοῖς τελείοις καὶ πνευματοφόροις γνωριζόμενον καὶ (p. 31)
νοούμενον. Τιμιώτερον δέ ἐστι πάντων
τῶν κτισμάτων ἡ ψυ-
χὴ τοῦ ἀνθρώπου. Ὁ δὲ ἔξω ἄνθρωπος                                     5
γεννᾶται ὡς καὶ τὰ λοιπὰ ζῷα, **ἐσθίει** ἐκ
τῆς γῆς, γηρᾷ, ἀποθνήσκει.
Ὁ δὲ ἔσω ἄνθρωπος (τουτέστιν
ἡ ψυχή) «κατ' εἰκό-
να καὶ ὁμοίωσιν» τοῦ θεοῦ γεγένηται                                    10
καὶ τούτῳ συγκρίνεται, ἔστι γὰρ
νύμφη βασιλέως καὶ ὃν τρόπον εὐφραίνεται νυμφίος ἐπὶ νύμφῃ, οὕτως
εὐφραίνεται ἐπὶ ψυχῇ κύριος.
Κέκληται δὲ εἰς υἱοθεσίαν.                                              15
(3) «Ὅσοι γὰρ πνεύματι θεοῦ ἄγονται, οὗτοι
υἱοὶ θεοῦ εἰσι» καὶ ἀδελφοὶ καὶ φίλοι
τοῦ νυμφίου. Καὶ ὥσπερ ἀνελθὼν
εἰς τὸ ὄρος ὁ
κύριος «μετεμορφώθη» εἰς τὴν θεϊκὴν αὐτοῦ δόξαν,                        20
οὕτως αἱ ψυχαὶ ἀπὸ τοῦ νῦν φωτίζονται
καὶ συνδοξάζονται, ἐν δὲ τῇ τελευταίᾳ ἡμέρᾳ
καὶ τὰ σώματα συνδοξαζόμενα ἐξαστράπτει.
Λέγει γὰρ ἡ γραφή· «Τότε οἱ δίκαιοι
ἐκλάμψουσιν ὡς ὁ ἥλιος ἐν τῇ βασιλείᾳ τοῦ πατρὸς αὐτῶν».               25
Ἄρα οὖν ἀπεντεῦθεν ἔχουσι τὴν υἱοθεσίαν καὶ τὴν ἀκατά-
λυτον χαράν, ἣν χαίρουσιν οἱ Χριστιανοί· οὐ γὰρ
διαδέχεται αὐτοὺς λύπη πάλιν.

---

**2** σκεῦος inc. β = B b

**14** εὐφραίνεται b; εὐφρανθήσεται B lat

| fol. 16v | ceterum saeculare gaudium muta |
| (p. 32) | tur et deficit et rursus tristitiam |
| | recipit illa autem laetitia conreg |
| | nat cum x̄p̄ū in omnia saecula regnum |
| 5 | enim muⁿdi huius uel potestas mi |
| | serabilis est et transiens habens |
| | finem imaginem itaqᵘe |
| | exterioris habet anima |
| | in eo quod membris exte |
| 10 | rioris est similis habens oculos |
| | aures manus et pedes |

expl· incipit alia omilia

| 15 | interrogatio exterior homo posteriora |
| | sua videre non potest si ergo dixisti in |
| | teriorem similem esse exteriori qᵘomodo |
| | posteriora sua videt responsio |
| | quemammodum margarita vel la |
| 20 | pis fulgens undiq· oculos habens |
| | lucet et posteriora quoq· eius ita |
| | parent quasi priora et iterum in |
| | ante omnia simul parent duo enī |
| | habens similitudines et in duobᵘs |
| 25 | manifestatur et lucet sicuti enī |
| | agricola terra considerans non |
| | statim semina iactans sed secun |
| | dum terrae substantia in quadā |

Ceterum saeculare gaudium **muta-
tur et** deficit et rursus tristitiam
recipit. **Illa** autem laetitia conregnat **cum Christo** in **omnia** saecula. Regnum
enim mundi huius vel potestas miserabilis **est** et transiens, **habens
finem**. Imaginem itaque
**exterioris** habet anima,
**in eo** quod membris exterioris **est similis, habens oculos
aures, manus et pedes.**

Explicit. Incipit alia omilia.

Interrogatio: Exterior homo posteriora
sua videre non potest. Si ergo dixisti interiorem similem esse exteriori, quomodo
posteriora **sua** videt? Responsio:
Quemammodum margarita vel lapis fulgens undique **oculos habens
lucet et posteriora quoque eius ita
parent quasi priora et iterum inante omnia simul parent – duo enim
habens similitudines et in duobus**
manifestatur et lucet –; sicuti enim
agricola **terram considerans, non
statim** semina **iactans, sed** secun-
dum terrae substantiam **in** quadam ||

---

A

**16** dixisti] *cf.* l. 7–11

**1** ceterum] iterum *fortasse melius* ‖   **26** terram *scripsi*; terra *A* ‖   **27** iactat *fortasse melius iuxta graec* ‖   **28** substantiam *scripsi*; substantia *A*

Καὶ τὴν μὲν τοῦ κόσμου χαρὰν　　　　　　　　　　　　　　　　　　　　　　　　　fol. 16v
καταλαβοῦσα θλῖψις καταλύει,　　　　　　　　　　　　　　　　　　　　　　　　　(p. 32)
ἡ δὲ χάρις τοῦ κυρίου συμβασι-
λεύειν ποιεῖ εἰς τοὺς ἀπεράντους αἰῶνας. Καὶ ἡ μὲν βασιλεία
τοῦ κόσμου τούτου καὶ τὸ κράτος τῆς γῆς τα-　　　　　　　　　　　　　　　　　　5
πεινὸν καὶ ἐξουδενωμένον,
ἡ δὲ τοῦ κυρίου ἀδιάλειπτος. Ἀποδέδεικται οὖν ὅτι
ἔχει ἡ ψυχὴ εἰκόνα ἰδίαν,
τὰ μέλη τοῦ ἔ-
ξω ἀνθρώπου· ἡμεῖς δὲ δόξαν ἀναπέμψωμεν τῇ μακαρίᾳ καὶ ἀθανάτῳ τριάδι πατρί τε　10
καὶ υἱῷ καὶ ἁγίῳ πνεύματι, ᾧ ἡ δόξα εἰς τοὺς αἰῶνας. Ἀμήν.

## B5,1sq. (I 75,2–9)

(1) Ἐρώτησις. Ὁ ἔξωθεν ἄνθρωπος τὰ ὀπίσθια
αὐτοῦ ὁρᾶν οὐ δύναται· εἰ οὖν φασι τὸν ἔ-
σω ὅμοιον τῷ ἔξω, πῶς δύναται οὗτος　　　　　　　　　　　　　　　　　　　　　15
ὁρᾶν τὰ ὀπίσθια; Ἀπόκρισις.
Ὥσπερ μαργαρίτης λαμπρὸς ἢ φεγγίτης λίθος πανταχόθεν
φαίνεται, οὕτω καὶ ἡ ψυχὴ πανταχόθεν
　　　　　　　　　　　　　　　　　　　　　　　　　　　　　　　　　　　　　　20


φαίνεται καὶ λάμπει. (2,1) Ὥσπερ δὲ
καὶ ἔμπειρος γεωργὸς
κατὰ τὴν ποιότητα καὶ ὑπόστασιν τῆς γῆς　　　　　　　　　　　　　　　　　　　　25
ἐπιφέρει τὰ σπέρματα καὶ τὴν μὲν πυροὺς σπείρει

---

β = B b ‖   **11** ἀμήν des. β = B b ‖   **13** ἐρώτησις inc. β = B b R J ‖   **16** ἀπόκρισις inc. Y ‖   **26** σπείρει des. β = B b Y R J

**3** χάρις] χαρὰ lat ‖   **10sq.** ἡμεῖς ... ἀμήν om. B
**14** φασι] φησὶ R; ἔφησθα lat ‖   **15** ὅμοιον] εἶναι add. J lat ‖   **19** φαίνεται ... πανταχόθεν om. Y | οὕτω καὶ] οὕτως B ‖   **23** λάμπει καὶ φαίνεται tr. R J ‖   **24** καὶ om. Y R J

# Abbildungen

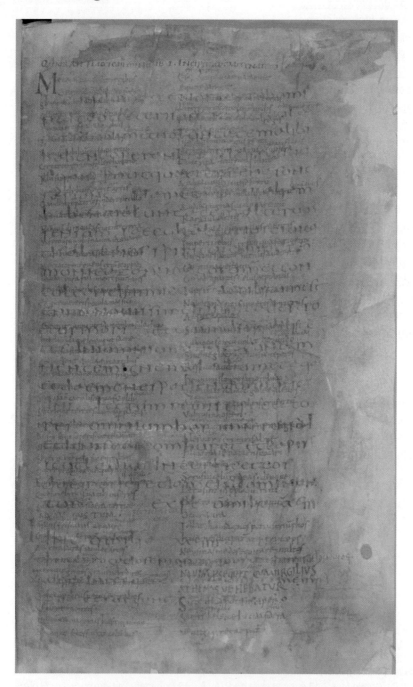

**Abb. 3:** fol. 1r (© Veneranda Biblioteca Ambrosiana und EMEL)

Abb. 4: fol. 1v (© Veneranda Biblioteca Ambrosiana und EMEL)

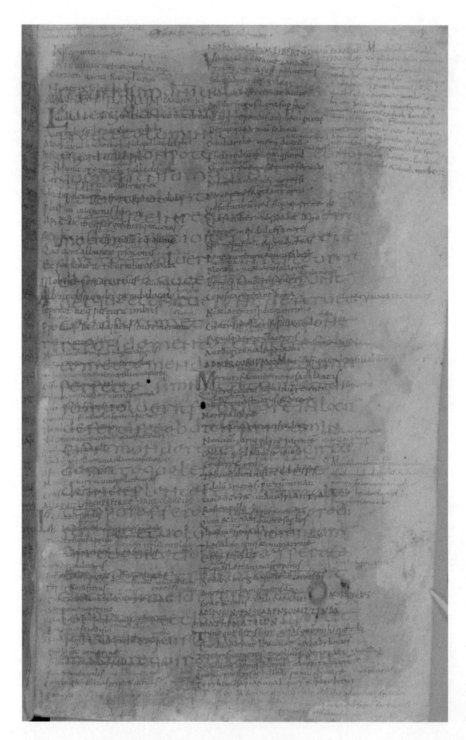

**Abb. 5:** fol. 2r (© Veneranda Biblioteca Ambrosiana und EMEL)

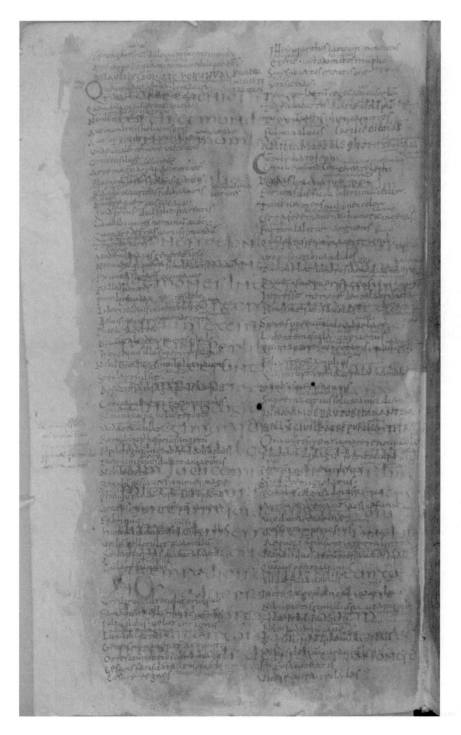

Abb. 6: fol. 2v (© Veneranda Biblioteca Ambrosiana und EMEL)

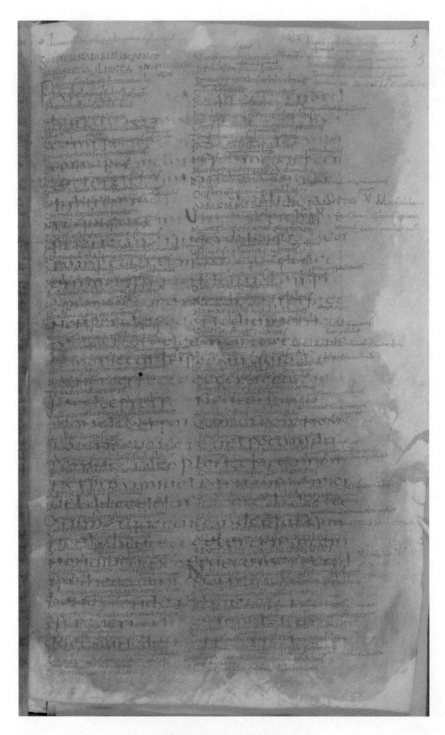

**Abb. 7:** fol. 3r (© Veneranda Biblioteca Ambrosiana und EMEL)

**Abb. 8:** fol. 3v (© Veneranda Biblioteca Ambrosiana und EMEL)

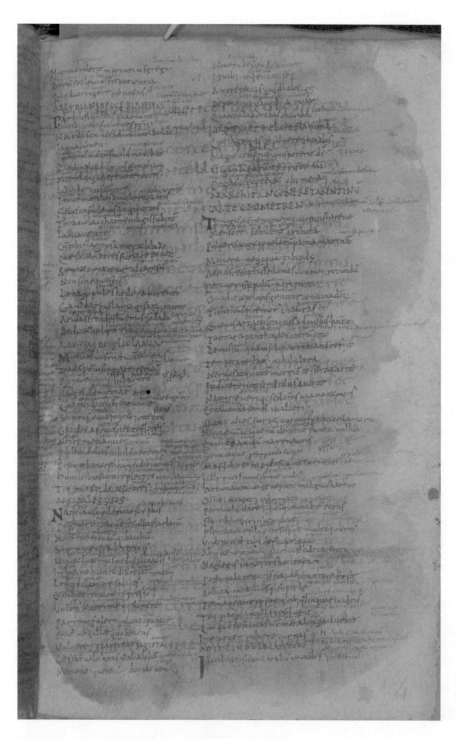

Abb. 9: fol. 4r (© Veneranda Biblioteca Ambrosiana und EMEL)

**Abb. 10:** fol. 4v (© Veneranda Biblioteca Ambrosiana und EMEL)

**Abb. 11:** fol. 5r (© Veneranda Biblioteca Ambrosiana und EMEL)

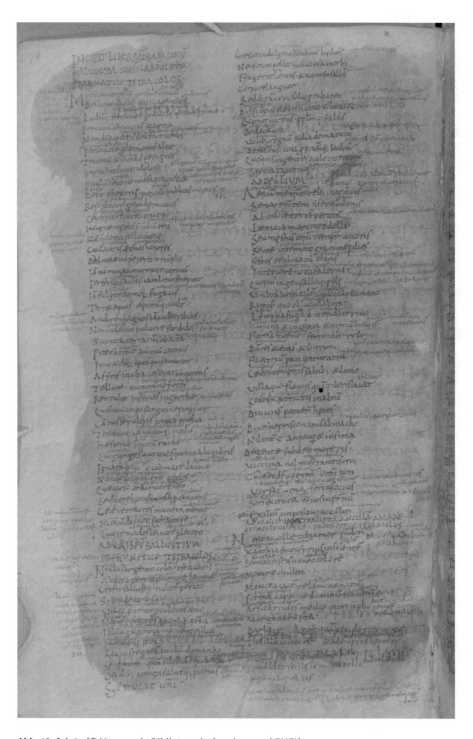

**Abb. 12:** fol. 5v (© Veneranda Biblioteca Ambrosiana und EMEL)

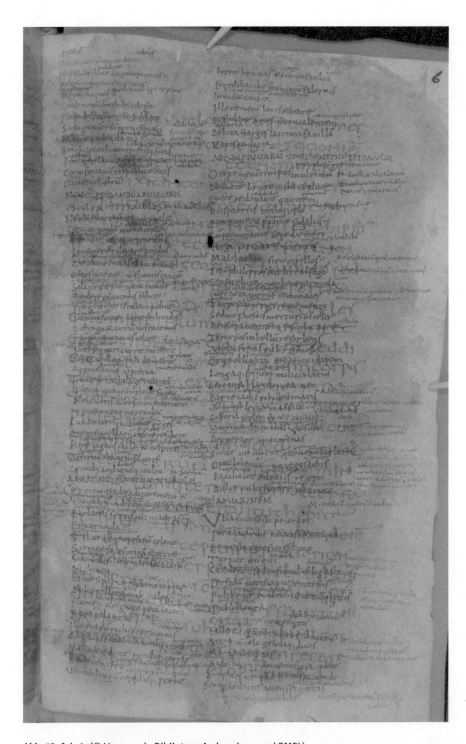

**Abb. 13:** fol. 6r (© Veneranda Biblioteca Ambrosiana und EMEL)

**Abb. 14:** fol. 6v (© Veneranda Biblioteca Ambrosiana und EMEL)

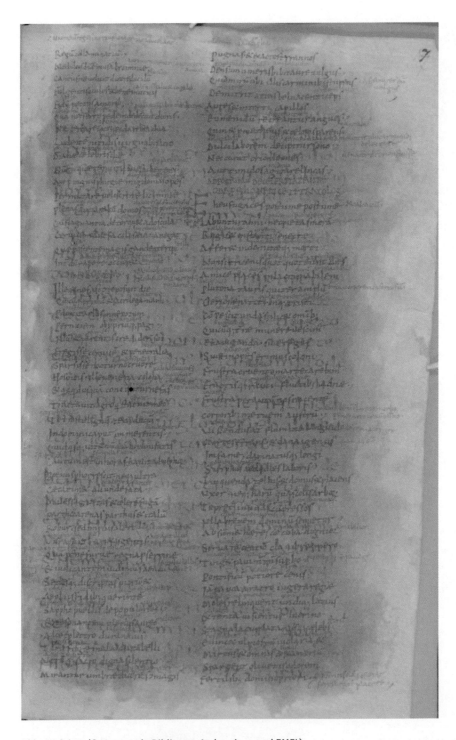

**Abb. 15:** fol. 7r (© Veneranda Biblioteca Ambrosiana und EMEL)

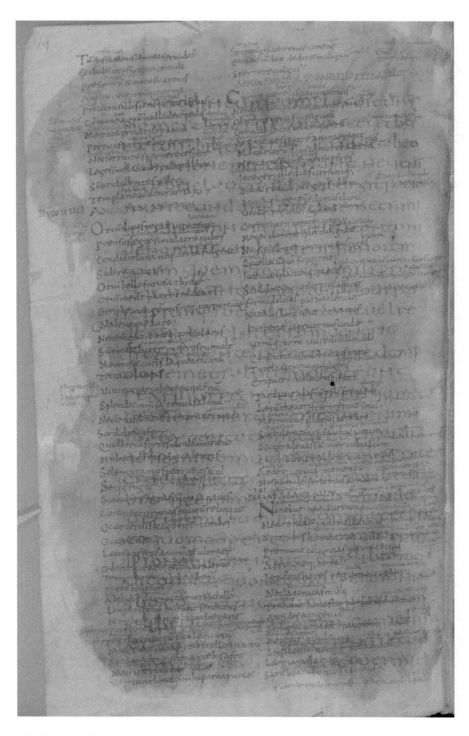

**Abb. 16:** fol. 7v (© Veneranda Biblioteca Ambrosiana und EMEL)

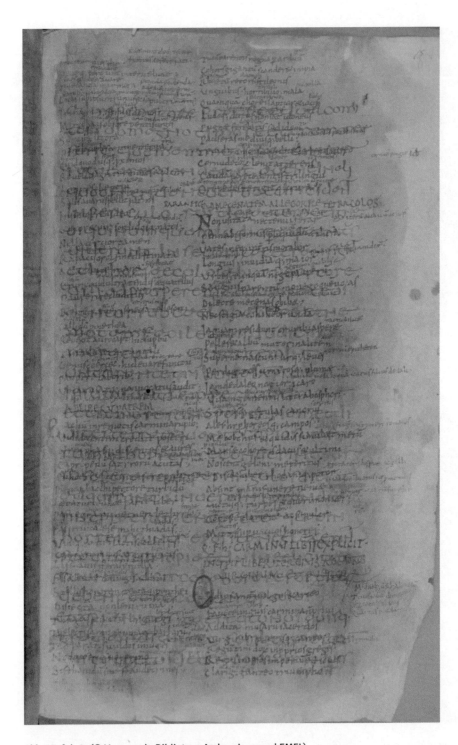

**Abb. 17:** fol. 8r (© Veneranda Biblioteca Ambrosiana und EMEL)

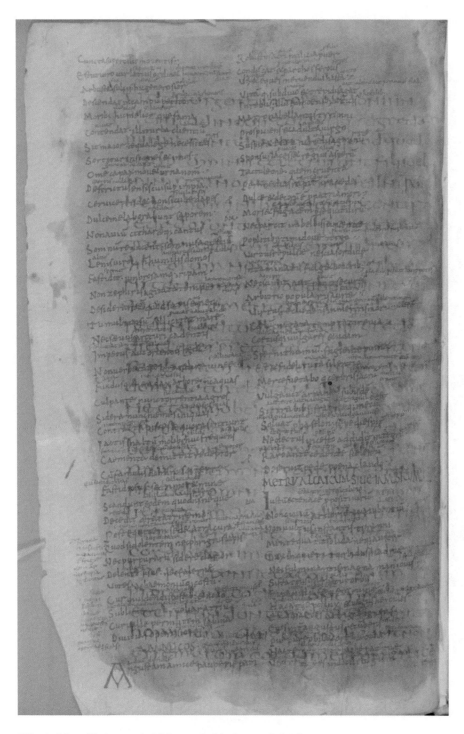

**Abb. 18:** fol. 8v (© Veneranda Biblioteca Ambrosiana und EMEL)

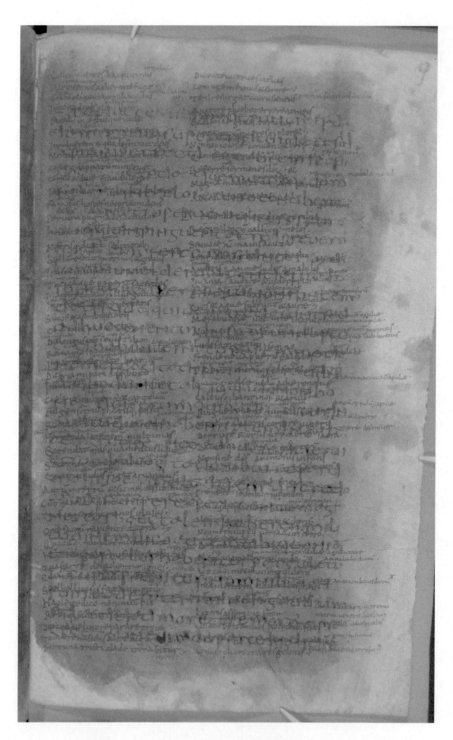

**Abb. 19:** fol. 9r (© Veneranda Biblioteca Ambrosiana und EMEL)

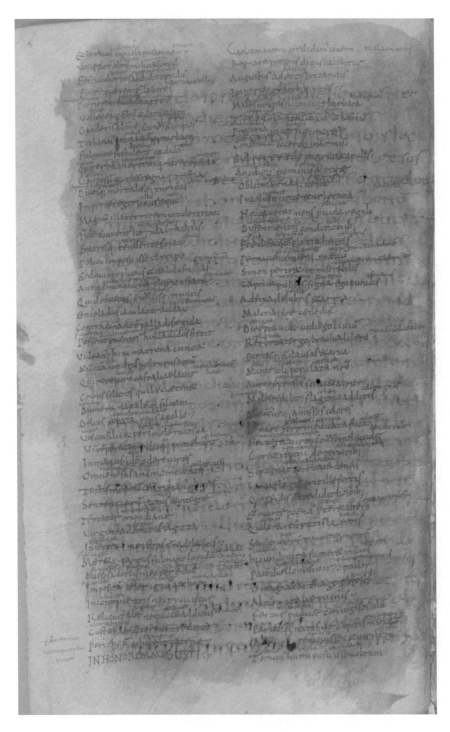

**Abb. 20:** fol. 9v (© Veneranda Biblioteca Ambrosiana und EMEL)

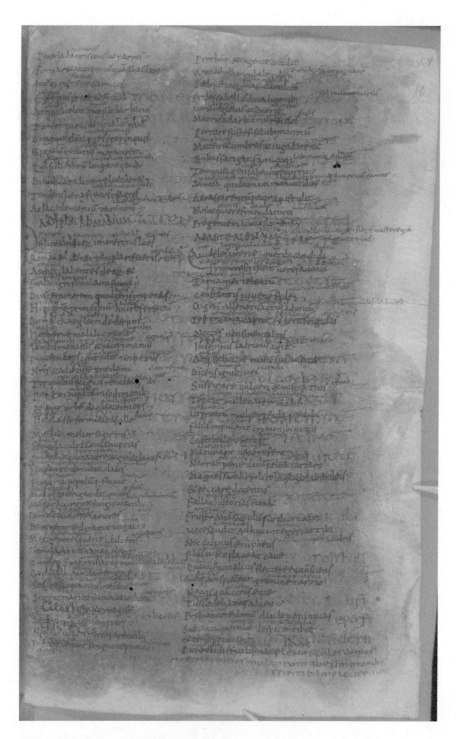

**Abb. 21:** fol. 10r (© Veneranda Biblioteca Ambrosiana und EMEL)

**Abb. 22:** fol. 10v (© Veneranda Biblioteca Ambrosiana und EMEL)

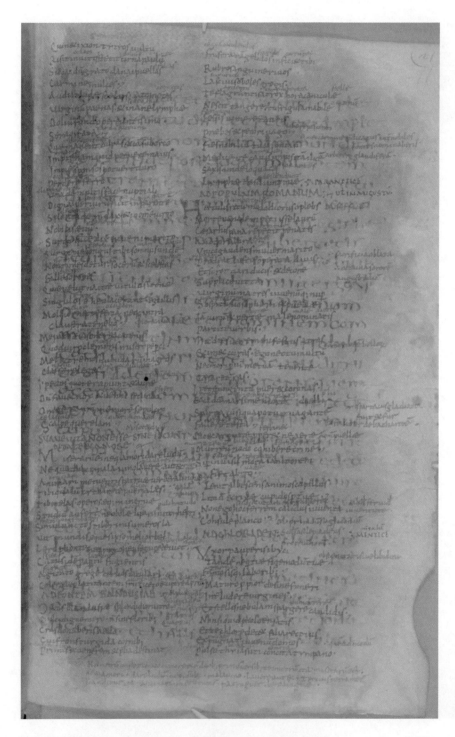

**Abb. 23:** fol. 11r (© Veneranda Biblioteca Ambrosiana und EMEL)

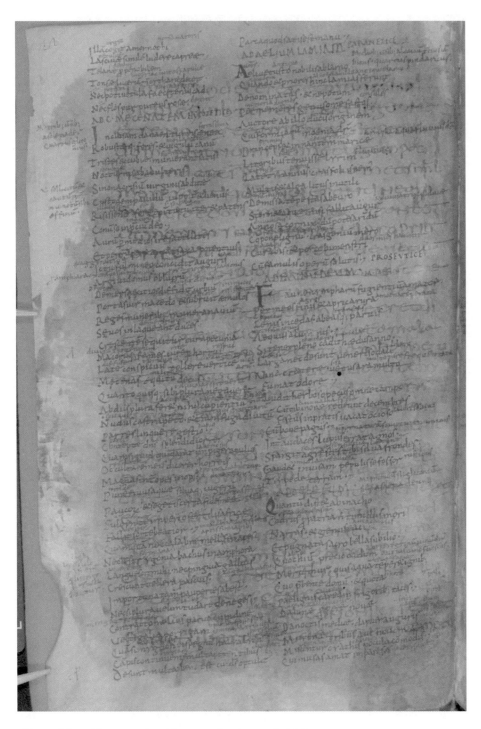

**Abb. 24:** fol. 11v (© Veneranda Biblioteca Ambrosiana und EMEL)

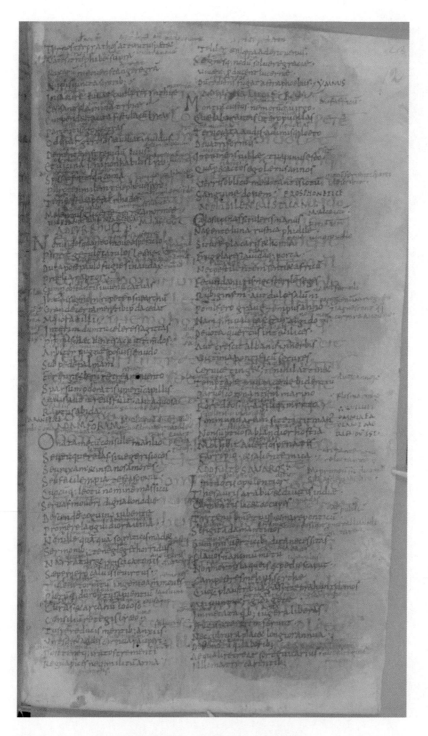

**Abb. 25:** fol. 12r (© Veneranda Biblioteca Ambrosiana und EMEL)

**Abb. 26:** fol. 12v (© Veneranda Biblioteca Ambrosiana und EMEL)

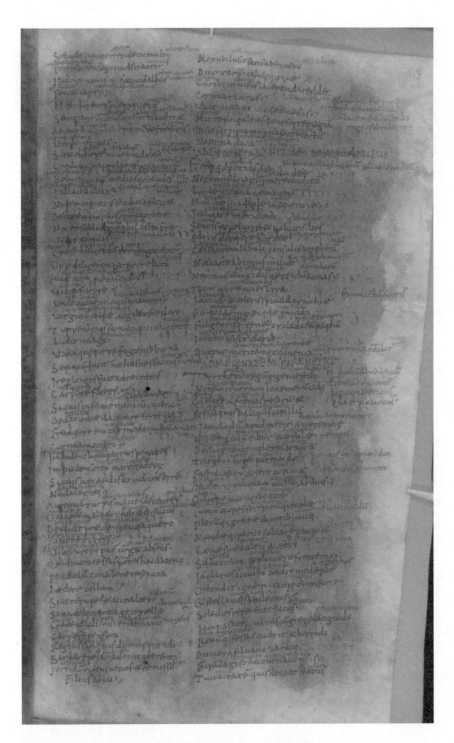

**Abb. 27:** fol. 13r (© Veneranda Biblioteca Ambrosiana und EMEL)

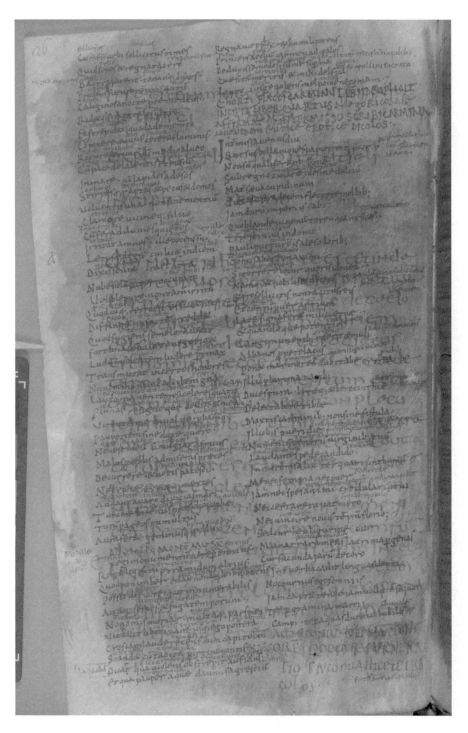

**Abb. 28:** fol. 13v (© Veneranda Biblioteca Ambrosiana und EMEL)

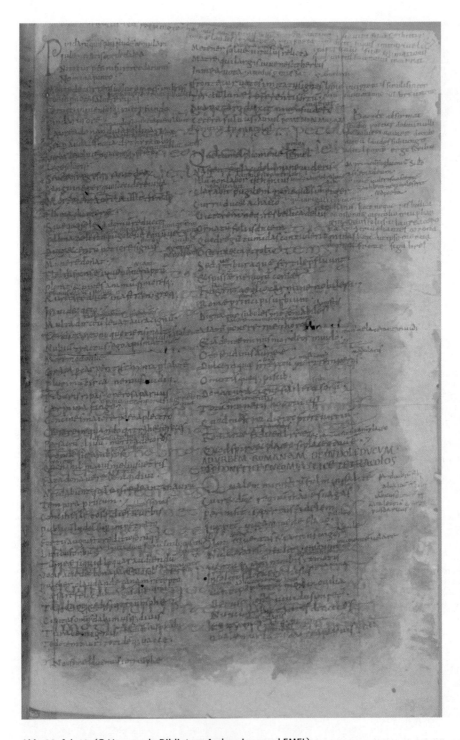

Abb. 29: fol. 14r (© Veneranda Biblioteca Ambrosiana und EMEL)

**Abb. 30:** fol. 14v (© Veneranda Biblioteca Ambrosiana und EMEL)

Abb. 31: fol. 15r (© Veneranda Biblioteca Ambrosiana und EMEL)

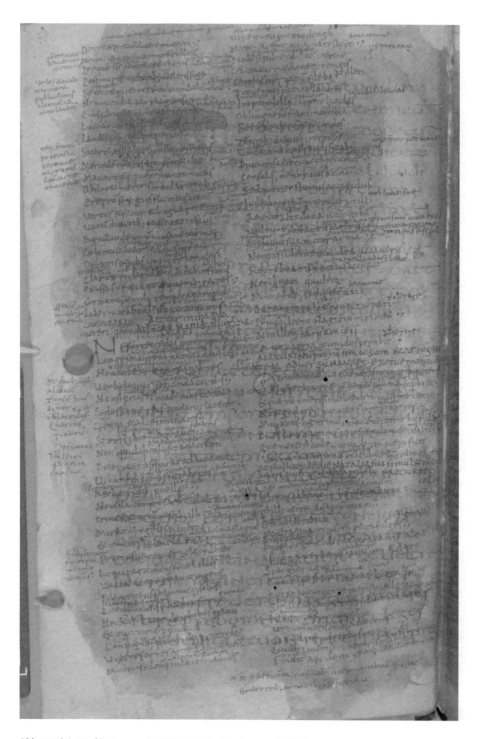

**Abb. 32:** fol. 15v (© Veneranda Biblioteca Ambrosiana und EMEL)

**Abb. 33:** fol. 16r (© Veneranda Biblioteca Ambrosiana und EMEL)

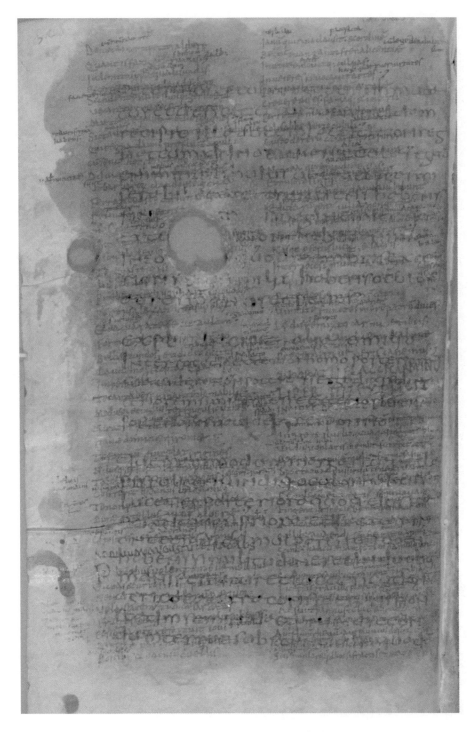

**Abb. 34:** fol. 16v (© Veneranda Biblioteca Ambrosiana und EMEL)

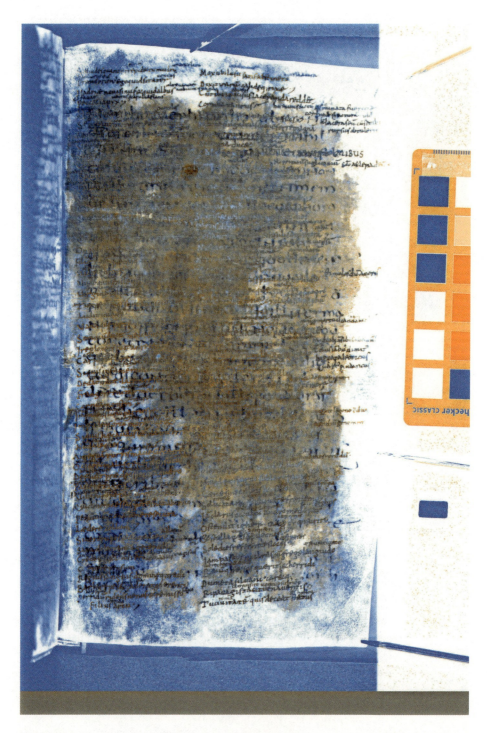

**Abb. 35:** Processed Image von fol. 13r (© Veneranda Biblioteca Ambrosiana und EMEL)

# Abkürzungsverzeichnis

| | |
|---|---|
| B | Sammlung B (BERTHOLD, Makarios/Symeon) |
| C | Sammlung C (KLOSTERMANN – BERTHOLD, Makarius/Symeon) |
| H | Sammlung H (DÖRRIES – KLOSTERMANN – KROEGER, Makarios) |
| TVh | Sammlung TVh (STROTHMANN, Sondergut) |

Auf den Text des Pseudo-Makarios wird mit Angabe von Folium und Zeile der Handschrift verwiesen. Griechische Autoren werden nach dem Wörterbuch von Liddell–Scott–Jones zitiert.

## Abkürzungen im textkritischen Apparat

| | |
|---|---|
| ac. | ante correcturam |
| add. | addidit/addiderunt |
| cf. | confer |
| cod./codd. | codex/codices |
| exc. | excepto/exceptis |
| f./ff. | folium/folia |
| l./ll. | linea/lineae |
| litt. | littera/litterae |
| mg. | in margine |
| om. | omisit/omiserunt |
| p./pp. | pagina/paginae |
| pc. | post correcturam |
| praem. | praemisit/praemiserunt |
| sim. | simile/similia |
| sc. | scilicet |
| sl. | supra lineam |
| sq. | sequens/sequentes |
| tr. | transposuit/transposuerunt |
| uv. | ut videtur |
| vl. | varia lectio |

## Sonstige Abkürzungen und Zeichen

| | |
|---|---|
| ⟨ ⟩ | Ergänzung (im kritischen Text) |
| ⟨…⟩ | schwer oder nicht lesbarer Text (im Lateinischen) |
| { } | Tilgung im griechischen Text |
| … | Kürzung des zitierten griechischen bzw. aus dem arabischen übersetzten Referenztexts |
| › | Diple (Anführungszeichen im Codex) |
| ‖ | Anfang bzw. Ende des erhaltenen Texts |

| | |
|---|---|
| an. | anno |
| des. | desinit |
| f./fol. | folium |

| | |
|---|---|
| inc. | incipit |
| s.v. | sub voce |
| v. | vide |
| 1r | folium 1 recto (Vorderseite) |
| 1v | folium 1 verso (Rückseite) |

## Zeitschriften, Reihen etc.

| | |
|---|---|
| AAWG.PH | Abhandlungen der Akademie der Wissenschaften in Göttingen, Philologisch-Historische Klasse |
| CCSL | Corpus Christianorum. Series Latina |
| CLA | Codices Latini antiquiores |
| CPG | Clavis Patrum Graecorum |
| CPL | Clavis Patrum Latinorum |
| CRAI | Comptes rendus des sessions de l'Académie des Inscriptions et Belles-Lettres |
| CSEL | Corpus Scriptorum Ecclesiasticorum Latinorum |
| GCS | Die griechischen christlichen Schriftsteller |
| HSz | HOFMANN – SZANTYR, Lateinische Syntax und Stilistik |
| LXX | Septuaginta |
| MH | Museum Helveticum |
| NTG | Novum Testamentum Graecum |
| PG | Patrologia Graeca |
| PL | Patrologia Latina |
| PTS | Patristische Texte und Studien |
| RAC | Reallexikon für Antike und Christentum |
| RAM | Revue d'ascetique et de mystique |
| RBen | Revue Bénédictine |
| SChr | Sources chrétiennes |
| StP | Studia patristica |
| ThLL | Thesaurus Linguae Latinae |
| TRE | Theologische Realenzyklopädie |
| TU | Texte und Untersuchungen zur Geschichte der altchristlichen Literatur |
| VL | Vetus Latina |
| Vulg. | Vulgata |
| ZAC | Zeitschrift für Antikes Christentum |

# Literaturverzeichnis

ANDRÉS SANZ, M. A. – LILLO REDONET, F. – MARTÍN, J. C. – SÁNCHEZ MARTÍN, J. M., Una posible tipologia de los usos figurados del léxico agrícola en Latín Cristiano, Voces 6 (1995), 81–106.

BAECKLUND, P. S., Die lateinischen Bildungen auf -fex und -ficus, Uppsala 1914.

BAMBECK, M., Lateinisch-romanische Wortstudien, Wiesbaden 1959 (Untersuchungen zur Sprach- und Literaturgeschichte der romanischen Völker 1).

BAXTER, J. H., Notes on Souter's Glossary of Later Latin, Archivum Latinitatis Medii Aevi. Bulletin du Cange 25 (1955), 101–141.

BECKER, J. – LICHT, T. – SCHNEIDMÜLLER, B., Pergament, in: Th. MEIER – M. R. OTT – R. SAUER (Hgg.), Materielle Textkulturen: Konzepte – Materialien – Praktiken, Berlin-München-Boston 2015, 337–348.

BERGER, J.-D. – FONTAINE, J. – SCHMIDT, P. L. (Hgg.), Handbuch der lateinischen Literatur der Antike 6: Die Literatur im Zeitalter des Theodosius (374–430 n. Chr.), Band 6, 2. Teil: Christliche Prosa, München 2020.

BERGH, B. (ed.) Sancta Birgitta. Revelaciones Lib. V, Uppsala 1971.

BERTHOLD, H. (ed.), Makarios/Symeon. Reden und Briefe. Die Sammlung I des Vaticanus Graecus 694 (B), 2 Bde. (Logoi B2–29, Logoi B30–64), Berlin 1973 (GCS).

BERTHOLD, H., Die Ursprünglichkeit literarischer Einheiten im Corpus Macarianum, in: F. PASCHKE (Hg.), Überlieferungsgeschichtliche Untersuchungen, Berlin 1981 (TU 125), 61–76.

BISCHOFF, B., Das karolingische Kalendar der Palimpsesthandschrift Ambros. M. 12 sup., in: B. FISCHER – V. FIALA (Hgg.), Colligere fragmenta. Festschrift A. Dold zum 70. Geburtstag am 7. 7. 1952, Beuron 1952, 247–260.

BISCHOFF, B., Katalog der festländischen Handschriften des neunten Jahrhunderts (mit Ausnahme der wisigotischen), Teil II: Laon–Paderborn. Aus d. Nachlaß hg. v. B. EBERSPERGER, Wiesbaden 2004.

BLAISE, A., Dictionnaire Latin-Français des auteurs chrétiens, Turnhout 1954.

BOLKESTEIN, A. M., Problems in the Description of Modal Verbs. An Investigation of Latin, Assen 1980.

BONNET, M., Le Latin de Grégoire de Tours, Paris 1890.

CARRANNANTE, A., Mai, Angelo, in: M. CARAVALE (Hg.), Dizionario Biografico degli Italiani (DBI), vol. 67: Macchi–Malaspina, Roma 2006, 517–520.

CASSEDER, N., Schriften des heiligen Makarius des Großen aus Egypten nach der von J. G. Pritius im Jahre 1698 in Leipzig gedruckten griechisch- und lateinischen Ausgabe, übersetzt und mit einer Vorrede begleitet von Nikolaus Casseder, Pfarrer zu Altmann im Untermainkreise des Königreichs Bayern, Bd. 1, Bamberg 1819.

CHATELAIN, É., Paléographie des classiques latins, Première partie, Paris 1884–1892.

CHATELAIN, É., Mélanges offerts à M. Émile Chatelain par ses élèves et ses amis. 15 Avril 1910, Paris 1910.

DAHLMAN, E., Über das lateinische Präfix com- in Verbalzusammensetzungen: eine semasiologische Studie, Helsingfors 1916.

DESPREZ, V. (ed.), Pseudo-Macaire. Œuvres spirituelles I. Homélies propres à la Collection III, Paris 1980 (SChr 275).

DESPREZ, V., Trois témoins partiels indirects, quatre florilèges, citations byzantines, de la collection I du *Corpus Macarianum*, in: DUNAEV – DESPREZ, Макарий Египетский, 737–930.

DE VOGÜÉ, A. (ed.), Les règles des saints pères. Tome I: Trois règles de Lérins au V<sup>e</sup> siècle, Paris 1982 (SChr 297).

DICKEY, E., Latin Loanwords in Ancient Greek. A Lexicon and Analysis, Cambridge 2023.

DÖRRIE, H. – DÖRRIES, H., Erotapokriseis, RAC 6 (1966), 342–370.
DÖRRIES, H., Symeon von Mesopotamien. Die Überlieferung der messalianischen „Makarios"-Schriften, Leipzig 1941 (TU 55).
DÖRRIES, H. – KLOSTERMANN, E. † – KROEGER, M. (edd.), Die 50 geistlichen Homilien des Makarios, Berlin 1964 (PTS 4).
DÖRRIES, H., Die Theologie des Makarios/Symeon, Göttingen 1978.
DUNAEV, A. G., – DESPREZ, V., Прп. Макарий Египетский (Симеон Месопотамский). Духовные слова и послания: новое издание с приложением греческого текста, исследованиями и публикацией новейших рукописных открытий, Moskva 2015.
EHRLE, F., Historia bibliothecae Romanorum pontificum tum Bonifatianae tum Avenionensis, Roma 1890.
FAUCON, M., La librairie des papes d'Avignon: sa formation, sa composition, ses catalogues (1316–1420), d'après les registres de comptes et d'inventaires des archives vaticanes, 2 Bde., Paris 1886/1887 (Ndr. Amsterdam 1969).
FISCHER, B., Palimpsestus Vindobonensis, in: B. FISCHER, Beiträge zur Geschichte der lateinischen Bibeltexte, Freiburg 1986 (Vetus Latina. Aus der Geschichte der lateinischen Bibel 12), 308–437.
FITSCHEN, K., Messalianismus und Antimessalianismus. Ein Beispiel ostkirchlicher Ketzergeschichte, Göttingen 1998 (Forschungen zur Kirchen- und Dogmengeschichte 71).
FITSCHEN, K., Pseudo-Makarios. Reden und Briefe. Eingeleitet, übersetzt und mit Anmerkungen versehen von K. FITSCHEN, Stuttgart 2000 (Bibliothek der griechischen Literatur 52).
FOLLIET, G., Des moines euchites à Carthage en 400–401, StP 2 (1957), 386–399 (= TU 64).
FORCELLINI, Ae. – FURLANETTO, J. – DE VIT, V., Totius latinitatis lexicon, opera et studio Aegidii Forcellini lucubratum. Et in hac editione post tertiam auctam et emendatam a Josepho Furlanetto alumno seminarii patavini novo ordine digestum amplissime auctum atque emendatum cura et studio Vincentii De Vit, 6 Bde., Prati 1858–1875.
GRYSON, R., Répertoire général des auteurs ecclésiastiques latins de l'antiquité et du haut moyen âge, 2 vols., Freiburg 2007.
HANCIAUX, R., Graphies latines vulgaires et variantes orthographiques tirées des manuscrits, vol. 2, Mons-Hainaut 1990.
HAULER, E., Lexikalisches aus einem Palimpsestsermonar der Ambrosiana, Archiv für lateinische Lexicographie und Grammatik 10 (1898), 439–442.
HAVERLING, G., On Sco-verbs, Prefixes and Semantic Functions: A Study in the Development of Prefixed and Unprefixed Verbs from Early to Late Latin, Göteborg 2000 (Studia Graeca et Latina Gothoburgensia 64).
HEINE, R., Rezension zu BOLKESTEIN, Problems, Gymnasium 88 (1981), 185–187.
HESSE, O., Art.: Makarius (Symeon von Mesopotamien), in: TRE 21 (1991), 730–735.
HILTBRUNNER, O., Exterior Homo, Vigiliae Christianae 5/1 (1951), 55–60.
HILTBRUNNER, O., Beiträge aus der Thesaurus-Arbeit VII: Corpus, MH 9 (1952), 42–47.
HOFMANN, J. B. – SZANTYR, A., Lateinische Syntax und Stilistik, München 1965 (Handbuch der Altertumswissenschaften II.2.2).
ILLERT, M., Hermann Dörries und „sein" Makarios, in: A. DORNBUSCH – P. GEMEINHARDT, Hermann Dörries. Ein Kirchenhistoriker im Wandel der Zeiten, Berlin-Boston 2023, 137–145.
ILLERT, M., Makarios – Ein östlicher Kirchenvater im Spiegel des deutschen Protestantismus, Paderborn 2023.
JAEGER, W., Two Rediscovered Works of Ancient Christian Literature: Gregory of Nyssa and Macarius, Leiden 1954.

JASPERT, B., Mönchtum und Protestantismus. Probleme und Wege der Forschung seit 1877. Band 2. Von Karl Heussi bis Karl Barth, St. Ottilien 2006 (Regulae Benedicti Studia. Supplementa, Bd. 15).

KEMMER, A., Charisma maximum. Untersuchung zu Cassians Vollkommenheitslehre und seiner Stellung zum Messalianismus, Louvain 1938.

KLOSTERMANN, E., Symeon und Macarius. Bemerkungen zur Textgestalt zweier divergierender Überlieferungen, Berlin 1944 (Abhandlungen der Preußischen Akademie der Wissenschaften 1943, Phil.-Hist. Kl. 11).

KLOSTERMANN, E. – BERTHOLD, H. (edd.), Neue Homilien des Makarius/Symeon I. Aus Typus III, Berlin 1961 (TU 72).

KREBS, J. Ph. – SCHMALZ, J. H., Antibarbarus der lateinischen Sprache, 2 Bde., Basel [7]1905–1907.

LECLERCQ, J., „Umbratilis". Pour l'histoire du theme de la vie cachée, RAM 39 (1963), 491–504.

LICHT, T., Halbunziale: Schriftkultur im Zeitalter der ersten lateinischen Minuskel (III.–IX. Jahrhundert), Stuttgart 2018 (Quellen und Untersuchungen zur lateinischen Philologie des Mittelalters 20).

LOWE, E. A., A Hand-List of Half-Uncial Manuscripts, in: Miscellanea Francesco Ehrle, vol. 4, Roma 1924 (Studi e testi 40), 34–61.

LOWE, E. A., The Palæography of the Bobbio Missal, in: LOWE, E. A., The Bobbio Missal. A Gallican Mass-Book (Ms. Paris. lat. 13246), The Henry Bradshaw Society 61 (1924), 59–106 (repr. in one volume 1991).

LOWE, E. A., Codices rescripti. A List of the Oldest Latin Palimpsests with Stray Observations on their Origin, in: Mélanges Eugène Tisserant 5, Roma 1964 (Studi e Testi 235), 67–114.

LUNDSTRÖM, S., Übersetzungstechnische Untersuchungen auf dem Gebiete der christlichen Latinität, Lund 1955 (Lunds Universitets årsskrift Avd. 1; Bd. 51,3).

LUNDSTRÖM, S., Lexicon Errorum Interpretum Latinorum, Uppsala 1983 (Acta Universitatis Upsaliensis. Studia Latina Upsaliensia 16).

MAI, A., Scriptorum veterum nova collectio e Vaticanis codicibus edita, vol. 3, Roma 1828.

MAI, A., Glossarium novum latinitatis ex aliquibus nostris editionibus et codicibus sumptum ad clarissimum virum Iosephum Furlanettum, Spicilegium Romanum 9 (1843), 1–89.

MAIER, A., Der letzte Katalog der päpstlichen Bibliothek von Avignon (1594), Roma 1952 (Sussidi eruditi).

MAIER, A., Der Katalog der päpstlichen Bibliothek in Avignon vom Jahr 1411, Archivum Historiae Pontificiae 1 (1963), 97–177.

MALONEY, G. A., Pseudo-Macarius. The Fifty Spiritual Homilies and the *Great Letter*, New York 1992.

MARKOVICH, M., ДВА НАТПИСА ИЗ ЗАДРА, Zbornik Radova Vizantološkog Institut 2 (1953), 99–138.

MARRIOTT, G. L., Macarii anecdota: Seven Unpublished Homelies of Macarius, Cambridge (Mass.) 1918 (Harvard Theological Studies 5).

MEYER-LÜBKE, W., Romanisches etymologisches Wörterbuch, Heidelberg [7]2009.

MOES, R., Les hellénismes de l'époque théodosienne: recherches sur le vocabulaire d'origine grecque chez Ammien, Claudien et dans l'Histoire Auguste, Strasbourg 1980.

MUNK OLSEN, B., L'étude des auteurs classiques latins aux XIe et XIIe siècles, 5 vols., Paris 1982–2020 (Documents, études et répertoires).

NEUE, F. – WAGENER, C., Formenlehre der lateinischen Sprache. Erster Band: Das Substantivum, Leipzig [3]1902.

NIETO IBAÑEZ, Pedro de Valencia. Obras completas. IX,1: Escritos espirituales: San Macario, Estudio introductorio Jesús María Nieto Ibáñez. Edición crítica y notas Antonio María Martín Rodríguez, León 2001 (Colección humanistas españoles 23).

NOSKE, G., Quaestiones Pseudacroneae, München 1969.

PALTHENIUS, Z., Sancti patris Macarii eremitae Aegyptii homiliae spirituales quinquaginta, de integritate quae decet Christianos … e Graeco in Latinum sermonem conversae …, Francofurti 1594.

PHELPS, M. B., The Sinai Palimpsests Project (2011–2016): Goals, Methods, and Contribution, in: RAPP – ROSSETTO – GRUSKOVÁ – KESSEL, New Light, 31–38.

[PICOT, I. S.,] Macarii Aegyptii homiliae L, Paris 1559 (apud Guil. Morelium).

PICOT, I. S., Patris Macarii Aegyptii homiliae quinquaginta. Interprete Ioanne Pico …, Parisiis 1559 (apud Guil. Morelium).

PILTZ, A., Prolegomena till en Textkritisk Edition av Magister Mathias' Homo Conditus = Prolégomènes à une édition critique de l'Homo Conditus de Maître Mathias de Linköping, Uppsala 1974 (Acta Universitatis Upsaliensis. Studia Latina Upsaliensia 7).

PITKÄRANTA, R., Studien zum Latein des Victor Vitensis, Helsinki 1978 (Commentationes Humanarum Litterarum 61).

PLESTED, M., The Macarian Legacy. The Place of Macarius-Symeon in the Eastern Christian Tradition, Oxford 2004.

PLESTED, M., Art.: Messalianer, in: RAC 24 (2011), 758–767.

RAPP, C. – ROSSETTO, G. – GRUSKOVÁ, J. – KESSEL, G., New Light on Old Manuscripts. The Sinai Palimpsests and other Advances in Palimpsest Studies, Wien 2023 (Veröffentlichungen zur Byzanzforschung 45).

RATTI, A., Manoscritti di provenienza francese nella Biblioteca Ambrosiana di Milano, in: CHATELAIN, Mélanges, 588–597.

REIFFERSCHEID, A., Bibliotheca patrum Latinorum Italica, 2 Bde., Wien 1871.

ROGGEMA, B. – TREIGER, A., Patristic Literature in Arabic Translations, Leiden 2020.

RÖNSCH, H., Clibanus = Kürass, Zeitschrift für die österreichischen Gymnasien 34 (1883), 407f.

RÖNSCH, H., Beiträge zur kirchlichen und vulgären Latinität in drei Palimpsesten der Ambrosiana, Zeitschrift für die österreichischen Gymnasien 36 (1885), 420–422 u. 507–516; Ndr. in: H. RÖNSCH, Collectanea philologa, Nach dem Tode des Verfassers herausgegeben von C. WAGENER, Bremen 1891, 164–175.

RUNDGREN, F., Über einige iranische Lehnwörter im Lateinischen und Griechischen, Orientalia Suecana 6 (1957), 33–65.

SCHMIDT, E. A., ΦΙΛΑΛΗΘΗΣ. Zu Theokrit, Idyll 4, Philologus 112 (1968), 131f.

SOUTER, A., A Glossary of Later Latin to 600 A.D., Oxford 1949.

SPEYER, W., Die literarische Fälschung im heidnischen und christlichen Altertum, München 1971 (Handbuch der Altertumswissenschaften 1,2).

SPITZER, L., Classical and Christian Ideas of World Harmony: Prolegomena to an Interpretation of the Word "Stimmung" (Part II), Traditio 3 (1945), 307–364.

STAATS, R., Gregor von Nyssa und die Messalianer. Die Frage der Priorität zweier altkirchlicher Schriften, Berlin 1968 (PTS 8).

STAATS, R. (ed.), Makarios/Symeon. Epistola Magna, Göttingen 1984 (AAWG.PH 3,134).

STEINOVÁ, E., The Rise of the Quotation Sign in the Latin West and the Changing Modes of Reading between the Sixth and the Ninth Centuries, Scriptorium 72 (2018), 123–166.

STEWART, C., Working the Earth of the Heart: the Messalian Controversy in History, Texts and Language to AD 431, Oxford 1991.

STEWART, C., Cassian the Monk, Oxford 1998 (Oxford Studies in Historical Theology).

STIEFENHOFER, D., Des heiligen Makarius des Ägypters fünfzig geistliche Homilien. Makarius' des Ägypters Briefe aus dem Griechischen übers. von D. STIEFENHOFER, Kempten-München 1913 (Bibliothek der Kirchenväter, 1. Reihe, Band 10).

STOTZ, P., Handbuch zur lateinischen Sprache des Mittelalters, (5 vol., München 1996–2004.

STROTHMANN, W., Makarios und die Makariosschriften in der syrischen Literatur, Oriens Christianus 54 (1970), 96–105.

Strothmann, W., Das arabische Sondergut. Macarius, Aegyptius, 300–390, Wiesbaden 1975.

Traube, L., Nomina Sacra. Versuch einer Geschichte der christlichen Kürzung, München 1907 (Nachdruck Darmstadt 1967).

Troupeau, G., Catalogue des manuscrits arabes. P.1 Manuscrits chrétiens. – T. 1. Nos 1–323, Paris 1972.

Unger, D. J., St. Irenaeus and the Roman Papacy, Theological Studies 13 (1952), 359–418.

Villecourt, L., La date et l'origine des Homélies spirituelles attribueés à Macaire, CRAI 64/3 (1920), 250–258.

Volgers, A. – Zamagni, C. (Hgg.), Erotapokriseis. Early Christian Question-and-Answer Literature in Context. Proceedings of the Utrecht Colloquium, 13–14 October 2003, Leuven 2004 (Contributions to Biblical Exegesis and Theology 37).

Vollmer, F., Epitome thesauri Latini. Adornavit et auxiliantibus compluribus ed. F. Vollmer, vol. I, Leipzig 1912.

Weidmann, C., Vorankündigung: Eine unbekannte lateinische Übersetzung der Predigten des Pseudo-Makarios, ZAC 24/2 (2020), 449–452.

Wilmart, A., Le palimpseste du missel de Bobbio, RBen 33 (1921), 1–18.

# Indices

Alle Stellen werden nach Folium (r/v) und Zeile der Handschrift zitiert. Die Reihenfolge der Folien in der vorliegenden Edition lautet: 13.12.14.15.10.11.5.4.6.3.1.8.7.2.9.16.

## 1 Bibelstellen und Autoren

**Gen.** 1,26: *cf.* 15v,1sq.; *cf.* 7r,22–24; 7v,5–7; *cf.* 16r,8–10
2,7: *cf.* 1v,5
3,18: *cf.* 4r,15; 2r,25sq.
**Lev.** 11: *cf.* 5v,15
11,3: *cf.* 4r,1–3
**4 Reg.** 6,14–17: *cf.* 7v,26–29
**Ps.** 21,30: *cf.* 8r,16sq.
33,9: 8r,28sq.
44,8: *cf.* 3r,1sq.
73,20: *cf.* 10r,29; 10v,1–3
77,2: 12v,4
**Prov.** 7,1: *cf.* 8v,12
**Is.** 52,1: *cf.* 10v,27sq.
62,5: *cf.* 16r,12–14
**Ier.** 31 (38 LXX),33: *cf.* 4v,23sq.25sq.
**Mt.** 7,7: 15r,20sq.
7,13sq.: *cf.* 15r,18
13,34: *cf.* 12v,2sq.
13,35: 12v,4
13,43: 16r,24sq.
15,19: 8v,24sq.
17,1sq.: *cf.* 16r,18–20
19,26: *cf.* 1v,1
24,47: 7v,23–25
**Mc.** 10,27: *cf.* 1v,1
**Lc.** 18,6–18: *cf.* 3v,26–29
18,7: *cf.* 11v,12sq.
18,27: *cf.* 1v,1
21,18: *cf.* 1v,16sq.
**Io.** 1,1–3: 13r,1sq.
1,3: 13r,3sq.
3,16: 7v,20sq.
4,10: *cf.* 3v,4
6,45: *cf.* 8v,7

15,13: *cf.* 7v,16sq.
**Rom.** 2,15: *cf.* 13r,6–8
6,12: *cf.* 8v,22sq.
7,24: 10r,24sq.
8,2: *cf.* 13r,8
8,32: 7v,21–23
13,14: *cf.* 4v,11–17
**1 Cor.** 2,10: *cf.* 12v,23sq.
2,12: *cf.* 12r,13
2,13sq.: 12r,16–19
3,11: *cf.* 13v,9sq.
3,16: *cf.* 5r,17
3,18: 14r,2–5.21
15,26: 1r,12sq.
**2 Cor.** 3,3: *cf.* 13r,4sq.12–14; *cf.* 8v,11
3,6: 8v,5
3,8: 9v,18
7,1: 4v,27sq.
10,5: *cf.* 10r,26; *cf.* 11r,21–23
11,3: 5v,10–12
**Gal.** 4,4: 11v,17sq.
**Eph.** 2,20: *cf.* 13v,9–11.25sq.
4,21: *cf.* 8v,7
6,11: *cf.* 3v,6–8
**Phil.** 3,19: *cf.* 1r,5sq.
3,20: 12v,27sq.
**Col.** 1,13: *cf.* 15r,16sq.
**1 Thess.** 4,9: *cf.* 8v,7
5,19: 9v,20
**1 Tim.** 1,5: *cf.* 14v,18sq.
4,4: 6r,27
6,5: 5v,7sq.
**2 Tim.** 2,21: *cf.* 16r,1
3,8: 5v,7sq.
**Tit.** 1,15: 5v,8sq.
3,4: *cf.* 11v,15–17
4,4: *cf.* 2v,17–19

**Hebr.** 6,8: *cf.* 4r,15
8,2: 7v,26
10,16: *cf.* 4v,23sq.25sq.; *cf.* 8v,7–9
**1 Petr.** 1,8: *cf.* 15r,2sq.
3,22: *cf.* 3r,13–16
**1 Io.** 3,16: *cf.* 7v,16sq.
4,6: *cf.* 1r,4sq.
**Ambrosiast.**
in Rom. 8,13,1: *cf.* 6r,22–26
**Pseudo-Makarios**
B4,28sq.: 7rv; 2rv
B5,1sq.: 16v
B9,2: 6rv
B9,3: 3rv
B10,3: 14r–15r
B16,1sq.: 9rv
B18,7: 16rv
B32,1: 1rv
B32,8: 8rv; 7r
B45,1: 1r
B45,4: 7r
B46,1: 2v
B54,2sq.: 5r–4v
B61,1: 15r–11v
C16,2sq.: 12rv
C21,1: 13v
H1,6–8: 6rv
H1,11sq.: 3rv
H15,8sq.: 1r
H15,10: 1rv
H15,19–21: 8rv
H15,22.29: 7rv
H15,43sq.: 7rv
H15,52sq.: 2rv
H16,1: 2v
H17,6–8: 9rv
TVh12,3–5: 13rv

# 2 Lateinisch-griechischer Wortindex

In diesem Index werden alle lateinischen Wörter, gegebenenfalls mit ihrem lexikalischen bzw. phraseologischen griechischen Äquivalent, verzeichnet. Ein Asterisk * verweist auf handschriftlich überlieferte Varianten des griechischen Texts.

a(b): 13r,7; 13v,11; 14v,1.2; 15v,3.4; 11v,2; 5r,9.16; 5v,23; 4v,16.18; 6r,3; 1v,7; 8v,7; ἀπό 13v,11; 12r,2; 11r,19; 11v,13; 5r,9*.15.19; 5v,18.22; 4r,9.11; 4v,15.19. 28; 6r,5*; 8r,9; 7r,20; ἐκ/ἐξ 10r,14; 11r,9; 3r,5; 2v,15; ἐν 9v,17; παρά 5r,6; 8v,6; 7r,27; 7v,10; 9v,23; ὑπέρ 7r,27*; 7v,10*; ὑπό 6r,5.6; 2r,3; 2v,11.17; 9r,17
abditus: δυσώδης 2r,17
ac si: 11r,9
accipio: δέχομαι 3v,16; λαμβάνω 4r,19; 6v,6; 3r,18; 3v,12; 1v,5; 9v,23
acerbus: αἰσχρός 11v,14; αὐχμηρός 11r,16
acus: ῥαφίς 1v,10
ad: 15r,1; 15v,19; 10v,12; 11v,8.19.23; 8r,3; 2r,12; 9r,10; εἰς 12r,1.2; 8r,1; ἐν 6v,26; κατά 7v,27; πρός 7v,18; 9r,14; v. usque ad
Adam: Ἀδάμ 15r,13; 6r,22
adhuc: 9r,12; ἔτι 6r,5; 3v,19; 9r,18
adoptio: υἱοθεσία 16r,15
adquiro: ἐπευπορέω 8r,20 (εὐπορέω*); κτάομαι 7r,2sq.
adsum: σύνειμι 9r,26
adsumo: λαμβάνω 13v,13
adulter: 11r,28
adventus: παρουσία 15r,12
adversus: 3v,6sq.; πρός 2v,25
aedificatio: οἰκοδομή 13v,27sq.
aedifico: οἰκοδομέω 10r,5.26sq.30; ὑψόω 15v,5
aer: ἀήρ 9r,7
aeternus: 3r,13; αἰώνιος 14v,17; 6v,22sq.; 3r,15; 3v,10
affero: 3r,24; ἐκφέρω 2r,21 (φέρω*)
affigo: σταυρόω 7v,19
agitator: ἡνίοχος 3v,2
agnitio: 13v,1
agnosco: 13r,22sq.; γινώσκω 12r,13.15; 14v,1sq.; 9r,21sq.; γνωρίζω 12v,20; ἐπιγινώσκω 11v,26
ago: 4r,14; ἄγω 16r,16

agrestis: ὑλικός 4v,15sq.
agricola: γεωργός 4r,13; 16v,26
aio: 13r,3; λέγω 10r,23; 16r,24; φημί 12v,3; 14r,1; 5v,7
alibi: ἀλλαχοῦ 1r,3*; 7v,23.26*; ἄλλος 1r,3
alienigena: ἀλλόφυλος 10r,30
aliquanto: ὁλοτελῶς 9r,15 (aliquando cod.)
aliquis: 5v,16; 8r,4sq.; 9v,10; τις 14r,6; 6r,13; 6v,12.27sq.; 9v,3.9
alius: 16v,13; ἄλλος 1r,6; 1v,6; 2r,7; 9v,22.23. 26; ἕτερος 9v,27; ὁ μέν 2r,6; τις 9v,22
allophylus: ἀλλόφυλος 7v,28
alter: ἄλλος 6r,17sq.*; 1r,7.8.9; ἕτερος 6r,17.19; 6v,26
altitudo: βάθος 12v,23; 9r,17; ὕψος 10r,5sq.; ὕψωμα 15v,5sq.; 10r,25; 11r,21
amaritudo: πικρία 11r,2
ambulo: διάγω 3v,23; διατρίβω 6v,8
amen: 13v,2; ἀμήν 7v,23
amicus: φίλος 3r,20
an: 15v,20
angelus: ἄγγελος 7v,10.13; 2v,9
angor: ἄχθομαι 7r,8
angularis: ἀκρογωνιαῖος 13v,10sq.16
anima: 15r,24; 4r,11; αὐτός 10v,9; ψυχή 14r,18; 15r,24; 10r,30; 10v,9*; 11v,8.24; 5r,2.6.13.17sq.23; 5v,2.16sq.20.23sq.; 4r,7.11*; 6r,5sq.10.14.27; 6v,1.5.10.17. 22; 3r,10.22.27; 3v,2; 1r,10; 7r,21; 7v,16; 2v,9; 9v,16.17.27; 16r,4sq.9.21; 16v,8
animal: 4r,2; ζῷον 4r,25; 16r,6
animalis: ψυχικός 12r,17
annuntio: εὐαγγελίζω 11r,17
ante: εἰς 8r,14; κατέναντι 8r,14
antiquus: 11v,6
aperio: ἀνοίγνυμι 12v,4; 15r,21
apostolus: ἀπόστολος 12v,27; 10r,23; 4v,27; 9r,24; 9v,20
appareo: καταφαίνομαι 1v,4
appropinquo: προσέρχομαι 6v,23sq.
approximo: προσεγγίζω 9v,10
aqua: ὕδωρ 14r,13; 1r,15

aqualis: ὀχετός 2r,19
arbitrium: αὐτεξούσιος 2v,13; βουλή
    10v,14; θέλημα 11v,4
artifex: τεχνίτης 4r,24; 4v,4.14
ascendo: ἀνέρχομαι 16r,18sq.; ἐπιβαίνω
    3v,1
aspectus: φαίνομαι 14v,13sq.
aspicio: 14v,3.28; θέα 14r,11sq.; θεωρέω
    14v,3*.25
astutia: πανουργία 5v,11
atque: 15r,26; 11r,28; καί 10r,15
atramentum: 13r,5.10sq.14; μέλαν 8v,11
attendo: ἐνοράω 15r,1
audio: 13r,12.15sq.; 14v,4; ἀκούω 13v,23;
    14v,4*.6; 6r,1
aufero: αἴρω 4r,27; περιαιρέω 4v,6
auris: 16v,11
aut: 14v,4; 3v,10; 2r,8; ἤ 14v,4*; 6r,1*;
    7v,5*; 9v,5.7; καί 12v,23; 6r,1 (bis; καί
    οὐ; οὔτε*); 8r,4
autem: 12r,9.23; 5v,3; 3r,7; 3v,23; δέ
    13v,22; 12r,17; 12v,27; 14r,2; 14v,14;
    15v,5; 11v,15; 3v,11; 1v,2.10 (καί*).27;
    8r,6.13; 8v,27; 9r,3.23; 16v,3; δή 2v,9;
    ὅτι 3v,23; τοίνυν 4r,7
averto: ἐκτρέπω 2v,15; 9v,2
barbarus: βάρβαρος 12r,22; 12v,15
beatus: μακάριος 12r,2
bene: εὐδόκεω 13v,16
beneficium: χάρις 15r,15
bestia: θηρίον 7v,2sq.
bonitas: ἀγαθός 9r,17; ἀγαθότης 11v,16
bonus: ἀγαθός 9r,15sq.; καλός 4r,22; 6r,27
cado: ἀντιπίπτω 9v,8; ἐμπίπτω 7r,15; πίπτω
    4r,22
caelestis: 6r,10sq.; ἐπουράνιος 14r,14;
    14v,14sq.; 15r,14.27; 10r,26; 11r,11;
    4v,11sq.; 3v,26*; 8v,13; 2v,1sq.; οὐρά-
    νιος 14v,19; 3r,3.5.23; 3v,1.3.26
caelum: οὐρανομήκης 10r,6; οὐρανός 13v,11
    (bis).14.18; 12v,28; 8r,11; 7r,24; 9r,5
caenosus: βόρβορος 10v,22
caenum: βόρβορος 11r,27
capillus: θρίξ 1v,8.16
captivitas: αἰχμαλωσία 11v,14.25sq.; αἰχμα-
    λωτίζω 10r,19; 11r,19; καταδουλόω
    15v,4; 10v,24
carcer: φυλακή 15r,17
caritas: 14v,18; 7v,17

carnalis: 13r,9sq.; σαρκικός 12r,21sq.;
    10v,19sq.; σάρκινος 14r,23
caro: σάρξ 4r,28; 4v,17.28
carus: συγγενής 3r,20
castra: ὀχύρωμα 11r,21sq.
causa: πρᾶγμα 7r,16
ceterum, ceteri: 1r,2; τὰ λοιπά 14r,8; καί
    16v,1
charta: 13r,6
Christianitas: Χριστιανισμός 8r,26
Christianus: Χριστιανός 1r,6; 7r,7; 9r,3
Christus: 16v,4; σωτήρ 15r,11; Χριστός
    13v,9; 14r,15; 15r,28; 11r,10; 11v,17.19;
    5r,22; 4v,12; 6r,7; 6v,24; 8r,14; 9v,12
cibus: τροφή 14v,19; 3v,3
circumdo: περιτίθημι 2r,18sq.
civis: ἐνοικέων 15v,12sq.
civitas: 15v,22.24.29; 10r,4; πόλις 15v,3.13.
    18; 10r,4.19.23; 11r,21; 6v,28; 1r,8sq.;
    2r,8
clarifico: συνδοξάζω 16r,23
clibanus: κλίβανος 9v,6
coaevus: σύντροφος 8v,28
cogitatio: διαλογισμός 11r,22; 5r,10sq.18.
    20sq.25; 4r,12; 8v,25; λογισμός 15r,27;
    10r,22; 10v,10; 11r,27; 5r,6sq.; 5v,14sq.
    20.23.24; 4r,8; 1v,3; 8v,17sq.19sq.;
    9r,14.19
cogitatus: λογισμός 2v,16
cogito: μερίμνω 9v,26; φρόνημα 10v,19
cognosco: 13r,25
cogo: καταναγκάζω 10v,13.19
cohabito: ἐνοχλέω 5v,22
coinhabito: σύνειμι 4r,6
coinquino: μιαίνω 5r,21; 5v,8
colligo: 12r,28
color: χρόα 1v,11
comburo: καίω 1r,19
comes: κόμης 8r,1sq.
commisceo: κρατέω 6v,8 (κεράννυμι*);
    συγκρατέω 6v,17 (συγκεράννυμι*);
    συγκρίνω 16r,11
commodo: δίδωμι 11v,10
commoneo: 15v,19; ὑπομιμνήσκω 11r,12sq.
commoveo: παρακινέω 9v,5
communicatio: κοινωνία 4r,9sq.
communico: 5v,3sq.; κοινωνέω 5r,20.24;
    5v,1sq.26; 1r,9sq.
commuto: ἀλλάσσω 11v,7

comparo: συγκρίνω 12r,17
compes: δεσμός 10v,11
complaceo: εὐδόκεω 13v,16sq.; 7v,1
comprehendo: ἀνεννόητος 14r,24sq.
concertor: ἀγωνίζομαι 5r,12
concipio: 11r,23
concordo: συμφωνέω 5r,10; 4r,5sq.
concresco: συναυξάνω 8v,28sq.
conculco: καταπατέω 1r,10sq.
conecto: δέω 14v,23
conficio: κατασκευάζω 6r,18
confirmo: καθίστημι 3v,9
confiteor: ὁμολογέω 11v,27
confugio: προσφεύγω 11v,9.23
congaudeo: εὐφραίνομαι 16r,12sq.
conregno: συμβασιλεύω 16v,3sq.
conscientia: συνείδησις 5v,9
consentio: συμφωνέω 9v,18sq.; συναίνω 5v,25sq.; συνενόω 6v,17sq.
consequor: 15r,24
conservo: φυλάσσω 5r,15
considero: 16v,26
consilium: ἐνθύμημα 10v,23; λογισμός 10r,25; 10v,26sq.; συμβούλιον 7v,15
consors: 3r,1sq.
constituo: ἐπεισάγω 10r,3; καθίστημι 7v,25; κτίζω 6r,20; ποιέω 10r,10
consto: 2v,18
construo: κατασκευάζω 1v,6
consuetudo: ἔθος 10r,1sq.; συνήθεια 11r,5sq.
consummo: πληρόω 11v,17sq.
contemno: καταφρονέω 1r,14sq.; παρακούω 6r,24
contra: 15v,26; ἀνθίσταμαι 15v,9; ἀντιμάχομαι 15v,6; κατά 10r,26; 10v,3sq.; 11r,23.24
contradico: ἀντιλέγω 4r,5
contristor: λυπέομαι 3v,13; 7r,8sq.
conveniens: ἁρμολογία 13v,28
conversatio: λογισμός 10r,21; πολιτεία 12v,13; πολίτευμα 12v,28
conversor: ζῶ 6v,7sq.
converto: τρέπω 2v,12sq.
cooperio (tenebris): ἐπιτίθημι (κάλυμμα) 10v,16sq.
copiosus: πολύς 8r,17
cor: 13r,7.21sq.27sq.; 8v,14; καρδία 14v,18.21; 5r,10; 4r,21.22; 4v,13.23.25; 8v,3.

8sq.*.14*.12.14.16.23.24; 2v,1; ψυχή 8v,19
Corinthius: Κορίνθιος 14r,1
corpus: σῶμα 10r,24; 5r,13.14.22sq.; 6r,7.8.13; 6v,1; 3r,6sq.17; 9v,7; 16r,23; socia 6r,9
corrumpo: διαφθείρω 5v,7; 3r,8sq.; φθείρω 10v,15; 5r,2.26; 5v,12
corruo: καταπίπτω 2r,11 (πίπτω*)
corruptio: φθορά 5r,16.19
creator: δημιουργός 2v,11; κτίστης 7r,3
creatura: κτίσμα 6r,15; 6v,12sq.; 7r,27.28; 16r,4; οὐσία 2v,8; σκεῦος 7r,27*.28*
credo: πιστεύω 12v,11; 11v,10sq.22.25; 6v,5
creo: γίγνομαι 11r,10; κτίζω 2v,11.18sq.
crux: σταυρός 7v,16; σταυρόω 7v,19
cum (+ Abl.): 15v,21; 16v,4; ἐκ/ἐξ 14v,2; ἐν 12r,4; 4r,8; μετά 14r,26; 15r,28; 10v,16; 9v,15; σύν 4r,8*; 7v,22
cum (+ Ind.): 15v,2; γάρ 15r,19; 9v,25; ἐπάν 3r,17; 8v,16; ὅταν 13v,22; 7r,15 (ἐάν*)
cum (+ Konj.): 9r,8; 9v,13; ὅτε 7v,26
cupiditas: ἐπιθυμία 10r,28
cura: ἐπιμελέομαι 4r,14
custodio: ἀσφαλίζω 9v,1; φυλάσσω 15v,12; 5r,18
cytus: κῆτος 7v,2
daemon: δαίμων 1r,16.21; 2v,10
de: 13v,4; 14v,5; 15r,19; 11v,28; 6v,6.10; 3v,28; 9r,9; 9v,26; ἀπό 13v,13.14 (bis).17; 14r,5.21; 1v,5; ἐκ/ἐξ 13v,11.18; 12v,22; 15r,17; 10r,24; 6v,6; 9r,8; 16r,6; ἐπί 3r,19; περί 3v,27; 7v,5*.8*
debeo: 14v,4; ὀφείλω 13v,27; 14v,4*; 5v,20; 8r,25; 8v,10; 7r,11.18sq.
deditus: ἑκούσιος 5r,8sq.
deficio: καταλύω 16v,2
defleo: κλαίω 3r,21; 3v,13
deicio: ἐδαφίζω 11r,26
deificus: θεότης 6v,9
deinde: 11r,4; εἶτα 15v,16; καί 2r,20; τὸ λοιπόν 6v,16; 2v,28
deitas: θεϊκός 16r,20; θεότης 6v,10
delecto: εὐδόκεω 5r,1; τερπνότης 14r,12; τέρπω 14v,13
deleo: 13r,9; 15v,24; ἀφανίζω 15v,25; 11v,1
deliciae: τρυφηλός 7r,15sq.; τρυφή 7r,13sq.
demetior: μετρέω 13v,25
demonstro: ἐμφαίνω 5v,16; ὑποδείκνυμι 15r,17sq.

demum: καί οϋτω(ς) 2v,3
denuo: δεύτερος 10r,4sq.
deprecor: ζητέω 3v,24
descendo: ἔρχομαι 13v,12
desero: ἐρημόω 2r,8.17.24
desiderium: 5r,27; ἐπιθυμία 10r,28; 5r,27*
despero: ἀπελπίζω 3r,18sq.
destruo: 15v,21sq.; καταργέω 1r,12sq.; καταβάλλω 2r,11
detento: κατέχω 11r,19sq.
detineo: 6v,21; ἐγκλεισμός 11r,6sq.; κρατέω 5r,9 (κατέχω*)
deus: 13r,2.7.17 (bis).18.21.22.24.26; 13v,1; 12v,12 (om. cod.); 8v,7; θεός 13v,12; 12r,5; 12v,12.24; 14r,3; 14v,5; 10r,15; 11r,23; 5r,10.17; 4v,7.23; 6r,24.27; 6v,13.18; 3r,5.21; 1r,9; 1v,1; 8r,27; 8v,13; 7r,23; 7v,10*.13.17.20; 2r,25; 2v,19.28; 9r,11; 9v,16; 16r,1.10.16.17; κύριος 4r,18
diabolus: 6r,14 (διαβόλος); 3v,7
diadema: διάδημα 14r,7
dico: 13r,16.18; δείκνυμι 7v,25*; ἐπάγω 4v,27; ἱστορέω 12r,25; λέγω 12r,15sq.; 12v,27; 15r,20; 10v,1; 4r,26; 6r,12sq.; 3v,27; 1v,21; 8v,27; 7v,5*.24.26*.28; 2r,25; 2v,9.19.22 (disco cod.).25*; 9r,18.23; 9v,15.19; φημί 7v,5; 9r,3sq.; 16v,16
dies: ἡμέρα 11v,12sq.; 8r,12.19; 16r,22
diffundo: ὑπερχύνω 8v,26 (ὑπεκχέω*)
dignitas: ἀξίωμα 11r,14sq.
dignus: ἄξιος 14v,5; 3r,28; καταξιόω 3r,14
diiudico: ἀνακρίνω 5r,6; διακρίνω 4r,8sq.
diligens: ἐπιτήδειος 4r,24sq.; 4v,1sq.
diligentia: ἐπιμέλεια 4v,13
diligo: ἀγαπάω 7v,20; 3r,21; θεοσεβής 1r,13sq.
dirumpo: κατασκάπτω 11r,20
diruo: 2r,9
dirus: 11v,21 (πονηρός ?)
discerno: διορίζω 4r,11
discretio: διάκρισις 9r,20
dispensatio: οἰκονομία 15r,11
dispereo: ἀπόλλυμαι 1v,16
dissimilis: ἔοικώς (+ μή + Dat.) 1v,7
distensio: περισπασμός 4v,19
distinguo: ἑτοιμάζω 2r,19
distraho: πιπράσκω 6r,25

diversus: πολύς 2r,5sq.
dives: πλούσιος 8r,16sq.
divinitas: θεότης 13v,20sq.
divinus: 11r,25; 5v,3; ἔνθεος 11v,5; θεϊκός 14v,14; θεῖος 5r,8; 3r,12; θεότης 14r,23 (diversus cod.); νοερός 14v,20; τὰ τοῦ θεοῦ 14r,28
divitiae: πλοῦτος 3v,15.26; 7r,1.13
do: 15v,28; ἀνθίσταμαι 15v,9; δίδωμι 13v,18; 15r,20; 4v,25; 7v,21; οἰκονομέω 15r,16; τίθημι 10r,7
doceo: 15r,18sq.; διδάσκω 12v,8; θεοδίδακτος 8v,7; μανθάνω 8v,6
dolor: ὀδυνή 10v,5sq.; πόνος 3v,16.20sq.23
dolus: δόλος 10r,15
dominor: ἡγεμονεύω 8v,15; κατακυριεύω 1r,21sq.
dominus: 1r,13sq.; δεσπότης 10v,17; 11v,9; 1r,14.17; θεός 4v,3; 9r,14; κύριος 13v,9. 23; 12v,2; 3v,10.24.27; 8r,29; 7r,2; 7v,1; 2r,1; 16r,13.18
domus: οἰκία 15v,7; 10r,27; 2r,14; οἶκος 10r,29 (bis); 10v,2; 6r,19
donec: ἕως οὗ 2v,1 (ἕως ὅτε*)
dono: προσδωρέομαι 15r,14; χαρίζομαι 7v,23
duco: 2r,2; αἰχμαλωτίζω 10r,20; καταδουλόω 15v,4; 10v,24
duo: 16v,23.24
duplex: 15r,23; διχῶς 4r,4
e(x): 15r,25 (et cod.); 10r,21; 6v,9.10; 2v,12; ἀπό 16r,21; ἐκ/ἐξ 14v,27; 15r,3; 4r,20. 27; 8v,24; 2v,12*; 9r,27
ecce: ἴδε 13v,14 (bis).15 (bis); ἰδού 7r,24
ecclesia: ἐκκλησία 13v,20
edoceo: διδάσκω 10v,8; διεξέρχομαι 3v,29
educo (+ ex): λατομέω (+ Dat.) 10r,21
efficio: 3r,15; γίγνομαι 3r,28; 1v,12.18.22; εἰμί 6r,12; λέγω 6v,1sq.
ego: ἐγώ 10r,24; 9r,3
elabor: ἐξέρχομαι 15v,14
Elisseus: Ἐλισσαῖος 7v,26
emundo: καθαρίζω 4v,15.21; 9r,10sq.; προκαθαίρω 4v,21
enarro: ἀνεκλαλητός 15r,3
enim: 13r,3; 13v,1; 12r,8; 15v,2; 5r,26; 5v,10; 4r,1; 6r,17; 3r,6; 3v,1; 7r,2; 2v,16; 9r,28; 16v,23; γάρ 13v,12.24; 12r,4.19.20; 12v,3.5.8.16; 14r,6.27.28; 14v,10.24;

15r,4; 5r,22; 5v,1.7.15; 4r,13; 6v,9.22; 3r,16; 1r,9.12; 1v,4.23; 8r,27; 8v,4.7*.9. 14.18.24; 7r,2*.7.21.22.24; 7v,4*.20; 2r,25; 2v,15.21; 9r,26; 9v,19; 16r,11.16. 24; δέ 5v,18; 7v,25*; 16r,4; 16v,25; ἐπεί 12v,28; καί 6v,27; 7v,17.25*; 16r,12.18; 16v,5 (+ μέν); ὅτι 4r,3; 6v,8; οὖν 15r,21; 8v,9*; 7r,7*; τοίνυν 6v,1; v. etenim
eo quod: ἐπειδή 7v,1; καίτοι 9r,15; ὅτι 3v,18; 16v,9
erga: πρός 15v,1
ergo: 4v,4; 6r,21; δέ 3v,20; διὰ τοῦτο 11r,10; καί 7v,22; λοιπόν 5r,4; 2v,28; οὖν 7v,13; 2r,2; 16v,16
erigo: προβάλλομαι 2r,13
error: δουλεία 11r,17
eruo: ἐκφεύγω 11v,28; ἐξέρχομαι 6r,3; ῥύομαι 11v,14sq.
esca: τροφή 15r,5; 3r,2sq.17
et: 13r,26; 12r,7.26.27; 12v,21; 14r,8.22; 14v,2.28; 15r,23 (bis).24.26; 15v,14.15. 19.23.25.27; 10r,1.2.11; 10v,5.20; 11r,5. 11.13.28; 11v,18; 5r,9.16; 5v,3.4.5.6.13. 23; 4r,9.11; 4v,7.9; 6r,11; 6v,4.19.21; 3r,2.23; 3v,17; 1r,3.6; 1v,5.12.18.22.25; 8r,2.14.21.26; 8v,25; 7r,26; 2r,7.14.24 (bis); 2v,16; 9r,1.15; 9v,19; 16r,3.7.13. 14.19.21; 16v,2.11.21.22.24; γάρ 4r,10; 16r,27; δέ 10v,15; 1v,12; 8r,11; 7r,15; ἐάν 11v,26; ἤ 1r,20*; 7r,18; 2r,15; ἵνα 4v,21; καί 13v,11.12.13.17.19 (et ... et); 12r,1.2. 5.11.21.26; 12v,2.10.14.18 (bis).25 (bis). 26.28; 14r,7.8.11.14.16; 14v,2*.6.10.14. 16.26.28; 15r,2.5.13.17.18.20.21.27 (bis); 15v,7.8.9.10.11.12.15.19; 10r,1.5.8. 9.11.13.19.21.22.27; 10v,3.5.6.7.8.11. 13.15.16.18.20*.21 (bis).23.24; 11r,1.2 (bis).11*.13sq. (et ... et).18.20.21.25.26; 11v,1.3.4.5 (bis).9.10.12.14.17.19.22.23. 24.25.28; 5r,1.8.9.16.18.23.26; 5v,2.8. 9.10; 4r,1.5.8sq.10*.15 (ter).18.19.20. 27; 4v,1.2.8.9*.10.11.13.16.17.18.19.22. 23.25.26.27; 6r,4.6.9.10.18.20.22.26; 6v,4.6 (bis).7.12.13 (bis).22.24.25.26; 3r,2 (bis).3.4.9 (bis).11; 3v,1.2.3 (bis). 4. 5.15.22.26; 1r,6 (nam et).10.15.16.19 (bis); 1v,1.3.5.7.9 (ter).12.16.17.19 (bis).21.22.24 (bis).25.26*; 8r,2*.5.6.9. 11.14.16 (bis).23.25.28; 8v,4.13 (et ...

et).15.16.18.19.20.23.26.28; 7r,12. 15.23; 7v,2 (bis).5*.6.13.14.15.23.27; 2r,3.9.12.13. 15*.17.18.19.22.24 (bis *). 25.27.28; 2v,2.9.10.23 (bis); 9r,2. 5.7.14.19 (bis).24.27 (bis); 9v,8.9.13. 19*.27; 16r,1.10.11.17.22.23.26; 16v,6. 25
etenim: γάρ 6r,3; 1r,13; δέ 16r,5
etiam: καί 10r,7sq.; 11r,15; 1r,21 (?); 9v,16sq.; 16r,23
etiamsi: εἰ 9v,9
Eva: Εὔα 5v,11
evangelista: 13r,3
exalto: ὑψόω 10r,25
exaspero: χερσόω 2r,23
excelsior: ἀνώτερος 12r,5
excito: ἐξάγω 10v,21
exemplum: 12r,27
exeo: 10v,12; ἀποδιδράσκω 15v,13; εἰσέρχομαι 15r,19
exhibeo: ἐργάζομαι· 4v,14sq (καταρτίζω?)
exigo: ἀπαιτέω 5r,5
existimo: νομίζω 9r,1
experimentum: πείρα 9r,21
experior: πείρα 14v,1
explicit: 13v,4; 15r,8; 1r,22; 2v,5; 16v,13
exploro: 15v,20
expono: φράζω 12v,7
exterior: 16v,8; ἔξω 1r,1*; 16r,5; 16v,9sq.17; ἔξωθεν 5r,14sq.; 16v,15
extinguo: ἐξολοθρεύω 11v,2; σβέννυμι 9v,20
fabrica: οἰκοδομή 2r,13sq.
fabricator: δημιουργός 2v,17
fabrico: 15v,22sq.; οἰκοδομέω 15v,7; 10r,22; 6r,19sq.; 2r,16 (ποιέω*)
facies: πρόσωπον 14r,2
facilis: εὔκολος 12r,3; ταχέως 8r,12*
facio: 13r,2.3sq.; 11v,11; 2r,24; 16v,4; εἰμί 2r,24; κατασκευάζω 6r,27; ποιέω 13v,20; 15v,16; 10v,13; 11v,11*; 1v,8; 7v,5sq.15; προσγίγνομαι 2v,14
fallacia: ἀπάτη 10r,15sq.
fallo: ἐξαπατάω 5v,11
famulus: θεράπων 10r,13
fel: χολή 11r,2
fera: θηρίον 12r,9; 12v,19
feritas: ἀγριότης 12r,7
ferreus: σίδηρος 10v,11sq.
ferrum: σίδηρος 1v,13; 9v,7sq.

ferveo: φῶς ἄρρητον 14r,15 (?)
festino: σπουδάζω 5r,11; 9v,27sq.
fidelis: πιστός 3r,28
figuro: χαράσσω 15v,10
Filippus: Φίλιππος 1v,24sq. (bis)
filius: τέκνον 12r,4; υἱοθεσία 16r,15.26; υἱός 12r,14; 8v,4.21; 7v,15.21; 16r,17
fingo: πλάζω 10r,15
finis: 16v,7
fio: γίγνομαι 13v,28; 12r,5; 15v,2; 3v,2; 7r,23sq.; ποιέω 14r,26
fissus: διχηλόων 4r,1
fons: πηγή 10v,22; 11r,26
fornicatio: 5v,13; πορνεία 5r,15; 5v,14
fornicor: πορνεύω 10v,15sq.; 5r,23.27; 5v,13.14
fortis: 8r,24
frater: ἀδελφός 16r,17
fructus: 5v,27; 3r,24; καρπός 5v,19; 4r,17. 22sq.; 8r,17sq.; 2r,21
fruor: ἀπόλαυσις 6v,22sq.
fugio: ἀποφεύγω 7r,19
fulgeo: ἐκλάμπω 16r,24; φεγγίτης 16v,20
fundamentum: θεμέλιος 13v,9sq.15.22sq. 24.26; 2r,13*.28sq.; σκάπτω 2r,13
Gabriel: Γαβριήλ 7v,5*
gaudeo: χαίρω 14v,26; 15r,2; 16r,26
gaudium: χαρά 15r,2; 9r,26; 16r,26sq.; 16v,1
genus: γένος 15r,15sq.; 1v,8
gesto: αἴρω 14v,26
gladius: ξίφος 1r,15.20
gloria: δόξα 14r,3.5 (bis).21 (bis); 14v,14; 10v,27; 7r,14.18; 16r,20; κενοδοξία 10r,28; 5r,28
glorifico: συνδοξάζω 16r,22
glorificus: 3r,4 (συνδοξάζω*)
gloriosus: ἔνδοξος 7r,16
gradior: περιπατέω 12v,26
grandis: μείζων 7v,3
gratia: 15r,24; 3r,8.13; 8v,2; τερπνότης 14r,9sq.; χάρις 12r,14; 14v,8sq.; 4r,18; 8r,27; 8v,8*.12.17; 9r,1.11.18.28; 9v,1. 16.25
gratulor: χαίρω 7r,11sq. (συνήδομαι*/συνηδύνομαι*)
gravis: 15r,25
gravo: ἐπιβαρής γίνεσθαι 9v,21sq.
gula: 5r,28
gusto: γεύομαι 8r,27.28

gustum: γεῦσις 8v,1
habeo: 13r,21; 13v,27; 15r,11; 11r,8; 4r,1; 3r,23; 16v,6.10.20.23; ἔχω 14r,15sq.; 14v,16; 15r,1; 4v,27; 6r,6; 3v,17.24; 1r,4. 7; 8r,11; 7r,3sq.; 2v,25; 9r,13.22.24; 9v,13.25; 16v,8; κατέχω 15v,14sq.; κτάομαι 3v,20; νομίζω 11r,9; τυγχάνω 3r,5
habitaculum: οἶκος 6r,28
habito: 14r,19; ἐνοικέω 15v,18; 10r,12; ἔχω 6v,20; κατοικέω 5r,2; οἰκέω 6r,20sq.; παραμένω 15r,28sq.
haereticus: αἱρετικός 2v,21
hereditas: κληρονομία 15r,13sq.
hic: 13r,1.4.6.8.11.21; 13v,16*.17; 12r,27; 14r,26; 14v,1.2.15; 11r,19; 4v,9; 6r,7; 1r,18; 2v,16; 16r,9; αὐτός 14v,10; 15r,2; 2v,14; νῦν 16r,21; οὗτος 12r,2.23; 14r,26; 14v,10*.20; 15r,21; 10r,24sq.; 4v,27; 3r,6.25; 3v,8; 1v,3sq.; 8r,9; 7r,16; 2v,25; 9r,22; 9v,24; 16r,11.16; 16v,5; οὕτω(ς) 13v,16; 3r,21; v. hoc est, huiusmodi
hirundo: χελιδών 12r,21 (erundo cod.)
hoc est: 13v,20; 6v,27; τουτέστιν 4r,3
homilia: v. omilia
homo: 13r,7.17sq.; 13v,17; 9v,6; ἀνθρώπινος 1v,2; ἄνθρωπος 13v,12.14; 12r,10.12.18. 20; 12v,12.16.18sq.; 15v,1; 10r,14; 11r,12; 11v,20; 5r,4; 5v,7; 3v,8; 1r,1sq.*; 8v,6.27; 7r,4.22.27; 7v,8*.18; 2r,22; 16r,5 (bis).8; 16v,15; ἕκαστος 4r,4; ὄργανον 8v,15sq. (+ σωματικόν*)
honor: ἀξίωμα 7r,1; 7v,8
honoro: προτιμάω 7r,12 (ἡγέομαι*); τιμάω 9v,19*
horreum: ἀποθήκη 8r,18.22
hortor: προτρέπω 7r,17
huiusmodi: 12r,26
humanitas: ἀνθρωπότης 13v,21sq.
humanus: ἀνθρώπινος 12v,6; ἄνθρωπος 15r,16
iacto: ἐπιφέρω 16v,27; ῥίπτω 9v,3sq.
iam: 16r,27; ἤδη 9r,2; λοιπόν 12r,4; 5r,4; οὐκέτι 12r,8; 1v,22
ianua: θύρα 15r,18.22
ibi: 4v,7; ἐκεῖ 12v,20; 4v,23; 6v,8; 8v,18*; ἐπεί 8v,18
id est: 14v,7; 15v,25; 10v,26; 3r,13; τουτέστιν 12r,1; 16r,8

idcirco: ὅθεν 8r,24
idem: αὐτός 14r,4; 4v,9; 6v,19; ἐκεῖ 6v,3.7
ieiunium: νηστεία 7r,13
Iesus: Ἰησοῦς 13v,9; 11v,17
igitur: 13r,14.21; 14v,3; 4v,9; 3r,27; οὖν 14v,3*; 15r,15; 8v,1 (δέ*); 7v,8; 2r,27; 9r,20; τοίνυν 14v,19; ὥστε 4v,22
ignavus: ἰδιώτης 8r,6sq.
ignis: γέεννα 7r,12; 2v,20; πῦρ 1r,15.19; 1v,11.12.19.21sq.; 7r,20; 2v,1.20*
ignominia: ἀτιμία 11r,1
ignorantia: ἄγνοια 5v,28
ille: 13r,12.18; 15v,5.13.18.24; 10r,2.12; 10v,14; 3r,10; 16v,3; ἐκεῖνος 12v,22; 14v,23; τελευταῖος 16r,22
illic: ἐκεῖ 12v,23; 5v,2
illumino: 6r,11; φωτίζω 16r,21
imago: 15v,25; 10r,2; εἰκών 14r,4.15.28; 14v,15; 15v,2.7sq.25; 10r,8; 10v,5; 11r,25; 4v,12; 6r,28; 6v,13; 7r,22sq.; 7v,6; 16r,9sq.; 16v,7
imbecillitas: ἀσθένεια 11v,26sq.
immergor: πολιτεύομαι 6r,1sq.
immo: γάρ 14r,24
immolo: θύω 6v,24sq.
immortalis: ἀθάνατος 7v,18; ἄφθαρτος 15r,4
immunditia: 11r,3; ἀκαθαρσία 11r,1; 4v,1
immundus: 10r,30; ἀκάθαρτος 12r,6sq.; 11r,27; 5v,17.23.27; ἀσελγής 5r,1
imperator: βασιλεύς 8r,1.9
impingo: ἀντικρούω 9v,8
impinguo: παχύνω 9r,7
impleo: 10r,31; ἐμπίμπλημι 11r,1sq.
impono: περιτίθημι 10v,28
impossibilis: ἀδύνατος 1v,3
improbus: 11r,28
in: 13r,1.8.12.22.23.24.27 (bis); 13v,17; 12v,12; 14r,4.5; 14v,2.28; 15r,6.23; 15v,4.24.28; 10v,11.21.24; 11r,14.19; 11v,22; 10r,18.19; 5r,1.2.12.17.27.28; 5v,1.6; 6r,6; 6v,3.7.21; 3r,6.14; 1r,4; 1v,19.27; 8r,6.9.21.23; 8v,14; 7r,4.10. 16.17.18; 9r,17.25.26; 9v,10.28; 16v,9. 24.28; εἰς 14r,5.21; 10r,30; 6v,16; 3r,7. 10.18; 1v,10.18; 8r,18.23; 8v,9.12.20. 23; 7r,4.6.15.18; 7v,1.27; 2r,16; 2v,1.12. 20; 9v,2.4.18; 16r,14.19.20; 16v,4; ἐκ/ ἐξ 4r,10; ἐν 12v,3.4.17.24.26.28; 14r,13. 16.19.26; 14v,18.21.25; 15r,1.5; 10r,12;
10v,18; 11v,6; 5r,2.8.25 (bis).27.28; 5v,1.15; 4r,22; 4v,3.11.25; 6r,2.4.21; 6v,3.19.21.28; 3r,6; 3v,13.22; 1r,26; 1v,14.25; 8r,4.8.21; 8v,1.3.5.8*.14*; 7r,4.7.9.10; 2r,6.7; 9r,5.11.12.16; 9v,21; 16r,22.25; ἐπί 4v,25; 7v,12.16; 16r,13. 14; κατά 9v,6; μετά 3v,10; πρός 10r,6
inante: 16v,22sq.
incido: ὑποβάλλομαι 8r,5
incipio: 13v,6; 15r,8; 1r,24; 2v,5; 16v,13; ἄρχομαι 2r,12.17sq.; 2v,3
incognitus: βάρβαρος 12r,20
incorruptus: 3r,3sq. (ἄφθαρτος*)
incrementum: αὔξησις 12v,9
inde: ἐξ αὐτοῦ 12v,25
indignitas: ἀδοξία 7r,14
indisco: τρέφω 15r,4
induco: εἰσάγω 15v,11; 10v,8
indumentum: ἔνδυμα 6r,17 (+ ἱμάτιον); 3v,5
induo: ἐνδύω 4v,12; 6r,18sq.; 3v,6; 9v,11sq.
ineffabilis: ἄρρητος 14r,17; 3v,5sq.
infelicitas: ταλαιπωρία 8r,23 (πτωχεία*)
inferior: κάτω 13v,19
infirmitas: ἀσθένεια 1v,2
infirmor: ἀσθενέω 3r,16sq.
infundo: 14v,9 (ἐγχέω*)
ingredior: εἰσέρχομαι 6v,15; 8r,13sq.; ἐπεισέρχομαι 10r,18
inimicus: 11v,1sq.; ἀντικείμενος 1r,11; ἐχθρός 10r,17; 1r,12
iniquitas: ἀνομία 10r,29; 10v,2sq.22; ἄδικος 3v,27sq.
iniquus: πονηρός 5v,15; 6r,26
initium: ἄναρχος 2v,22; ἀρχή 10r,14; 11r,9sq.
inlustro: ἐπιφαίνομαι 11v,16
inopia: πενία 8r,23; πτωχεία 3v,17sq.
insatiabilis: ἀκόρεστος 14r,11
inscribo: 13r,7sq.22
insidiae: ἐπιβουλή 12r,9
inspicio: κατανοέω 14r,8.13 (aspicio ?); ὁράω 14r,14sq.
instruo: πληροφορέω 8v,10
integer: ἀκέραιος 2v,10; προσήκων 2v,16
intellectus: ἀνεννόητος 14r,25
intellegentia: νόημα 5r,3
intellego: 14r,4; ἀκούω 6r,16; γινώσκω 12r,11; κατανοέω 14r,16; λαμβάνω 2v,16sq.*; νοέω 13v,23sq.; 14v,4*.6;

6r,16*; ὁράω 4r,4 (ἐνοράω*); φημί 2v,16sq.
interficio: ἀποκτείνω 1r,20
interior: ἔνδοθεν 5r,17; ἐνδότατος 7r,4; ἐνδότερος 9r,8; ἔσω 3v,8; 16r,8; 16v,16sq.
interpres: ὁδηγέομαι 2r,2sq.
interpretatio: ἑρμηνεύω 12v,1sq.
interrogatio: ἐρώτησις 1r,25; 16v,15
intueor: κατοπτρίζομαι 14r,4; 14v,20; ὁράω 14r,19sq.
invidia: φθόνος 5v,1
invisibilis: ἀόρατος 12v,5*; 5r,26; ἄρρητος 12v,5; κρυπτῶς 5v,14
ipse: 13r,16.19; 13v,1.10; 15r,23; 10r,12; 11r,5.17; 5v,4; 6v,4.21; αὐτός 13v,9.10. 24; 12v,7.26; 14r,27*; 14v,8; 15r,3.5; 6r,6.21; 8r,15; 8v,7*; 7r,2; 7v,23; 9r,7.27; 9v,1.13.21; ἐκεῖ 6v,4; ἐκεῖνος 9v,28; οὗτος 14r,27
iracundia: ὀργή 5r,27sq.
is: 13r,3; 12r,7.24; 14v,12.28; 15v,6.21.23; 10r,18.19.20; 10v,24; 11v,11.12.14.23; 5r,10.11; 4v,26; 6v,23; 3r,21; 1r,4.20.21; 1r,4; 8r,21; 8v,14.15.23; 7r,27; 2r,10.12; 2v,1; 9r,26; 16r,11; 16v,21; ἄνθρωπος 2r,25*; 2v,1; ἀπόστολος 9v,10; αὐτός 12r,19; 12v,13.17.24; 14v,16.27; 15v,14; 15v,19; 10r,20.21; 10v,10 (τῶν ἐν αὐτῷ: eius).12.13 (bis).15.16.17.18.21.26.27; 11r,3.15.19; 11v,3.6.9.11*.12.22; 5r,21 (bis); 5v,9; 4r,15.27; 4v,2.3.25; 6r,5. 15.18*.21; 6v,16; 3r,19.22*; 1r,10.19. 21*; 8v,9*; 7r,17; 7v,1.3.22.25.28; 2r,25; 2v,12; 9r,7; 9v,1.11; 16r,25.28; οὗτος 6r,18; 2r,10; v. id est
iste: 16r,2; ἐκεῖνος 7r,2; οὗτος 4v,16; 8v,6; 7r,24
ita: 14v,3; 11r,9; 1r,2; οὗτος 8r,26; οὕτω(ς) 12r,11.21; 12v,12.14.21; 14r,14; 14v,3*. 28; 10r,14; 5r,17.23; 5v,11.20; 4r,17; 1v,1.14; 8r,26*; 2r,22; 9r,3.9; 9v,9; 16r,21; 16v,21
itaque: 2v,19; δέ 3v,16; καί 6r,16; οὖν 3v,16*; 16v,7
iterum: 16v,22; δεύτερος 10r,4sq.; πάλιν 12v,28; 5v,8.10; 6r,10; 6v,5; 1r,17; 8v,21; 7r,15; 9r,16
iubeo: βίᾳ καὶ ἀνάγκῃ 15v,16

iudex: ἄρχων 8r,7; βασιλεύς 15v,4; κριτής 3v,27; 2v,19
iudicium: κρίσις 8r,12
iugiter: εἰς τὸν αἰῶνα 6v,4
iustitia: δικαιοσύνη 9v,14
iustus: δίκαιος 16r,25
iuvo: ὠφελέω 9v,27
iuxta: καθώς 1v,17
labor: κάματος 2r,27 (laboro cod.)
laboro: κάμνω 8r,24; laboro: ὑπερέχω 9v,28
lac: γάλα 14v,27
laedo: ἀδικέω 9r,8; βλάπτω 9v,4
laetitia: 16r,27sq.; ἀγαλλίασις 3r,1; 9r,27; χάρις 16v,3 (χαρά*)
laetor: ἀγαλλιάω 14v,26; εὐφραίνομαι 16r,14
lapis: λίθος 13v,25; 14r,11; 1r,19; 9v,4 (+ βιζάκιον); 16v,19sq.
latitudo: πλάξ 8v,12
legatio: πρέσβεια 7v,11
legio: παρεμβολή 15v,11; 10v,8
legitimus: τίμιος 16r,1
levo: ἵστημι 15v,8
lex: 13r,8; 15v,27; 11r,24sq.; 4r,2; νομή 8v,16; νόμος 15v,8.27; 10r,8; 10v,4; 11r,24; 11v,4; 5r,10; 5v,15; 4v,3.7.10.23. 25; 8v,8*.13.16*
liber: αὐτεξούσιος 2v,13
libero: ἀπολυτρώσεως τυχεῖν 15r,22; 11v,28; ἐλευθερία 15r,25; λυτρόω 11r,18; ῥύομαι 10r,24
libertas: ἐλευθερία 11r,8; 9v,14
licet: μέντοι 1v,12sq.
limosus: χοϊκός 10v,21
limpidus: λαμπρός 4v,2
limus: χοῦς 1v,5
lingua: 13r,10; γλῶσσα 12r,11; 14r,23
livor: φθόνος 10r,29
locus: τόπος 2r,16
loquella: ὁμιλία 12r,10sq.; 12v,15
loquor: 13r,10; λαλέω 12v,2sq.; 6r,1; 2r,2
luceo: 16v,21; λάμπω 16v,25
lucidus: φωτοειδής 1v,18
lucrum: κέρδος 14r,11
lumen: 14r,19; φῶς 14r,17; 14v,20.28sq.; 6r,8.11.12; 6v,7.9.18.19; 3r,5; 3v,3.6; 1v,19; 8v,4; 2r,3; 9r,9
machinamentum: 3v,7

magnitudo: ὑπερμεγέθης 7r,25
magnus: μέγας 15r,15; πολύς 8r,2
malignitas: πονηρία 10v,23sq.
malignus: 5v,5; δεινός 10r,16; πονηρός 5r,19.24; 6r,23
malitia: 5r,16 (πονηρία*); κακία 10r,22; 10v,7; 11r,20sq.; 11v,7; 5r,4; 5v,26sq.; 9r,20.28; 9v,9
malus: ἄδικος 15v,4; 2v,18; κακός 8v,28; 2v,12; κακουχία 7r,10; πονηρία 4r,11sq.; πονηρός 11v,13; 8v,25
mandatum: 10r,17sq.
manifesto: φαίνομαι 16v,25
manifestus: γνωριζόμενος 16r,2
manus: 16v,11; ἀγκάλη 14v,25; χεῖρ 10r,15
mare: θάλασσα 12v,16sq.; 7v,2
margarita: μαργαρίτης 16v,19
mater: μητήρ 12r,14; 14v,24sq.
materia: 12r,28; ὕλη 2v,22.23
membranum: 13r,5sq.
membrum: μέλος 1r,26sq.*; 1v,15; 8v,18.20.23sq.; 16v,9; σῶμα 1r,26sq.
memor: μιμνήσκομαι 11v,8
memoria: 11r,14; μνημονεύω 11r,7; νομίζω 11r,9
memoro: διδάσκω 11r,15; μιμνήσκομαι 8r,12sq.
mens: 14v,9; νοῦς 5v,8.9; ψυχή 6r,3
mensura: ἰσόμετρον 13v,27
metus: φοβέομαι 12r,6
meus: ἐγώ 12v,4
Michael: Μιχαήλ 7v,5
minister: διάκονος 8v,5 (διακονία*); λειτουργός 7v,26*
ministerium: διακονία 9v,18
ministro: 5v,4.6; διακονέω 5v,2; 8v,3
minor: 7v,4*
mirabilis: θαυμαστός 6v,12
miror: θαυμάζω 14r,9
misceo: κρατέω 6v,4
miserabilis: ταπεινός 16v,5sq.
mitto: ἀποστέλλω 11r,10; 9v,7; βάλλω 1v,11; καταβάλλω 4r,16; πέμπω 2v,20; προαποστέλλω 15v,19
modicus: μικρόν τι 9v,2
modus: v. huiusmodi
mola: μυλών 10v,18
molior: 15v,26
molo: ἀλήθω* (ed. ἀλήθεια) 10v,18sq.

mons: ὄρος 7v,2.27; 16r,19
monumentum: 15v,23sq.
morior: ἀποθνῄσκω 6v,26.28; 3r,9; 16r,7
moror: ἐγχρονίζω 12v,21
mors: 15r,25sq.; 3r,13; θάνατος 10r,24; 1r,13
mortifico: θανατόω 6r,4sq.
mos: ἔθος 10r,1; 10v,8; 11v,6
motio: κίνημα 9r,13sq.
multiplex: πολυπλασίων 4r,23
multitudo: ὄχλος 10v,26
multus: 10r,30; πάμπολυς 3r,2 (παμποίκιλος*); πολύς 12r,4; 15v,17; 11r,4; 11v,20sq.; 7v,28; 1v,7; 2r,20.28; 9r,20; 9v,28
mundanus: 10v,20 (κοσμικός*); κόσμος 12r,13; 12v,15
mundialis: κοσμικός 7r,1
mundo: καθαίρω 4r,15; καθαρίζω 4v,6.28; 2r,18; περικαθαίρω 2v,2; προκαθαίρω 4r,19
mundus 3: 4v,14; καθαρός 15r,12; 5v,18sq. (ter).21.25; 4r,2; 4v,2
mundus: 13r,12.26; κόσμος 12r,1; 14r,26sq.; 7v,20; 16v,5
murus: τείχισμα 10r,5; τεῖχος 9v,4.5
muto: 16v,1sq.; ἀλλάσσω 11r,24; 1v,11
mysterium: μυστήριον 14v,8; 5v,15; 8v,13
nam: 13r,1; 8r,16; καί 1r,6 (δέ*); 7v,2 (δέ*)
narro: διεξέρχομαι 3v,28; λαλέω 3r,26; φράζω 14r,24
nascor: γεννάομαι 12v,22; 16r,6
natura: 3r,12sq.; φύσις 15r,13; 5v,20sq.24; 6v,10.10sq.; 3r,8.11; 1v,6sq.13.23.25sq.*
naturalis: φυσικός 5v,28; 9r,13
ne: 10v,12; ἵνα μή 9v,1; μή 8r,4; 9v,20; μήποτε 15v,13; μήπως 5v,10; ὅπως μή 10v,17
nebulosus: γνοφερός 10v,5
nec/neque: 14r,24; ἤ (nach Negation) 12v,21; 14v,11; καί (nach Negation) 5r,21; 5v,26; 3r,24; 3v,12; 7r,19; καὶ οὐκ 5r,1; καὶ οὐκέτι 6r,1; μή 12v,6; 7r,19; οὐ(κ): 7r,7*; 7v,4*; οὐδέ 7r,7; οὔτε 11r,8; 6r,1; 6v,9.10.28; 7r,7*; 7v,4*
necdum: οὐδέπω 3v,15; 2r,14*; οὔπω 2r,14
necessarium: δεῖ 4r,3
necesse: 5v,19 (δεῖ*); ἀνάγκη 2v,27sq.
necessitas: ἀστόχημα 7r,10
neglego: ἀμελέω 8r,22
negotium: πρᾶγμα 7r,8; 9r,4

nemo: οὐ (+ τις*) 8r,11sq.; οὐδείς 12r,12
nequitia: διάβολος 6r,25sq.; πονηρία 6v,2. 16.25sq.
nervus: νεῦρον 1v,9
nigror: μελανία 4r,28; 4v,20
nihil: 13r,2; 2v,18 (οὐδέν*)
nisi: ἐὰν μὴ 12v,7; 4r,26; 2r,2; εἰ μή 12v,24 (om. cod.); 2r,2; 7v,7*
nitor: λαμπρύνω 4v,6
nobilitas: εὐγένεια 11r,13sq.
noceo: ἀδικέω 9v,8; βλάπτω 9v,11
nolo: θέλω (+ οὐκ) 9v,21
non: 13r,4.5.6.9.10.11.12.13.16; 15r,3; 3r,24; 16v,26; ἀδύνατος 12v,10; 14r,24; 11v,27; ἀκατάλυτος 16r,26; μή 12v,22; 5r,20; 5v,25; 4r,5; 6r,4.15; 3r,12.15.17.23sq. (non ... non); 3v,12; 8v,27; 7r,5; 9r,10. 15; μηκέτι 10r,7; 3r,17; οὐ(κ)/οὐχ: 12r,18; 12v,19; 4v,3; 6r,7.8; 3r,6*.25; 3v,12; 1v,16.20; 8v,6 (οὐδέν*).9; 7r,11. 18; 7v,22; 2r,4; 9r,25.28; 16r,28; 16v,16; οὐαί 3r,6; οὐδέπω 3v,14; οὐκέτι 12r,8; 1v,22
nondum: μή 3v,22
nos: αὐτός 15r,16; ἑαυτοῦ 14r,16; 4v,28; ἡμεῖς 14r,2; 7v,23
nosco: λέγω 12v,10; οἶδα 12v,17.24 (om. cod.)
noster: 11v,17; ἡμέτερος 7v,7; ἡμεῖς 13v,9; 12v,27
notitia: γνῶσις 5v,25
novissimus: ἔσχατος 1r,12
novus: καινός 8v,5
nox: νύξ 11v,13
nubes: νεφέλη 9r,5
nullus: 12v,1; οὐκ: 9v,10; οὐδείς 12r,9sq.; 14v,11.21 (εἰς οὐδέν); οὐκέτι 11r,7
nummus: 15v,27; 11v,1; ἀργύριον 10v,6
numquam: μηδέποτε 8r,7
nunc: 3v,12; λοιπόν 5r,4 (+ iam)
obaudio: ἀκούω 6r,23
obscuro: σκοτίζω 10v,2; 8v,26
obsecro: παρακαλέω 11v,12; πειράω 12v,7
observo: φυλάσσω 10v,12
obtineo: κατέχω 8v,16; 9r,16; κρατέω 10v,9; χειρόομαι 15v,12
occulte: κρυπτῶς 5r,23sq.
occupo: ἀποσχολάω 14v,22; πολιορκέω 15v,3
oculus: 16v,10.20; ὀφθαλμός 10v,17; 3v,2sq.
offendo: πταίω 8r,5

officium: πολίτευμα 10r,20sq.
oleum: ἔλαιον 3r,1
omilia: 1r,22.24; 2v,5; 16v,13; ὁμιλία 2v,5
omnis: 13r,4.14; 15v,15.23; 11r,3; 11v,11; 4v,18; 3r,25; 3v,11; 8v,18; 2v,2; 9r,2; 16v,23; ἅπας 3v,8; ἀπέραντος 16v,4 (?); ὅλος 1r,18.26; 1v,15.17.18; 8v,17sq.19. 20; 7r,21; ὁλοτελῶς 9r,25; ὅσοι 4r,20; πᾶς 12v,17; 14r,2; 10r,9.20; 10v,10; 11r,20; 11v,1.11.24; 5r,12; 4v,5.13.15.28; 3r,19sq.25*; 3v,8.11*; 1r,14; 1v,1; 7r,3.21*.27sq.; 7v,22.24; 2v,8; 16r,3
operatio: 13v,1sq.; ἐνεργητικός 8v,1
operio: καλύπτω 9r,6
operor: ἐνέργεια 1r,4; ἐνεργέω 14v,2; 1r,4; ἐπεργάζομαι 9v,14; ἐργάζομαι 4r,25; 8r,19; ποιέω 12v,12
oportet: δεῖ 4v,5; 6v,23; χρεία 2r,26; χρή 4r,6.17
opportunus: ἐπιτήδειος 4r,16
opus est: χρεία 9r,21
opus: δημιούργημα 7r,21sq.; ἔργον 10v,13; 3r,26.27; κόπος 2r,27
orno: προευτρεπίζω 4r,20
os, oris: στόμα 12v,4
os, ossis: ὀστέον 1v,9
pacificus: εἰρηνικός 10r,8; 11v,4sq.
pannus: ῥάκος 10v,28
par: ἰσόμετρον 13v,26; καί 10r,11 (pariter)
parabola: παραβολή 12v,3.4; 14r,27
paracletus: παράκλητος 9r,24
paradisus: παράδεισος 2r,15sq.21sq.
pareo: 16v,22.23
pario: ἀποκυΐσκω 5v,28; ἀποτίκτω 5v,25; τίκτω 5v,19
pars: 6v,17; μέρος 9r,17sq.19.28; 9v,9
particeps: 3r,16; μετέχω 12v,25sq.; τυγχάνω 3v,14; κοινωνίαν ἔχω 3r,12
parvulus: παιδίον 14v,24
pasco: ποιμαίνω 6r,7
pater: πατήρ 16r,25
patior: πάσχω 10r,14; πάθη 1r,16
Paulus: Παῦλος 14r,1; 1v,24 (bis)
pauper: πτωχός 8r,10; 9v,24
paupertas: πενία 7r,9sq.12; πτωχεία 3v,17. 21; 7r,12sq.
peccator: ἁμαρτωλός 1r,17sq.
peccatum: 15r,26; 4r,6; ἁμάρτημα 5r,25; ἁμαρτία 10v,4; 5v,22; 4r,10; 6r,2; 6v,3.

20; 3v,18sq.; 8v,22; 9r,12sq.; πονηρία
 6v,11
pecunia: ἀργύριον 10r,9; νόμισμα 15v,10
pecus: ζῷον 12v,19; πτηνός 12r,10 (κτῆνος*)
pellis: δέρμα 4r,25; 1v,9
penitus: 8r,7; ὁλοτελῶς 9r,25
per: 13r,3.13.17.26; 14r,3; 15v,12; 5v,21;
 3r,25; ἀπό 5r,7; διά 15r,21; 10r,17;
 11r,12.18; 11v,27; 5v,14.28; 4r,9; 7v,10;
 9r,21; ἐκ 2v,13; ἐν 3v,9; κατά 8r,19
percipio: τυγχάνω 3v,25
perennis: ἄφθαρτος 12r,2sq.
pereo: ἀπόλλυμαι 12v,21
perfectio: συμπλήρωμα 13v,10; τελείωσις
 12v,10
perfectus: 2r,15; τέλειος 9r,3.10; 9v,12.13.
 17 (pertis *cod.*); 16r,1
perficio: ἀπεργάζομαι 4v,2; πληροφορέω
 2r,4
perfidia: ἀπιστία 10r,27sq.
pergamenon: σωμάτιον (βέμβρανος) 4r,26
periculum: τιμωρία 8r,6
permaneo: μένω 1v,26; παραμένω 7r,6
permisceo: συγκεράννυμι 13v,22
persisto: σύνειμι 5r,3
pertranseo: διέρχομαι 8v,24
pes: 16v,11
peto: αἰτέω 15r,20; 3v,24
Petrus: Πέτρος 1v,23 (*bis*)
Philippus: *v.* Filippus
pilus: θρίξ 4r,27
pinguedo: πάχος 4r,28; παχύτης 4v,16
piscis: ἰχθύς 12v,16
placeo: ἀρέσκω 10r,13; εὐαρεστέω 4r,17sq.;
 εὐάρεστος 12v,13
plango: κλαίω 3r,19
planto: φυτεύω 2r,20
plenitudo: πληροφορία 8v,2; πληρόω 1v,27
plenus: 11r,1sq.26; μεστός 10r,29; 10v,6;
 πληρόω 12r,12
poena: 3r,14
pono: 11r,25; 8r,16; σκάπτω 2r,12sq.; τίθημι
 10v,3; 7v,16; 2r,12sq.*.28 (ἀποτίθημι*)
populus: λαός 10v,25; 4v,26
portio: μερίς 6r,9; 6r,12
possessio: κτῆμα 7r,5
possibilis: εὔκολος 1v,1
possideo: κτάομαι 3v,12
possum: 15r,3; 15v,13; 4v,3; 3v,6; ἀδύνατος

12v,11; 14r,24; 11v,28; δύναμαι 12v,6.
 20*; 10r,7; 3r,18; 2r,4; 16v,16; ἐγχωρεῖ
 12v,20; ἐπαναιρέομαι 12v,14
post: μετά 2r,20.23 (*om. cod.*)
posterior: 16v,21; ὀπίσθιος 16v,15.18
postquam: 11r,4
potestas: δεσποτεία 15v,14; ἐγκλεισμός
 11r,6sq.; κράτος 16v,5
potius: 8r,25; καί 6v,14; μᾶλλον 7r,12.20
poto: ποτίζω 3v,4
potus: πόσις 3r,18; potus: ὕδωρ 3v,4
prae: 3r,1; 16r,3
praeceptum: 6r,24; 6v,14sq.; γραφή 5r,7; ἐντολή 6r,22.24*
praecipio: τυγχάνω 4r,3
praefectus: ἔπαρχος 8r,1
praeparo: προευτρεπίζω 4v,22
praesto: 4v,6sq.; παρέχω 14v,17
praesumo: θαρρέω 8r,21
praeter: ἤ 14v,11
praetereo: ἀκατάλυτος 16r,26
praevaricatio: παράβασις 6v,15; 2r,23
praevaricor: παραβαίνω 6r,22
pravitas: πονηρός 10v,9
pravus: πονηρός 11r,22; ῥυπαρός 10r,22
pretiosus: καλός 6v,13sq.; τίμιος 14r,9sq;
 7r,20.26.28; 7v,9sq.; 16r,4
primus: πρότερος 4r,7.14.26sq. (primo);
 πρῶτος 15r,12; 11r,11; 2r,17
princeps: 15v,28; (+ sacerdos) ἀρχιερεύς
 6v,24
prior: 16v,22
priscus: 10r,10
pristinus: 10r,18; πρότερος 6v,25
prius: εὐθέως 2r,10
pro: 12r,22; ἀντί 7r,13 (*bis*).14; διά 7v,18; εἰς
 7v,11.13; ὑπέρ 7v,21
probatio: πεῖρα 3v,9
probo: δοκιμάζω 5r,8
probus: δεδοκιμασμένος 10r,9
procedo: ἐξέρχομαι 8v,25
profero: ἀνατέλλω 2r,26
profunditas: βάθος 12v,18
profundum: βάθος 9r,12
promissio: ἐπαγγελία 11v,17; 4v,24.27sq.
promitto: ἐπαγγέλλω 11v,3.12; 1v,1sq.
propheta: προφήτης 11r,12
proprius: 15v,11; 5r,7; ἀρχαῖος 11r,8 (pristinus?); ἑαυτοῦ 15v,8; 4v,22; 3r,7sq.

10sq.; 3v,21; ἴδιος 15v,8sq.10; 11r,14; 11v,8; 5v,21.24; 4v,23; 6r,28; 1v,25; 2v,15
propter: διά 6v,14; 3v,21
propterea: τούτου ... ἕνεκεν: 6v,1
prorsus: τό ὅλον 14v,23
proximus: γνήσιος 3r,20
psalmus: ψαλμωδός 10v,1
puer: παιδίον 7v,28
pugna: πόλεμος 2r,6sq.
pulcher: ὡραῖος 6v,12
pulchritudo: κάλλος 14r,10.16sq.22; 14v,15. 23sq.
pulso: 15r,23; κρούω 15r,20
puritas: καθαρότης 14v,18sq.
purpura: πορφύρα 14v,10; πορφυρίς 14r,7
purus: τελείως 2r,12
quadrupes: τετράπους 5v,17
quaero: 15r,22sq.
quam: πῶς 11r,15; ὡς 7r,26
quamdiu: 14v,8; 6v,2sq.
quamvis: μέντοι 1v,13
quando: 16r,18; ὁπόταν 3r,10 (εἰ*); ὅταν 8r,17 (quanto cod.); ὅτε 11v,15
quantus: 14r,26; πόσος 7r,24sq.
quasi: 1v,5; 16v,22; ὥσπερ 1v,3*
-que: καί 14v,17; 10v,28; 11v,13; 6v,8
quemadmodum: 14v,5; (καθ') ὃν τρόπον 4v,4sq.; 1v,10; πῶς 14r,20; 14v,5*; 6r,13; 8r,3; 7v,9; ὥσπερ 14r,12sq.; 5r,14; 4r,24; 1v,4; 2r,7sq.; 9r,4; 9v,3; 16r,19
qui: 13r,2.9 (bis).10.13.15.26; 13v,17.25; 12r,10.15.18.25.27; 12v,13.17.20.22.23. 24 (om. cod.); 14v,1.15; 15r,3; 15v,1.6. 16.22.24.28; 10r,3.6.30; 11r,19.22.24; 11v,2.6.20.24; 5r,9; 4r,24.26; 4v,10 (bis); 6r,4.10.15; 6v,5.17*; 3r,22.28; 1r,5; 1v,14; 8r,7.13.21; 8v,11.27; 2r,2.10. 11; 2v,2.27; 9r,10.16; 16r,2.26; αὐτός 10r,14; ὁπόταν 3r,7; ὅς 14v,2; 15r,19; 11v,12; 4r,12; 4v,20; 6r,17.27; ὅπως 15v,12 (per quas).14 (quo) 10v,9; ὅσοι 14v,19; ὅσπερ 14r,23; 14r,26 (quanta sint quae); 7r,17; ποῖος 2v,27; τίς 15r,11; 5r,8; τις 14r,13; 2r,15
quia: 3r,14; 2v,17; 16r,26; ὅτι 6v,3; 3v,23 (qui cod.); 2v,28; ὡς 5r,21
quidam: 12r,23; 1r,25; μερικῶς 14r,28; ὁ μέν 9v,25; 16v,28; τις 1v,6.21; 2v,12.21; 9v,15.21

quidem: 9r,11
quies: ἀνάπαυσις 10r,11
quis: τίς 10r,24; τις 3v,20; 2r,9.27; quid: οὐδέν 9r,8; 9v,4.7
quisquis: 13r,20; 15v,25sq.
quo (+ Konj.): 10r,11
quod: 14v,13; 15r,24.26; 15v,19; 11v,11; 1v,21; καθώς 3v,27; 1v,17; ὅτι 12v,12; 11v,11*.27; 3v,14; 7v,10*; 9r,1; 9v,15; 16v,9; τό (+ Inf.): 2v,11 (quae cod.); v. eo quod
quodsi: ἤτοι 6v,19
quomodo: ὁπότε 7v,10; πῶς 7v,22; 16v,17
quoniam: 14v,27; 10v,1; διά 12r,28; ἐπειδή 2r,5; 9v,11.15; ὅτι 6r,2; 8r,28; 7v,24; 9r,23
quoque: 16v,21
quotquot: ὅσοι 11v,22; 8v,3.21; 16r,16
radix: ῥίζα 4r,13; 2v,23.24
rapina: 5r,1
ratio: νοερὰ οὐσία 7v,4*
rationabilis: εὔλογος 2v,25sq.; νοερός 2v,8
recipio: 12v2; ἀπολαμβάνω 15r,26sq.; 11v,19sq.; δέχομαι 12r,18; διαδέχομαι (+ πάλιν) 16r,28; καταλαμβάνω 16v,3
recondo: εἰσφέρω 8r,18; ἐμπονέω 8r,25; ἐπισυνάγω 8r,18*.25*; πλοῦτος 8r,20
recte: ὀρθῶς 6r,16
reddo: ἀποδίδωμι 15r,13 (cf. ἀποκατάστασις); 4r,23
redemptio: λύτρωσις 3v,25 (ἀπολύτρωσις*); 7v,11sq.13sq.
redimo: λυτρόω 11v,19.23sq.; ῥύομαι 15r,16; 6v,5sq.
reformo: ἀναμορφόω 14r,5; μεταμορφόω 14r,20sq.
regalis: βασιλικός 14r,6; 14v,10; 10r,8sq.
regeneratio: ἀναγέννησις 12v,8sq.
regno: βασιλεύω 8v,15.17.22
regnum: 15v,8; βασιλεία 8v,4; 16r,25; 16v,4
reliquus: λοιπός 4v,1
remaneo: ἵστημι 3r,7.11; 3v,19; ὑπεκρέω 2r,10 (καταρρέω*)
remissus: χαῦνος 1r,17
remorior: ἀποθνήσκω 3r,14
removeo: 10r,2
renovo: ἀνακαινίζω 11v,3; ἀνανεόω 4r,14. 19sq.
repleo: πληρόω 10v,1sq.

repono: ἀπόκειμαι 8r,22
reprobus: 15v,27; ἀδόκιμος 10v,6
requies: ἀνάπαυσις 12r,4; 14v,16; 6v,22; 7r,18; 2r,7
requiesco: ἀναπαύομαι 15r,2; 3v,10sq.; ἀνάπαυσις 6v,18; ἐπαναπαύομαι 7r,19 (+ συνηδύνομαι*)
requiro: ἐπιζητέω 9v,18; ζητέω 2r,28
res: 14v,22; ζῷον 12r,26; πρᾶγμα 14v,8; ὕλη 4v,19; φαίνομαι 7r,18
resisto: 3v,7
respiciens: προσεχόντως 6r,15sq.
respondeo: ἀπόκρισιν δίδωμι 8r,3sq.
responsio: ἀντιτίθημι 2v,26; ἀπόκρισις 1r,27; 16v,18
restauro: ἀνακτίζω 2r,9
restituo: δίδωμι 4r,17
resurgo: ἀνίσταμαι 1r,27; 1v,15sq.
resurrectio: ἀνάστασις 1r,26; 1v,14sq.
revelo: ἀνακαλύπτω 14r,2.18
revoco: διηγέομαι 11r,14
revolvor: διέρχομαι 15v,17
rex: 15v,26.28; 10r,10; βασιλεύς 15r,27; 15v,6.9 (lex cod.).17; 10r,16.26; 10v,4; 11r,7.11; 11v,19; 7v,15 (bis); 16r,12; βασιλικός 15v,3
rogo: δέομαι 11v,25
rumigo: μηρυκάομαι 4r,1sq.
ruo: ἔρχομαι 8r,24 (ἐμπίπτω*)
rursus: πάλιν 6v,20; 8r,18sq.; 16v,2
rusticus: χωρικός 8r,6 (ἄγροικος*)
sacerdos: (+ princeps) ἀρχιερεύς 6v,24
saecularis: κοσμικός 1r,2sq.; 9v,23; κόσμος 16v,1
saeculum: 15r,6; αἰών 12r,2.3; 12v,22; 4v,16; 1r,8; 7r,6; 16v,4; βίος 7r,16sq.; κόσμος 8r,9
saepes: φραγμός 2r,18
saevus: 15v,28
sagitta: βέλος 9v,6
salus: σωτηρία 7v,14
salvator: σωτήρ 11v,16
sanctifico: ἁγιάζω 2v,3
sanctus: 13v,2; 12r,12; 4r,23; 4v,10; 6r,24*; 6v,27; 3r,8; 8v,2; 2v,15; ἅγιος 13v,18; 14r,27; 15r,14; 11r,12; 5v,16; 6v,7; 7v,26*; προσήκων 2v,15
sanguis: αἷμα 4r,29; 4v,17.20
sanus: ἐρρωμένος 9r,14

sapiens: σοφός 4v,4
sapientia: σοφία 2r,3sq.
sapio: φρονέω 1r,5sq.
satanas: σατανᾶς 2v,20
satio: κορέννυμι 3v,22
scateo: βρύω 10v,23
scientia: γνῶσις 14v,7; 10r,26; 11r,23; 5v,22; ἔννοια 5v,27
scribo: 13r,5.11.13sq.15.28; 7v,19; γράφω 14r,1; 4v,3.7; 1r,11; 1v,17; 8r,27 (φημί*); 8v,11; 7v,19*; ἐγγράφω 4v,11.23; 8v,14; ἐπιγράφω 4v,26; 8v,8*
scriptura: 13r,24; γραφή 4v,8 (+ spiritalis); 8v,9sq.; 16r,24
secundum: καθώς 3v,26; 2r,1; κατά 12r,15; 12v,26sq.; 15v,1; 10v,14; 11v,3sq.; 4v,24; 1r,1*; 7r,22; 7v,6; 16r,9; 16v,27sq.
securitas: ἀμεριμνία 3v,22; 8r,8.10*; 9v,16; εἰρηνικός 10r,10sq.; μέριμνα 8r,10
securus: ἀμέριμνος 9r,25
sed: 13r,17.25; 16v,27; ἀλλά 14v,22; 11r,9; 6r,5.8.12; 6v,11; 3r,26; 1v,20; 8v,12; 7r,6.11.19; 7v,4*; 9v,1; γάρ 8v,7; ἤ μόνον 12r,14; 12v,11; καί 6v,14; 9r,11; οὖν 1r,2
seductio: πλάνη 1r,4sq.
segrego: διορίζω 4r,9
semen: σπέρμα 16v,27; σπόρος 4r,16.18.21
semita: τρίβος 12v,18.24
semper: πάντοτε 8r,15 (διὰ πάντος ... ἀεί*)
senesco: γηράω 16r,7
senior: 1r,25
sensus: διάνοια 4v,11.25; νόημα 5v,12; νοῦς 14v,7; 4v,22; 1r,8; 8v,19; 7v,5; προαίρεσις 1r,3
sentio: 10v,20
separo: 4r,11; διορίζω 5v,17sq.; 4r,7; ἐκτός εἰμι 4v,18
serenus: καθαρός 9r,5
sermo: 13r,12sq.; 13v,6; 15r,8; 10r,1; λόγος 12v,6; 5r,5; 3v,28
serpens: ὄφις 10r,16; 5v,10sq.; 6r,23*
serra: μοχλός 10v,11
servio: 15v,21; 5v,3.6
servitus: δουλαγωγέω 11v,21; δουλεία 11v,15.28
servus: 15v,20; δοῦλος 15v,15; 1r,18; 9r,18
seu: 1r,20; 9v,5.7; καί 1r,20*; 7v,2
si: 5v,3.4; 3v,10; 1v,10 (om. cod.).27; ἐάν

6v,18*.27; 7r,9; εἰ 5r,10.11; 3v,3.4.5.8.
11; 1r,25; 1v,27*; 9v,3; 16v,16; εἴθε
3v,20; ἤτοι 6v,18; ἵνα 2r,8; ὅταν 2r,8*;
9r,5; *v.* ac si, etiamsi, quodsi
sic: ὁμοίως 6v,5; οὕτω(ς) 4v,21; 3r,21 (haec
cod.); 8v,21; 7v,20; 2r,12; 9r,16; 16r,13;
ὧδε 6r,15* (hic *cod.*)
sicco: 11r,28
sicut(i): 15v,2; 5v,7; 4v,26; 1v,27; 7v,19;
ἐπάν 4v,4; καθώς 12v,2; 10v,1; 7v,19*;
ὃν τρόπον 12r,7; 16r,12; περὶ ἧς 10r,23;
ὡς 5v,10; 4v,14; 1v,20; ὥσπερ 12r,20;
12v,16; 14r,6; 14v,24; 5r,22; 4r,13;
6r,16; 6v,27; 3r,16; 16r,18; 16v,25
signo: χαράσσω 10v,7
silva: σκεῦος 7r,26
similis: 5v,6; 16v,10; ὅμοιος 14r,8; 6r,19;
16r,14; 16v,17; ὥσπερ 2r,15
similitudo: 12r,23sq.; 16v,24; ὁμοίωμα
6v,13; ὁμοίωσις 7r,23; 7v,6sq.; 16r,10;
τρόπος 4v,9; 6r,21; 9r,22sq.
simplex: ἁπλοῦς 2v,10
simul: 15v,20; 16v,23; ἁπαξαπλῶς 11v,5; καί
14v,17
simulacrum: πρόσταγμα 10r,10
sin: ἐάν 8r,20 (εἰ*)
sine: 13r,2; 12r,6; 3r,8; 2v,22
singuli: ἕκαστος 8r,19
situs: κακουχία 7r,10
socio: συγκεράννυμι 13v,13
sodalis: φίλος 16r,17
sol: ἥλιος 14r,13; 9r,5; 16r,25
solidatus: ἄρρηκτος 10v,11
solidus: ἀργύριον 15v,11
sollicitudo: σπουδή 4v,13; φροντίς 4v,17
solummodo: μόνος 12v,11
solus: μόνος 12r,14; 14v,13; 3r,10; 7r,22
solvo: ἀναλύω 1v,13sq. (ἀναιρέω*); 1v,21
spargo: σκορπίζω 10v,24
speculor: κατοπτρίζομαι 14v,16
speculum: κατοπτρίζομαι 14r,3
spernendus: βδελυκτός 10v,7
spero: ἐλπίζω 4v,10; προσδοκάω 4r,18sq.
spina: ἄκανθα 4r,15; 2r,25; 2v,2
spinosus: ἀκανθώδης 2r,24
spiritalis: 4v,8; πνεῦμα 12r,18sq.; 3r,3*;
3v,4; πνευματικός 12r,16 (*bis*).22; 12v,1.
5.8.14; 3r,3; πνευματοφόρος 16r,1sq.
spiritus: 13r,8.13.26; 13v,2; 10r,31; 11v,5;

5v,3.5; 4r,23; 6v,27; 3r,8.25; πνεῦμα
13v,18; 12r,6.12.13; 12v,7; 15r,14; 10v,9.
24; 5r,19; 5v,16; 4r,12.22; 4v,10.23 (?;
sui *cod.*); 6v,7; 3r,22; 1r,5.9; 1v,27;
8v,2.5.8*.13; 9v,18.20; 16r,16
splendeo: στίλβω 14r,14
splendifico: λάμπω 14v,21
spolio: ἐκδύω 10v,27
sponsa: νύμφη 5r,22; 16r,12.13
sponsus: νύμφιος 15r,28; 16r,13.18
stabilis: ὑφίσταμαι 1v,14 (συνίσταμαι*)
statim: 16v,27; οὗτος 8r,23 (ταχέως*)
sto: ὑφίσταμαι 1v,22
stultitia: μωρία 12r,19
suavis: χρηστός 8r,28
sub: ὑπό 8r,2.15; ὑποκάτω 8r,11
subdo: ἐνδύω 6r,26; subditus: ὑποχείριος
9r,19
subdolus: πικρός 11r,16
subiectus: ὑποχείριος 15v,15
substantia: 13r,1.8sq.27; 16r,2sq.; ὑπόστασις 1v,26; 9r,9; 16v,28 (+ ποιότης)
substantialis: 13v,4
subtilitas: ὡραιότης 14r,9
sufficio: στοιχέω 9v,22
sui: 13v,28; 12v,13; 14v,26; 15r,26 (semetipsa); 15v,21; 10r,25; 11r,17; 11v,9;
6r,26; 3r,25; 7r,2; 9r,1; 16r,20 (semetipsum); αὐτός 10r,22; 4v,15; ἑαυτοῦ
14r,19; 15r,1.28 (secum); 15v,5; 10r,22*;
11r,18; 11v,8.27 (semet); 4r,4.20 (+ ipso); 6r,25; 7v,11; 9v,22.26
sum: 13r,2 (*bis*).4.8.13.16.17.18.27; 13v,1.
14; 12r,10.16.18.21.25; 12v,3.17.20.22.
23.26; 14r,26; 14v,1.22; 15v,1.6.20.24.
27; 10r,14.18; 10v,2.16; 11r,10; 11v,6.11.
18.24; 5r,8.22; 5v,8.13.19; 4r,2.3; 6r,1.
4.11.12.25.27; 6v,4.5.9.15; 3r,15.16.26;
3v,5.6.9.14; 1r,2.5.11; 1v,14.17; 8r,21.22.
27.29; 8v,11; 7r,24; 7v,4*.20; 2v,11.
13.15.18.22.24.28; 9r,8.10; 9v,3.5.21;
16r,2.15.26; 16v,6.10.17; εἰμί 13v,9.11.
18; 12r,19; 12v,5.15; 14r,28; 14v,5;
5v,13; 4r,12; 4v,20.26; 6r,8 (*bis*).9.12;
6v,3.10.11; 3r,6.25; 1r,14.16.18; 1v,1.23;
8r,3.15.16.26; 8v,1.4.7.18.21.28; 7r,21.
25.28; 7v,3.9.17.27; 2r,6.8.14 (+ perfecta).24; 2v,20*.21.27.28; 9r,2.4.5.8.10.
11.15.18.26; 9v,12.13.16.25; 16r,4.11.17;

γίγνομαι 16r,10; ἔρχομαι 7v,29; ἔχω 6r,11; λέγω 6r,14; ὑπάρχω 12v,28; χωρίζω 5v,21
sumo: 12r,26; λαμβάνω 14v,27; τρέφω 3v,3sq.
super: ἐπί 3v,1; 7v,24
superaedifico: ἐποικοδομέω 13v,25sq.
superfluus: περισσός 4r,27sq.; 4v,5
superior: ἄνω 13v,19; 12r,1; ἄξιος 9v,24; ὑψηλότερος 12r,5
supero: νικάω 9r,2
supervenio: ἔρχομαι 9r,6
susceptio: 16r,3
suus: 14v,21; 15v,20; 11v,9; αὐτός 14v,25; 15r,27; 10r,13; 10v,17; 11v,9.25; 5v,11; 4r,21; 4v,27; 6r,28; 7v,17.21.25; 16v,16; ἑαυτοῦ 5r,6; 4v,11.14; 6r,28; ἴδιος 11r,7; 11v,4.20; 9r,9; τοῖς ὑπάρχουσιν αὐτοῦ 7v,25; οὗτος 15v,14
taedior: ἀηδίζομαι 7r,11 (ξενίζομαι*)
talis: οὗτος 9r,22; τοιοῦτος 10r,29; 11r,9
tam: 8r,12
tamen: 9v,11; ἀλλά 1v,14; δέ 2r,14
tamquam: 14r,3; ὡς 15r,28; 5v,27sq.
tango: (+ caelum) οὐρανομήκης 10r,6
tantum: 7v,7*; μόνος 11v,7
tantummodo: μόνος 8v,10; 9v,26
tantus: 3v,14 (ὁποῖος*); οἷος 3v,15 (ὄντως*; ποῖος); τοσοῦτος 7v,17
tego: φορέω 9v,6
templum: ναός 5r,17
tempus: χρόνος 15v,17; 11r,4sq.; 11v,18.21; 2r,21
tenebrae: ἐγκλεισμός 11r,6sq; κάλυμμα 10v,16sq.; σκοτεινός 10v,18; σκότος 15r,17; 11r,26; 6r,2.4.6.9.14; 6v,2.11.16.20sq.; 8v,22
tenebrosus: 5v,5; 9r,5sq.
teneo: 10r,19; δέω 10v,10; κατέχω 11v,2.21; 9r,12; διάγω 11r,16
terra: 16v,26; γῆ 13v,11.13.15.17; 4r,14.21.22; 1v,5.7; 8r,17; 7r,26; 7v,12; 2r,26; 16r,7; 16v,28
terrenus: γήινος 14v,22; 4v,18; 1r,5*; ἐπίγειος 1r,5; σαρκικός 4v,19; ὑλικός 10v,20sq.
testamentum: διαθήκη 10v,3; 8v,5
texo: ποιέω 6r,18
timeo: δέδοικα 12r,8; φοβέομαι 5v,10

timor: φόβος 8r,2.15; 9r,27
tingo: βάπτω 1v,19
totus: ὅλος 3v,2.3; 8v,15
trado: παρίστημι 11v,9
transeo: 11v,5; διέρχομαι 8v,20; ἐξουδενόομαι 16v,6; παρέρχομαι 7r,5
transfero: μετατίθημι 6v,26
transfiguro: μεταβάλλομαι 1v,11sq.*.20; μεταμορφόω 16r,19sq.
transgressio: παρακοή 10r,17
transigo: διάγω 8r,8
tremor: τρόμος 8r,2*.16; 9r,27
tribulatio: θλιβερός 7r,7sq.
tribulus: τρίβολος 4r,15; 2r,25sq.
tribunal: βῆμα 8r,14
tribuo: διαδίδωμι 9v,24; παρέχω 14v,12
tristitia: θλῖψις 16v,2; λύπη 16r,28
tu: συ 6r,21 (om. cod.); 3v,1; 7v,18; 2r,26; 9r,23; ψυχή 16r,14
tunc: (καί) οὕτω(ς) 4r,16; 2v,3; τότε 4r,10; 4v,7.8; 16r,24
turris: πύργος 15v,6
tuus: 14v,9; 3r,2; 3v,19; σός 7v,11.13; συ 14v,7 (bis); 3v,2.17; 7v,9
tyrannicus: 15v,25
tyrannus: 15v,22; ἐχθρός 10r,3.7; τύραννος 15v,3
ubi: ἔνθα 5v,1
ullus: μηκέτι 12r,6
ultra: ὑπέρ 14v,6.7; super 7r,21
umbratilis: 12r,24
undique: πανταχόθεν 16v,20
ungula: διχηλόων 4r,1
unicus: μονογενής 7v,21
universus: ὅλος 8v,23
unus: 2v,24; ἁπαξαπλῶς 10r,1; εἷς 13v,19
unusquisque: ἕκαστος 5r,5sq.12; 1v,25; 2r,4sq.; τις 8r,26
usque ad: ἕως 8r,10
ut (+ Ind.): 1r,2; ὥσπερ 12r,9; 16r,25: ὡς 16r,25
ut (+ Konj.): 15r,12; 15v,21; 11v,10; 3v,6; εἰ 11v,8; εἰς 10v,19; ἵνα 13v,18.27; 5r,13; 5v,23; 4r,21; 4v,1*; 8r,19; 2r,20.27; 9r,21; καί 12v,8; 4v,1; 6r,20; ὅπως 11v,13; 9v,18; ὅτι 7v,18.21; πρός 4r,16; τοῦ (+ Inf.) 5r,20; 1r,5; τό (+ Inf.) 8r,26
utiliter: καλῶς 4r,13
utor: φορέω 6r,17

utpote: οἷον 1v,8
vae: οὐαί 3r,9
vanus: κενοδοξία 10r,28; 5r,28
varietas: ποικιλία 14r,18sq.; ποικιλότης 14r,8sq.; πολυποίκιλος 14r,11
varius: πολυποίκιλος 3r,2 (παμποίκιλος*)
vel: 6v,25; 3r,20; ἤ 12v,19 (bis); 14r,12; 15v,4; 4r,24; 3r,18; 8r,1; 7r,1.8; 16v,19; καί 12v,24; 5r,10.13; 4r,28; 4v,11; 6r,18; 6v,17; 3r,21; 8v,4; 7r,16.25; 7v,11; 2r,11; 9r,9; 16v,5; κἄν 9v,2
velox: ταχύς 3v,25
velut(i): 4v,20; ὡς 5r,16; 7r,20; 16r,6; ὥσπερ 9v,5
vendo: πωλέω 6r,25
venio: ἔρχομαι 15v,17; 11r,17sq.18; 7r,17; 7v,14.16.27; 2v,1; παραγίγνομαι 7v,12
venter: 5r,28
verbum: 13r,1.4.6.11.15.16.17.18.19.21; 13v,4; λαλιά 12r,14; λόγος 5v,22.25; 4r,9; 3r,25sq.; 8r,5
vere: ἆρα 1r,26; φαίνομαι 12r,25
veritas: 13r,22.24; ἀλήθεια 14v,3; 4r,10sq.; 3r,27; 3v,13
vero: 5v,4; ἀλλά 7r,27; δέ 8r,20; 7r,27*; 9v,22.23.27; 16r,8; καί 1r,1*; μή 5r,11
versor: ἀναστρέφομαι 12v,25
verus: 13v,1; 15v,26.28; 10r,4; 11r,11; ἀληθινός 14v,18.28; 15r,6; 10r,16; 11r,11*; νόμιμος 15v,7; πρῶτος 15v,9; 10r,29
vester: ὑμεῖς 5v,12
vestimentum: ἔνδυμα 14r,6sq.; 14v,10sq.; 10v,27sq.
vestis: ἔνδυμα 3r,4
vetus: παλαιός 5r,3sq.
vexo: ἐξετάζω 7r,9
via: ὁδός 15r,18
video: 12r,27; 16r,26; βλέπω 5r,9; 7v,8; θεάομαι 8r,8; ὁράω 12r,27; 14v,12; 10v,17; 8r,28; 16v,16.18
videor: 8r,10sq.
vidua: χήρα 3v,28
vinco: νικάω 2v,27
vinculum: 15r,25; δεσμός 15r,19; 4v,18
virtus: διάβολος 6r,25sq.; δύναμις 5r,13.24sq.; 4r,20; 8v,2; 2v,23sq.27; 9v,12; ἰσοδυναμία 2v,25
visibilis: 5v,13; εἰς τὸ φαινόμενον 7v,3
vita: τροφή 14v,27; 3r,22sq.23; ζῶ 3v,4; ζωή 14v,11sq.17; 15r,5.18; 4v,12; 6v,6.25.27; 3r,6.15.26; 3v,10.16
vitium: 9r,2; πονηρία 6r,3
vivo: 10r,27; ἐσθίω 16r,6; ζῶ 12v,25; 15r,5; 6r,4; 6v,3sq.19.22; 3r,24; 3v,10; τρέφω 3r,23
vociferor: βοάω 11v,13
voco: καλέω 16r,15
volatilia: νοσσία 12r,8; ὄρνεα 12r,25
volo 1: ἵπταμαι 12r,3
volo: 15v,21; βούλομαι 15r,22; 4r,18; 4v,10; θέλω 6v,21; 2r,9.16*
voluntas: αὐτεξούσιος 2v,13sq.; θέλημα 11v,10; 2v,14; 9v,17; θέλω 2r,1; προαίρεσις 1r,3.7; 2r,6.22
vos: 15r,21; ὑμεῖς 15r,20,21*; 7v,24
vox: φωνή 12r,21; 6v,28
vultus: πρόσωπον 14r,18

III: 13v,6
V: 15r,8
VI: 15r,8
XXVIII: 1r,22
XXVIIII: 1r,24
XXXIII: 2v,5
XXXIIII: 2v,5

# 3 Griechisch-lateinischer Wortindex

Aufgenommen sind alle Begriffe mit lateinischer Entsprechung (zur exakten Fundstelle siehe dort).

ἀγαθός: bonitas, bonus
ἀγαθότης: bonitas
ἀγαλλίασις: laetitia
ἀγαλλιάω: laetor
ἀγαπάω: diligo

ἀγάπη: caritas
ἄγγελος: angelus
ἁγιάζω: sanctifico
ἅγιος: sanctus
ἀγκάλη: manus

ἄγνοια: ignorantia
ἀγριότης: feritas
ἀγροικός: rusticus
ἄγω: ago
ἀγωνίζομαι: concertor

Ἀδάμ: Adam
ἀδελφός: frater
ἀδικέω: laedo, noceo
ἀδικία: iniquitas
ἄδικος: iniquitatis, malus
ἀδόκιμος: reprobus
ἀδοξία: indignitas
ἀδύνατος: impossibilis, possum, recipio
ἀεί: semper
ἀηδίζομαι: taedior
ἀήρ: aer
ἀθάνατος: immortalis
αἷμα: sanguis
αἱρετικός: haereticus
αἴρω: aufero, gesto
αἰσχρός: acerbus
αἰτέω: peto
αἰχμαλωσία: captivitas
αἰχμαλωτίζω: captivitas, duco
αἰών: iugiter, saeculum
αἰώνιος: aeternus
ἀκαθαρσία: immunditia
ἀκάθαρτος: immundus
ἄκανθα: spina
ἀκανθώδης: spinosus
ἀκατάλυτος: praetereo
ἀκέραιος: integer
ἀκόρεστος: insatiabilis
ἀκούω: (ob)audio, intellego
ἀκρογωνιαῖος: angularis
ἀλήθω: molo
ἀλήθεια: molo, veritas
ἀληθινός: verus
ἀλλά: nisi, sed, tamen, vero
ἀλλάσσω: (com)muto
ἀλλαχοῦ: alibi
ἀλλόφυλος: alienigena, allophylus
ἄλλος: alibi, alius, alter, nullus
ἁμάρτημα/ἁμαρτία: peccatum
ἁμαρτωλός: peccator
ἀμελέω: neglego
ἀμεριμνία: securitas

ἀμέριμνος: securus
ἀμήν: amen
ἀναγέννησις: regeneratio
ἀνάγκη: necesse est
ἀναιρέω: solvo
ἀνακαινίζω: renovo
ἀνακαλύπτω: revelo
ἀνακρίνω: diiudico
ἀνακτίζω: restauro
ἀναλύω: solvo
ἀναμορφόω: reformo
ἀνανεόω: renovo
ἀναπαύομαι: requiesco
ἀνάπαυσις: (re)quies(co)
ἄναρχος: sine initio
ἀνάστασις: resurrectio
ἀναστρέφομαι: versor
ἀνατέλλω: profero
ἀνεκλαλητός: enarro
ἀνεννόητος: comprehendo, intellectus
ἀνέρχομαι: ascendo
ἀνθίσταμαι: contra, do
ἀνθρώπινος/ἄνθρωπος: homo, humanus
ἀνθρωπότης: humanitas
ἀνίσταμαι: resurgo
ἀνοίγνυμι: aperio
ἀνομία: iniquitas
ἀντί: pro
ἀντικείμενος: inimicus
ἀντικρούω: impingo
ἀντιλέγω: contradico
ἀντιμάχομαι: contra
ἀντιπίπτω: cado
ἀντιτίθημι: responsio
ἄνω: superior
ἀνώτερος: excelsior
ἀξίωμα: dignitas, honor
ἄξιος: dignus, superior
ἀόρατος: invisibilis
ἀπαιτέω: exigo
ἀπαλλάσσω: de
ἀπαξαπλῶς: simul, uno sermone
ἅπας: omnis
ἀπάτη: fallacia
ἀπελπίζω: despero
ἀπέραντος: omnis

ἀπεργάζομαι: perficio
ἀπιστία: perfidia
ἁπλοῦς: simplex
ἁπλῶς: per se
ἀπό: a, de, e(x), per
ἀποδιδράσκω: exeo
ἀποδίδωμι: reddo
ἀποθήκη: horreum
ἀποθνῄσκω: (re)morior
ἀπόκειμαι: repono
ἀπόκρισις: respondeo, responsio
ἀποκτείνω: interficio
ἀποκυΐσκω: pario
ἀπολαμβάνω: recipio
ἀπόλαυσις: fruor
ἀπόλλυμαι: (dis)pereo
ἀπολύτρωσις: libero, redemptio
ἀποστέλλω: mitto
ἀπόστολος: apostolus
ἀποσχολάω: occupo
ἀποτίκτω: pario
ἀποτίθημι: pono
ἀποφεύγω: fugio
ἆρα οὖν: vides quia
ἆρα: vere
ἀργύριον: nummus, pecunia, solidus
ἀρέσκω: placeo
ἁρμολογία: sibi conveniens
ἄρρητος: ineffabilis, invisibilis
ἀρρηκτός: solidatus
ἀρχαῖος: proprius
ἀρχή: initium
ἀρχιερεύς: princeps sacerdotum
ἄρχομαι: incipio
ἄρχων: iudex
ἀσελγής: immundus
ἀσθένεια: imbecillitas, infirmitas
ἀσθενέω: infirmor
ἀστόχημα: necessitas
ἀσφαλίζω: custodio
ἀτιμία: ignominia
αὔξησις: incrementum

αὐτεξούσιος: liberi arbi-
    trii voluntas
αὐτός: anima, hic, idem,
    ipse, is, nos, qui, sui,
    suus
αὐχμηρός: acerbus
ἀφανίζω: deleo
ἄφθαρτος: immortalis,
    perennis
ἄχθομαι: angor
βάθος: altitudo, profun-
    ditas, profundum
βάλλω: mitto
βάπτω: tingo
βάρβαρος: barbarus, in-
    cognitus
βασιλεία: regnum
βασιλεύς: imperator,
    iudex, rex
βασιλεύω: regno
βασιλικός: regalis, rex
βδελυκτός: spernendus
βέλος: sagitta
βῆμα: tribunal
βία καὶ ἀνάγκη: iubeo
βίος: saeculum
βλάπτω: laedo, noceo
βλέπω: video
βοάω: vociferor
βόρβορος: caenosus,
    caenum
βουλή: arbitrium
βούλομαι: volo
βρύω: scateo
Γαβριήλ: Gabriel
γάλα: lac
γάρ: cum, enim, et(enim),
    iam, immo, sed
γέεννα: ignis
γεννάομαι: nascor
γένος: genus
γεύομαι: gusto
γεῦσις: gustum
γεωργός: agricola
γῆ: terra
γήϊνος: terrenus
γηράω: senesco
γί(γ)νομαι: creo, efficio,
    fio, gravo, sum

γινώσκω: agnosco, intel-
    lego
γλῶσσα: lingua
γνήσιος: proximus
γνοφερός: nebulosus
γνωρίζω: agnosco, mani-
    festus
γνῶσις: notitia, scientia
γραφή: praeceptum,
    scriptura
γράφω: scribo
δαίμων: daemon
δέ: autem, cum, enim, et
    (enim), ergo, igitur,
    itaque, nam, quidem,
    quodsi, sed, tamen,
    vero
δέδοικα: timeo
δεῖ: necessarius, oportet
δείκνυμι: dico
δεινός: malignus
δέομαι: rogo
δέρμα: pellis
δεσμός: compes, vincu-
    lum
δεσποτεία: potestas
δεσπότης: dominus
δεύτερος: denuo, iterum
δέχομαι: accipio, recipio
δέω: conecto, teneo
δή: autem
δημιούργημα: opus
δημιουργός: creator, fa-
    bricator
διά: ergo, per, pro, quo-
    niam, semper
διάβολος: virtutes nequi-
    tiae
διάγω: ambulo, teneo,
    transigo
διαδέχομαι: recipio
διάδημα: diadema
διαδίδωμι: tribuo
διαθήκη: testamentum
διακονέω: ministro
διακονία: minister(ium)
διάκονος: minister
διακρίνω: diiudico
διάκρισις: discretio

διαλογισμός: cogitatio
διάνοια: sensus
διατρίβω: ambulo
διαφθείρω: corrumpo
διδάσκω: (e)doceo, me-
    moro
δίδωμι: commodo, do, (+
    ἀπόκρισιν) respon-
    deo, restituo
διεξέρχομαι: narrans
    edoceo
διέρχομαι: revolvor,
    (per)transeo
διηγέομαι: in memoriam
    revoco
δίκαιος: iustus
δικαιοσύνη: iustitia
διορίζω: discerno, segre-
    go, separo
διχηλόων: fissam ...
    habens ungulam
διχῶς: duplex
δοκιμάζω: probo, probus
δόλος: dolus
δόξα: gloria
δουλαγωγέω: servitus
δουλεία: error, servitus
δοῦλος: servus
δύναμαι: possum
δύναμις: virtus
δυσώδης: abditus
ἐάν: cum, et, nisi,
    (quod)si, sin
ἑαυτοῦ: nos, proprius,
    sui, suus
ἐγγράφω: scribo
ἐγκλεισμός: tenebrarum
    potestate detenti
ἐγχρονίζω: moror
ἐγχωρεῖ: possum
ἐγώ: ego, meus
ἐδαφίζω: deicio
ἔθος: consuetudo, ima-
    go, mos
εἰ: etiamsi, nisi, quan-
    do, qui, si(n), ut
εἰκών: imago
εἰμί: efficio, habeo,
    (factus) sum

εἰρηνικός: pacificus, securitas
εἷς: unus
εἰς: ad, ante, in, pro, ut
εἰσάγω: induco
εἰσέρχομαι: exeo, ingredior
εἰσφέρω: recondo
εἶτα: deinde
ἐκ/ἐξ: a(b), cum, de, e(x), in, inde, per
ἕκαστος: homo, singuli, unusquisque
ἐκδύω: spolio
ἐκεῖ: ibi, idem, illic, ipse
ἐκεῖνος: ille, ipse, iste
ἐκκλησία: ecclesia
ἐκλάμπω: fulgeo
ἑκούσιος: deditus
ἐκτός: separo
ἐκτρέπω: averto
ἐκφέρω: affero
ἐκφεύγω: eruor
ἔλαιον: oleum
ἐλευθερία: libero, libertas
Ἐλισσαῖος: Elisseus
ἐλπίζω: spero
ἐμπίμπλημι: impleo, plenus
ἐμπίπτω: cado, ruo
ἐμπονέω: recondo
ἐμφαίνω: demonstro
ἐν: a, ad, cum, in, is, per
ἐναπόκειμαι: recondo
ἔνδοθεν: in interioribus
ἔνδοξος: gloriosus
ἐνδότερος: interior
ἐνδότατος: interior
ἔνδυμα: indumentum, vestimentum, vestis
ἐνδύω: induo, subdo
ἕνεκεν: propterea
ἐνέργεια/ἐνεργέω: operor
ἐνεργητικός: operatio
ἔνθα: ubi
ἔνθεος: divinus
ἐνθύμημα: consilium

ἔννοια: scientia
ἐνοικέω: civis, habito
ἐνοράω: attendo, intellego
ἐνοχλέω: cohabito
ἐντολή: praeceptum
ἐξάγω: excito
ἐξαπατάω: fallo
ἐξέρχομαι: elabor, eruor, procedo
ἐξετάζω: vexo
ἐξολοθρεύω: extinguo
ἐξουδενόομαι: transeo
ἔξω/ἔξωθεν: exterior
ἐοικώς: dissimilis
ἐπαγγελία: promissio
ἐπαγγέλλω: promitto
ἐπάγω: dico
ἐπάν: cum, sicut
ἐπαναιρέομαι: possum
ἐπαναπαύομαι: requiesco
ἔπαρχος: praefectus
ἐπεί: enim, ibi
ἐπειδή: eo quod, quoniam
ἐπεισάγω: constituo
ἐπεισέρχομαι: ingredior
ἐπεργάζομαι: operor
ἐπευπορέω: adquiro
ἐπί: de, in, super
ἐπιβαίνω: ascendo
ἐπιβαρής: gravo
ἐπιβουλή: insidiae
ἐπίγειος: terrenus
ἐπιγινώσκω: agnosco
ἐπιγράφω: scribo
ἐπιζητέω: requiro
ἐπιθυμία: cupiditas, desiderium
ἐπιμέλεια: diligentia
ἐπιμελέομαι: curam ago
ἐπισυνάγω: recondo
ἐπιτήδειος: diligens, opportunus
ἐπιτίθημι: cooperio
ἐπιφαίνομαι: inlustro
ἐπιφέρω: iacto
ἐποικοδομέω: superaedifico

ἐπουράνιος: caelestis
ἐργάζομαι: mundum exhibeo, operor
ἔργον: opus
ἔρημος: desertus
ἐρημόω: desero
ἑρμηνεύω: interpretationem recipio
ἐρρωμένος: sanus
ἔρχομαι: descendo, ruo, sum, (super)venio
ἐρώτησις: interrogatio
ἐσθίω: vivo
ἔσχατος: novissime
ἔσω: interior
ἕτερος: alius, alter
ἔτι: adhuc
ἑτοιμάζω: distinguo
Εὔα: Eva
εὐαγγελίζω: annuntio
εὐαρεστέω/εὐάρεστος: placeo
εὐγένεια: nobilitas
εὐδοκέω: (bene) complaceo, delecto
εὐθέως: prius
εὔκολος: facilis, possibilis
εὔλογος: rationabilis
εὐπορέω: adquiro
εὐφραίνομαι: congaudeo, laetor
ἐχθρός: inimicus, tyrannus
ἔχω: habeo, habito, participo, sum
ἕως: donec, quamdiu, usque ad
ζητέω: deprecor, requiro
ζῶ: conversor, vita, vivo
ζωή: vita
ζῷον: animal, pecus, res
ἤ: aut, et, nec, praeter id, seu, vel
ἡγεμονεύω: dominor
ἡγέομαι: honoro
ἤδη: iam
ἥλιος: sol
ἡμεῖς: nos, noster

ἡμέρα: dies
ἡμέτερος: noster
ἡνίοχος: agitator
ἤτοι: quodsi, si
θάλασσα: mare
θάνατος: mors
θανατόω: mortifico
θαρρέω: praesumo
θαυμαστός: mirabilis
θαυμάζω: miror
θέα: aspicio
θεάομαι: penitus videre
θεϊκός: deitas, divinus
θεῖος: divinus
θέλημα: arbitrium, voluntas
θέλω: nolo, volo, voluntas
θεμέλιος: fundamentum
θεοδίδακτός: a deo doctus
θεός: deus, divinus, dominus
θεοσεβής: dominum diligens
θεότης: deificus, deitas, divinitas, divinus
θεράπων: famulus
θεωρέω: aspicio
θηρίον: bestia, fera
θλιβερός: tribulatio
θλῖψις: tristitia
θρίξ: capillus, pilus
θύρα: ianua
θύω: immolo
ἴδε: ecce
ἴδιος: proprius, suus
ἰδού: ecce, aut si
ἰδιώτης: ignavus
Ἰησοῦς: Iesus
ἵνα: et, ne, si, ut
ἵπταμαι: volo
ἰσοδυναμία: unius virtutis
ἰσόμετρον: par mensura
ἵστημι: levo, remaneo
ἱστορέω: dico
ἰχθύς: piscis

καθαίρω/καθαρίζω: (e)mundo
καθαρός: mundus, serenus
καθαρότης: puritas
καθίστημι: confirmo, constituo
καθώς: iuxta quod, secundum (quod), sicut
καί: ac, atque, aut, autem, ceterum, deinde, enim, ergo, et(iam), itaque, nam, nec, -que, sed, seu, simul, tunc, ut, vel, vero
καινός: novus
καίτοι: eo quod
καίω: comburo
κακία: malitia
κακός: malus
κακουχία: malus situs
καλέω: voco
κάλλος: pulchritudo
καλός: bonus, pretiosus, utiliter
κάλυμμα: tenebrae
καλύπτω: operio
κάματος: labor
κάμνω: laboro
κἄν: vel
καρδία: cor
καρπός: fructus
κατά: ad, contra, in, per, quemadmodum, secundum
καταβάλλω: destruo, mitto
καταδουλόω: in captivitatem duco
καταλαμβάνω: recipio
καταλύω: deficio
κατακυριεύω: dominor
καταναγκάζω: cogo
κατανοέω: aspicio, inspicio, intellego
καταξιόω: dignus, efficio
καταπατέω: conculco
καταπίπτω: corruo

καταργέω: destruo
καταρρέω: remaneo
καταρτίζω: mundum exhibeo
κατασκάπτω: dirumpo
κατασκευάζω: conficio, construo, facio, texo
καταφαίνομαι: appareo
καταφρονέω: contemno
κατέναντι: ante
κατέχω: detento, habeo, obtineo, teneo
κατοικέω: habito
κατοπτρίζομαι: (tamquam per speculum) intueor, speculor
κάτω: inferior
κενοδοξία: vana gloria
κέρδος: lucrum
κῆτος: cytus
κίνημα: motio
κλαίω: defleo, plango
κληρονομία: hereditas
κλίβανος: clibanus
κοινωνέω: communico
κοινωνία: communicatio, participo
κόμης: comes
κόπος: opus
κορέννυμι: satio
Κορίνθιος: Corinthius
κοσμικός: mundialis, saecularis
κόσμος: mund(an)us, saecularis, saeculum
κρατέω: detineo, (com)misceo, obtineo
κράτος: potestas
κρίσις: iudicium
κριτής: iudex
κρούω: pulso
κρυπτῶς: invisibilis, occulte
κτάομαι: adquiro, habeo, possideo
κτῆμα: possessio
κτίζω: constituo, creo
κτίσμα: creatura
κτίστης: creator

κύριος: deus, dominus
λαλέω: loquor, narro
λαλιά: verbum
λαμβάνω: accipio, (ad)-
   sumo, intellego
λαμπρός: limpidus
λαμπρύνω: nitorem prae-
   stare
λάμπω: luceo, splendifico
λαός: populus
λατομέω: educo
λέγω: aio, dico, efficio,
   nosco, sum
λειτουργός: minister
λίθος: lapis
λογισμός: cogitatio, cogitatus, consilium,
   conversatio
λόγος: sermo, verbum
λοιπόν: deinde, iam
   (nunc)
λοιπός: ceteri, reliquus
λυπέομαι: contristor
λύπη: tristitia
λυτρόω: libero, redimo
λύτρωσις: redemptio
μακάριος: beatus
μᾶλλον: potius
μανθάνω: doceo
μαργαρίτης: margarita
μέγας: grandis, magnus
μέλαν: atramentum
μελανία: nigror
μέλος: membrum
μέντοι: licet ... quamvis
μένω: permaneo
μερικῶς: quidam
μέριμνα: securitas
μερίμνω: cogito
μερίς: portio
μέρος: pars
μεστός: plenus
μετά: cum, in, post
μεταβάλλομαι: transfi-
   guro
μεταμορφόω: reformo,
   transfiguro
μετατίθημι: transfero
μετέχω: particeps esse

μετρέω: demetior
μή: ne, nec, non(dum)
μηδέν: omnia non
μηδέποτε: numquam
μηκέτι: non, sine ullo
μήποτε/μήπως: ne
μηρυκάομαι: rumigo
μητήρ: mater
μιαίνω: coinquino
μικρός: modicus
μιμνήσκομαι: memor,
   memoro
Μιχαήλ: Michael
μνημονεύω: memoriam ...
   habeo
μονογενής: unicus
μόνος: solummodo,
   solus, tantum(modo)
μοχλός: serra
μυλών: mola
μυστήριον: mysterium
μωρία: stultitia
ναός: templum
νεῦρον: nervus
νεφέλη: nubes
νηστεία: ieiunium
νικάω: supero, vinco
νοερός: divinus, ratio
   (-nabilis)
νοέω: intellego, mani-
   festus
νόημα: intellegentia, sensus
νομή: lex
νομίζω: existimo, memo-
   riam ... habeo
νόμιμος: verus
νόμισμα: pecunia
νόμος: lex
νοσσία: volatilia
νοῦς: mens, sensus
νύμφη/-ιος: sponsa/-us
νῦν: hic
νύξ: nox
ξενίζομαι: taedior
ξίφος: gladius
ὁ μέν: alius, quidam
ὁδηγέομαι: duco, inter-
   pres

ὁδός: via
ὁδυνή: dolor
ὅθεν: idcirco
οἶδα: nosco
οἰκέω: habito
οἰκία: domus
οἰκοδομέω: aedifico, fa-
   brico
οἰκοδομή: aedificatio, fabrica
οἰκονομέω: do
οἰκονομία: dispensatio
οἶκος: domus, habitacu-
   lum
οἷος: tantus, utpote
ὀλίγον: quasi quidam
ὅλος: omnis, prorsus,
   totus
ὁλοτελῶς: aliquanto, pe-
   nitus in omnibus
ὁμιλία: loquella, omilia
ὁμοίωμα/ὁμοίωσις: simi-
   litudo
ὅμοιος: sic, similis
ὁμολογέω: confiteor
ὄντως: tantus
ὀπίσθιος: posterior
ὄντως/ὅποιος/οἷος:
   tantus
ὁπόταν: qui autem,
   quando
ὁπότε: quomodo
ὅπως: ne, qui, ut
ὁράω: inspicio, intellego,
   intueor, video
ὄργανον: homo
ὀργή: iracundia
ὀρθῶς: recte
ὄρνεα: volatilia
ὄρος: mons
ὅς: qui, sicut(i), quemadmodum
ὅσοι: omnis, qui, quot-
   quot
ὅσπερ: qui
ὀστέον: os, ossis
ὅταν: cum, quando, si
ὅτε: cum, donec, quando
ὅτι: autem, enim, quia,

(εο) quod, quoniam, ut
οὐ(κ)/οὐχ: nemo, nec/neque, non, nullus
οὐαί: non in, vae
οὐδέ: nec/neque
οὐδείς: nemo, non, nullus, quid
οὐδέπω: necdum, non
οὐκέτι: iam non, nec/neque, nullus
οὖν: enim, ergo, igitur, itaque, quia, sed
οὔπω: necdum
οὐράνιος: caelestis
οὐρανομήκης: caelum tangens
οὐρανός: caelum
οὐσία: creatura
οὔτε: aut, nec/neque
οὗτος: hic, ipse, iste, is, ita, statim, suus, talis
οὕτω(ς): hic, ita, sic, tunc demum
ὀφείλω: debeo
ὀφθαλμός: oculus
ὄφις: serpens
ὀχετός: aqualis
ὄχλος: multitudo
ὀχύρωμα: castra
πάθη: patiens
παιδίον: parvulus, puer
παλαιός: vetus
πάλιν: iterum, rursus
παμποίκιλος: (multus et) varius
παμπολύς: multus
πανταχόθεν: undique
πάντοτε: semper
πανουργία: astutia
παρά: a(b)
παραβαίνω: praevaricor
παράβασις: praevaricatio
παραβολή: parabola
παραγίγνομαι: venio
παράδεισος: paradisus
παρακαλέω: obsecro
παρακινέω: commoveo

παρακοή: transgressio
παρακούω: contemno
παράκλητος: paracletus
παραμένω: habito, permaneo
παρεμβολή: legio
παρέρχομαι: transeo
παρέχω: praesto, tribuo
παρίστημι: trado
παρουσία: adventus
πᾶς: omnis, semper
πάσχω: patior
πατήρ: pater
Παῦλος: Paulus
πάχος/παχύτης: pinguedo
πεῖρα: experimentum, experior, probatio
πειράω: obsecro
πέμπω: mitto
πενία: inopia, paupertas
περί: de, sicut
περιαιρέω: aufero
περικαθαίρω: mundo
περιπατέω: gradior
περισπασμός: distensio
περισσός: superfluus
περιτίθημι: circumdo, impono
Πέτρος: Petrus
πηγή: fons
πικρία: amaritudo
πικρός: subdolus
πιπράσκω: distraho
πίπτω: cado, corruo
πιστεύω: credo
πιστός: fidelis
πλάζω: fingo
πλάνη: seductio
πλάξ: latitudo
πληροφορέω: instruo, perficio
πληροφορία: plenitudo
πληρόω: consummo, plenitudo, plenus, repleo
πλούσιος: dives
πλοῦτος: divitiae, recondo
πνεῦμα: spiritalis, spiritus
πνευματικός/πνευματο-

φόρος: spiritalis
ποιέω: constituo, fabrico, facio, fio, operor, texo
ποικιλία/ποικιλότης: varietas
ποιμαίνω: pasco
ποῖος: qui
ποιότης: substantia
πόλεμος: pugna
πολιορκέω: occupo
πόλις: civitas
πολιτεία/πολίτευμα: conversatio, officium
πολιτεύομαι: immergor
πολυπλασίων: multiplex
πολυποίκιλος: varietas, varius
πολύς: copiosus, diversus, magnus, multus
πονηρία: malignitas, malus, nequitia, peccatum, vitium
πονηρός: dirus, iniquuus, mal(ign)us, pravitas, pravus
πόνος: dolor
πορνεία: fornicatio
πορνεύω: fornicor
πορφύρα/πορφυρίς: purpura
πόσις: potus
πόσος: quantus
ποτίζω: potare
πρᾶγμα: causa, negotium, res
πρέσβεια: legatio
προαίρεσις: voluntas
προαποστέλλω: mitto
προβάλλομαι: erigo
προευτρεπίζω: orno, praeparo
προκαθαίρω: (e)mundo
πρός: ad, adversus, erga, in, ut
προσγίγνομαι: facio
προσδοκάω: spero
προσδωρέομαι: dono
προσεγγίζω: approximo
προσέρχομαι: appropin-

quo
προσεχόντως: respiciens
προσήκων: integer, sanctus
πρόσταγμα: simulacrum
προσφεύγω: confugio
πρόσωπον: facies, vultus
πρότερος: primus, pristinus
προτιμάω: honoro
προτρέπω: hortor
προφήτης: profeta
πρῶτος: primus, verus
πταίω: offendo
πτηνός: pecus
πτωχεία: infelicitas, paupertas
πτωχός: pauper
πῦρ: ignis
πύργος: turris
πωλέω: vendo
πῶς: quam, quemadmodum, quomodo
ῥάκος: pannus
ῥαφίς: acus
ῥίζα: radix
ῥίπτω: iacto
ῥύομαι: eruo, libero, redimo
ρυπαρός: pravus
σαρκικός/σάρκινος: carnalis, terrenus
σάρξ: caro
σατανᾶς: satanas
σβέννυμι: extinguo
σίδηρος: ferreus, ferrum
σκάπτω: fundamentum pono
σκεῦος: creatura, silva
σκορπίζω: spargo
σκοτεινός: tenebrae
σκοτίζω: obscuro
σκότος: tenebrae
σοφία: sapientia
σοφός: sapiens
σπέρμα/σπόρος: semen
σπουδάζω: festino
σπουδή: sollicitudo
σταυρός: crux

σταυρόω: cruci affigo
στίλβω: splendeo
στοιχέω: sufficio
στόμα: os, oris
σύ: tu, tuus
συγγενής: carissimus
συγκεράννυμι/συγκρίνω: commisceo, comparo, permisceo, socio
συγκρατέω: commisceo
συμβασιλεύω: conregno
συμβούλιον: consilium
συμπλήρωμα: perfectio
συμφωνέω: concordo, consentio
σύν: cum
συναίνω: consentio
συναυξάνω: concresco
συνδοξάζω: clarifico, glorifico
συνείδησις: conscientia
σύνειμι: adsum, coinhabito, persisto
συνενόω: consentio
συνήδομαι/συνηδύνομαι: gratulor, requiesco
συνήθεια: consuetudo
συνίσταμαι: stabilis sum
σύντροφος: coaevus
σῶμα: corpus, membrum, socia
σωμάτιον: pergamenon
σωτήρ: Christus, salvator
σωτηρία: salus
ταλαιπωρία: infelicitas
ταπεινός: miserabilis
ταχύς: facilis, statim, velox
τείχισμα/τεῖχος: murus
τέκνον: filius
τέλειος: perfectus, purus
τελείωσις: perfectio
τελευταῖος: ille
τέρπω: delecto
τερπνότης: delecto, gratia
τετράπους: quadrupes
τεχνίτης: artifex
τίθημι: pono

τίκτω: pario
τιμάω: honoro
τίμιος: legitimus, pretiosus
τιμωρία: periculum
τίς: quis
τις: (ali)quis, alius, modicus, quidam, unusquisque
τοίνυν: autem, enim, igitur
τοιοῦτος: talis
τόπος: locus
τοσοῦτος: tantus
τότε: tunc
τουτέστιν: hoc/id est
τρέπω: converto
τρέφω: indisco, sumo, vitam habeo/vivo
τρίβολος: tribulus
τρίβος: semita
τρόμος: tremor
τρόπος: similitudo, quemadmodum
τροφή: cibus, esca, vita
τρυφή/τρυφηλός: deliciae
τυγχάνω: habeo, particeps sum, percipio, praecipio
τύραννος: tyrannus
ὕδωρ: aqua, potus
υἱοθεσία: adoptio, filius
υἱός: filius
ὕλη: materia, res
ὑλικός: agrestis, terrenus
ὑμεῖς: vester, vos
ὑπάρχω: sum, suus
ὑπεκρέω: remaneo
ὑπεκχέω: diffundo
ὑπέρ: ab, pro, super, ultra
ὑπερέχω: laboro
ὑπερμεγέθης: magnitudo
ὑπερχύνω: diffundo
ὑπό: ab, sub
ὑποβάλλομαι: incido
ὑποδείκνυμι: demonstro

ὑποκάτω: sub
ὑπομιμνήσκω: commoneo
ὑπόστασις: substantia
ὑποχείριος: subditus, subiectus
ὑφίσταμαι: stabilis sum, sto
ὑψηλότερος: superior
ὑψόω: aedifico, exalto
ὕψος/ὕψωμα: altitudo
φαίνομαι: aspectus, manifesto, res, vere, visibilis
φεγγίτης: lapis fulgens
φέρω: affero
φημί: aio, dico, intellego, scribo
φθείρω: corrumpo
φθόνος: invidia, livor
φθορά: corruptio
Φίλιππος: Filippus
φίλος: amicus, sodalis
φοβέομαι: metus, timeo
φόβος: timor
φορέω: tego, utor
φραγμός: saepes

φράζω: expono, narro
φρονέω: sapio
φρόνημα: cogito
φροντίς: sollicitudo
φυλακή: carcer
φυλάσσω: conservo, custodio, observo
φυσικός: naturalis
φύσις: natura
φυτεύω: planto
φωνή: vox
φῶς: ferveo, lumen
φωτίζω: illumino
φωτοειδής: lucidus
χαίρω: gaudeo, gratulor
χαρά: gaudium
χαράσσω: figuro, signo
χαρίζομαι: dono
χάρις: beneficium, gratia, laetitia
χαῦνος: remissus
χείρ: manus
χειρόομαι: obtineo
χελιδών: erundo/hirundo
χερσόω: exaspero
χήρα: vidua
χοϊκός: limosus

χολή: fel
χοῦς: limus
χρεία: oportet, opus est
χρή: oportet
χρηστός: suavis
Χριστιανισμός: Christianitas
Χριστιανός: Christianus
Χριστός: Christus
χρόα: color
χρόνος: tempus
χωρίζω: sum
χωρικός: rusticus
ψαλμῳδός: psalmus
ψυχή: anima, cor, mens, tu
ψυχικός: animalis
ὧδε: sic
ὡραῖος: pulcher
ὡραιότης: subtilitas
ὡς: quia, sicut, (tam)quam, ut, velut
ὥσπερ: quasi, quemadmodum, sicut, similiter, ut, velut
ὥστε: igitur
ὠφελέω: iu

# Abbildungsverzeichnis

Abb. 1 (Aufnahme mit natürlichen Farben: fol. 9v,1–11): 13
Abb. 2 (Aufnahme mit Bildbearbeitung: fol. 9v,1–11): 14
Abb. 3–34 (fol. 1r–16v): 130–161
Abb. 35 (Processed Image von fol. 13r): 162

# Tabellenverzeichnis

Tab. 1 (Aufbau und Inhalt der Palimpsestblätter): 14
Tab. 2 (Vergleich zweier griechischer Fassungen mit dem lateinischen Text): 17
Tab. 3 (Verteilung der Blätter in der Handschrift): 19